深圳律师实务丛书

城市更新
典型案例和实操指引

组　编　深圳市律师协会城市更新法律专业委员会
主　编　王劲松
副主编　周意涵　潘　峰　廖　彬

TYPICAL CASES AND
PRACTICAL GUIDELINES FOR URBAN RENEWAL

法律出版社
LAW PRESS · CHINA
北京

图书在版编目(CIP)数据

城市更新典型案例和实操指引 / 深圳市律师协会城市更新法律专业委员会组编 ; 王劲松主编 ; 周意涵, 潘峰, 廖彬副主编. -- 北京 : 法律出版社, 2024
(深圳律师实务丛书)
ISBN 978 - 7 - 5197 - 9127 - 8

Ⅰ. ①城… Ⅱ. ①深… ②王… ③周… ④潘… ⑤廖… Ⅲ. ①城市建设 - 法律 - 研究 - 深圳 Ⅳ. ①D927.653.022.974

中国国家版本馆 CIP 数据核字(2024)第 095941 号

城市更新典型案例和实操指引
CHENGSHI GENGXIN DIANXING ANLI HE SHICAO ZHIYIN

深圳市律师协会城市更新法律专业委员会 组编
王劲松 主编
周意涵 潘 峰 廖 彬 副主编

策划编辑 朱铁佳
责任编辑 朱铁佳
装帧设计 鲍龙卉

出版发行 法律出版社
编辑统筹 司法实务出版分社
责任校对 王晓萍
责任印制 胡晓雅
经　　销 新华书店

开本 710 毫米×1000 毫米 1/16
印张 18.75 **字数** 300 千
版本 2024 年 8 月第 1 版
印次 2024 年 8 月第 1 次印刷
印刷 三河市龙大印装有限公司

地址:北京市丰台区莲花池西里 7 号(100073)
网址:www.lawpress.com.cn
投稿邮箱:info@lawpress.com.cn
举报盗版邮箱:jbwq@lawpress.com.cn
销售电话:010 - 83938349
客服电话:010 - 83938350
咨询电话:010 - 63939796

书号:ISBN 978 - 7 - 5197 - 9127 - 8
定价:68.00 元
凡购买本社图书,如有印装错误,我社负责退换。电话:010 - 83938349

本书编委会

主　　编：王劲松

副 主 编：周意涵　潘　峰　廖　彬

编写组成员（按本书撰写章节顺序）：

陈荣明　阮予红　陈思斯

马海燕　杨颖财　靳慧兵

蒋蓉蓉　高立立　贺　敬

谢天龙　高　田

回归专业 潜心钻研 促进高质量发展

斗转星移，继往开来。深圳市律师协会自2012年启动“深圳律师实务丛书”（以下简称丛书）出版工作以来，至今已出版实务专著39部，内容涵盖诸多专业领域，全面展现了深圳律师业务的研究成果和实务经验，已成为深圳市律师协会推进行业专业化建设的品牌项目。

鼓励和引导律师著书立说是深圳市律师协会推动律师专业化的一项长期性的重点工作。丛书旨在充分发挥深圳市律师协会的业务指导作用，通过鼓励深圳律师和深圳市律师协会各专业委员会撰写实务专著，可以有效提升律师业务水平，增强律师业务能力，保证律师服务质量，以专业引领和成果共享助推深圳律师行业高质量发展。

本套丛书凝集着深圳律师的心血与经验，展现了深圳律师的专业水平。本套丛书在律师业务的众多领域，汇集了深圳律师的业务成果，总结了深圳律师的执业经验，体现了深圳律师的专业能力，彰显了深圳律师的职业精神。这一本本专著必将成为深圳律师专业化发展史上一颗颗璀璨的明珠，永远镶嵌在深圳律师专业化发展的史册上。

2023年是全面贯彻落实党的二十大精神的开局之年，深圳律师要深学细悟笃行党的二十大精神，让党的二十大精神在深圳律师行业落地生花，要以习近平法治思想为指引，大兴专业研究之风，切实回归专业，潜心研究，深挖专业和实务问题，以高品质的法律服务保障行业的高质量发展。开展业务和实务研究不能脱离实际，必须密切关注经济社会发展和法治建设，聚焦其中的热点、难点、堵点问题，深入开展有针对性的研究，进而提出应用对策与实践指引，也期待深圳律师能输出更多的法律实务研究成果，并能形成专著与同行共享，这本身也是律师业务领域的一种先行示范。

希望本套丛书成为广大实习人员、执业律师期待、必备的好工具，也希望未来能够出版更多、更好的供律师们学习提高、掌握律师实务知识与技能的好专著！

张　斌

深圳市律师协会会长

2023 年 1 月 9 日

目　录

第一章　城市更新历史沿革与纠纷总述

本章从城市更新的定义开始，以明确城市更新的含义、性质、特征等，确立其概念界限，并追溯了城市更新的起源。本章的重点是阐述深圳城市更新制度的演进与现状。深圳的城市更新模式不仅影响和带动了广东省“三旧”改造的发展，而且越来越受到全国各地的关注，吸引各地学习借鉴。

城市更新的实施过程中不可避免地会产生各种争议，常见类型包括合同效力纠纷、土地方违约纠纷、清租纠纷、搬迁纠纷、物业权利人违约纠纷、确权纠纷和其他纠纷。

第一节 基本介绍

一、城市更新的定义与起源

(一)城市更新的定义

什么是城市更新?

城市更新的定义,在国际上有狭义和广义之分。

广义的城市更新,外延非常广泛,包含了第二次世界大战之后各国的一切城市建设。其称谓也是多种多样,有城市重建、城市复苏、城市再开发、城市再生、城市复兴、城市改造、旧区改建、旧城整治等。

狭义的城市更新,是指20世纪70年代以来为解决内城衰退问题而采取的城市发展手段。1958年8月,在海牙召开的第一次城市更新国际研讨会上,城市更新的定义被阐释为:"生活于城市中的人对于自己所主的建筑物、周围的环境或通勤、通学、购物、游乐及其他的生活存在着各种不同的希望与不满,如对自己所住房屋的修理改造,对街路、公园、绿地、不良住宅区的清除等环境的改善。尤其对于土地利用形态或地域地区制的改良,大规模都市计划的实施,以便形成舒适的生活、美丽的市容等,都有很大的希望。城市更新可分为重建(Redevelopment)、整建(Rehabilitation)及维护(Conservation)三种。"[1]

而参照我国国内的一些地方性法规,则可以将城市更新定义为:符合规定的主体根据城市规划和规定程序对特定城市建成区(包括旧工业区、旧商业区、旧住宅区、城中村及旧屋村等)内具有基础设施亟须完善、环境恶劣或存在重大安全隐患,现有土地用途,建筑物使用功能或资源、能源利用明显不符合经济社会发展要求等情形之一的区域进行拆除重建或者综合整治的活动。

即:特定主体—特定城市建成区—特定情形—特定活动。

在国内的实践中,城市更新作为一项集规划、国土、拆迁、施工、产权等

---

〔1〕 王庆红、郭兵、周合忠:《城市的更新》,载《平原大学学报》2002年第4期。

多种开发活动于一体的全新的综合性房地产开发活动，过程中涉及一系列法律疑难问题。

（二）城市更新起源

城市更新的起源，可以追溯到很早的时期，可以说，它是城市发展不可避免要经历的一种再开发过程。在土地资源的配置、居住环境的改造、基础设施的更新及城市功能的定位等不断演变的过程中，必然产生城市更新，以实现各项社会资源的综合优化。在第二次世界大战之后，欧洲及北美许多城市陆续开始进行城市更新，旨在改善城市环境、刺激经济增长，提升城市竞争力。英国伦敦码头城市更新就是一个典型案例。此后，“城市更新”成为一个具有代表性的专有名词。

在我国，20 世纪 80 年代以来，一些研究学者开始提出了符合国内实际的城市更新理论。陈占祥将城市更新主要定义为城市“新陈代谢”的过程；吴良镛教授在主持北京胡同改造的实例基础上提出“有机更新”的理论；张平宇提出“城市再生”理论；于今教授则提出，“城市更新”是对城市中某一衰落的区域进行拆迁、改造、投资和建设，使之重新发展和繁荣。

与“棚改”“旧改”相比，城市更新涉及的范围更广、市场化程度更高，除了居民住宅，城市更新的对象还包括工业厂房、商业设施等。随着社会经济的发展，现阶段城市更新的方式、主体和价值取向等日益复杂、多元。一方面，城市更新不再只是单一模式的“拆除重建”，还包含了综合整治、功能改变等更新活动。相应地，政府、市场和公众等逐渐参与其中，共同构成城市更新的主体。另一方面，城市居民在政治、文化、社会和生态等方面的需要日渐增长，促使城市更新从外在价值转向注重城市内在价值。从“经济利益”导向逐渐转向实现“经济、社会、文化多元价值”的过程。

在法律法规、政府规章及规范性文件层面，2007 年发布的《城乡规划法》曾提出旧城改建概念；2009 年 8 月，广东省人民政府出台《关于推进“三旧”改造促进节约集约用地的若干意见》（粤府〔2009〕78 号，以下简称《“三旧”改造意见》），从完善历史用地手续、简化征地程序、允许使用土地出让收入补偿原权利人等方面提出了激励政策措施，推动“三旧”改造工作；2009 年 10 月 22 日，深圳市人民政府发布《深圳市城市更新办法》，这是国内第一部使用“城市更新”这一概念的政府规章。2020 年 12 月 30 日，深圳市人大常委会颁布《深圳经济特区城市更新条例》,成为全国范围内首部城市更新相关地方性法规。

二、深圳城市更新制度演进与现状

(一)深圳城市更新的三个阶段

1. 前期探索阶段

作为中国改革开放的先行地,深圳40年的时间便从一个边陲小镇发展成为现代化国际大都市,可谓是世界城市发展史上的一个奇迹。

深圳统计年鉴数据显示,40年间,深圳的常住人口从1979年的31万人增加到2019年的1343万人,涨了43倍;深圳的GDP从1979年的1.97亿元增涨到2019年的2.4万亿元,创造了世界罕见的"深圳速度""深圳奇迹"。但随着城市持续快速发展,深圳也遇到了空间发展困境和土地资源"瓶颈",城市建设用地匮乏,空间承载力逼近极限。于是,旧城、旧村等特定城市建成区的改造被提上议事日程。

深圳是我国首个探索城市更新制度化、规范化和程序化体系建设的城市。城市更新的首要目的即提高土地和房屋的空间利用率,满足城市活动对物质空间的需求,实现城市的可持续发展。

1989年,原深圳市罗湖区建设局委托中国城市规划设计研究院编制完成《罗湖区旧城规划》。

1991年5月24日,深圳市人民政府成立旧村改造领导小组,负责全面统筹全市的旧村改造工作,召开了旧村改造领导小组会议,对旧村改造机构、旧村改造的市与区职责分工范围、旧村改造的原则和方法、旧村改造的进度等系列问题进行重点商议。

2004年10月22日,深圳市人民政府发布《深圳市城中村(旧村)改造暂行规定》(深府〔2004〕177号,已失效),以规范、推动城中村(旧村)改造工作。该规定所称的城中村(含城市待建区域内的旧村),是指深圳市城市化过程中依照有关规定由原农村集体经济组织的村民及继受单位保留使用的非农建设用地的地域范围内的建成区域。市城中村改造工作办公室正式成立,建立政府主导的城中村(旧村)全面改造行政管理体制机制,通过地价优惠鼓励城中村全面改造。具体措施包括:明确城中村产权置换的房地产面积原则上不超过每户 480 平方米;设立了市、区两级城中村(旧村)改造专项资金,市级专项资金由市财政拨付,区专项资金由区财政拨款和城中村(旧村)改造项目的地价收入组成,市政府土地管理部门收取的城中村改造建设项目地价全部返拨所在地区政府;给予工业区升级改造地价优惠,涉及局部重建或整体重建的,原有合法建筑面积不再计收地价,增加部分按现行地价标准的 0.5 倍计收。

2005 年,深圳市人民政府《关于深圳市城中村(旧村)改造暂行规定的实施意见》(深府〔2005〕56 号,已失效)出台,深圳市第一批城中村计划发布。

2006 年,深圳市人民政府《关于推进宝安龙岗两区城中村(旧村)改造工作的若干意见》(深府〔2006〕257 号,已失效)和《关于宝安龙岗两区自行开展的新安翻身工业区等 70 个旧城旧村改造项目的处理意见》(深府〔2006〕258 号)相继发布。

2007 年,深圳市人民政府发布《关于工业区升级改造的若干意见》(深府〔2007〕75 号),改造对象拓展至城中村、旧城、旧工业区三种类型,方式包括全面改造(拆除重建)和综合整治两种。

2008 年,深圳市人民政府出台《关于加快推进我市旧工业区升级改造的工作方案》(深府办〔2008〕93 号),同年第一批旧工业区升级改造计划发布。

在前期探索阶段,旧改政策的核心是通过地价优惠、资金扶持和房产收益等经济手段,试图调动城中村和工业区改造的积极性,明确行政审批程序,为后续城市更新政策奠定一定基础。泥岗村、赤尾村、上步旧村、渔民村、蔡屋围是这一阶段较为成功的旧改案例。但由于主管机构初设、政策制定尚处于探索阶段等原因,旧改工作整体来看推动乏力,实际动工的改造项目数量有限,有相当部分的旧改项目处于停滞状态。

2. 快速发展阶段

在国家战略加持之下,深圳面临新的发展机遇,而土地资源矛盾亦更加凸显,加快深圳城市更新成为大势所趋,城市更新价值日益显现。

深圳要发展成为现代化国际化创新型城市,将公共服务水平和生态环境质量提高到国际先进水平,就必然需要大量的公共利益用地空间。深圳在教育、医疗、住房保障等诸多方面的公共服务配套缺口较大,作为在政策方面释放更多利好,鼓励市场主体更多参与、加大投入的重要公共服务供应路径，城市更新的加快推进就成为必然。

从2010年至2019年，深圳先后出台了诸多政策及规范性文件。按时间顺序如表1－1所示。

表1－1　2010～2019年深圳出台的政策及规范性文件汇总

年份	政策及规范性文件
2010年	·深圳市人民政府《关于深入推进城市更新工作的意见》（已失效） ·《关于试行拆除重建类城市更新项目操作基本程序的通知》 ·《关于拆除重建类城市更新项目实施主体确认工作的通知》 ·《深圳市宝安区、龙岗区、光明新区及坪山新区拆除重建类城市更新单元旧屋村范围认定办法（试行）》（已失效） ·《深圳市城市更新单元规划审批操作规则（试行）》 ·《深圳市城市更新项目保障性住房配建比例暂行规定》 ·《深圳市城市更新单元规划制定计划申报指引（试行）》（已失效）等
2011年	·原深圳市规划和国土资源委员会《城市更新项目用地审查操作规程》 ·《深圳市城市更新单元规划编制技术规定（试行）》
2012年	·《深圳市城市更新办法实施细则》 ·《关于加强和改进城市更新实施工作的暂行措施》（已失效）
2013年	·《深圳市城市更新历史用地处置暂行规定》（已失效） ·《深圳市城市更新土地、建筑物信息核查及历史用地处置操作规程（试行）》（已失效） ·《城市更新单元规划审批操作规则》（已失效）
2014年	·《关于加强和改进城市更新实施工作的暂行措施》（已失效）
2015年	·《深圳市城市更新单元规划容积率审查技术指引（试行）》（已失效） ·《深圳市综合整治类旧工业区升级改造操作指引（试行）》（已失效） ·原深圳市规划和国土资源委员会《关于明确城市更新项目地价测算有关事项的通知》 ·《深圳市城市更新清退用地处置规定》
2016年	·《关于加强和改进城市更新实施工作暂行措施》 ·深圳市人民政府《关于施行城市更新工作改革的决定》 ·深圳市人民政府办公厅《关于贯彻落实〈深圳市人民政府关于施行城市更新工作改革的决定〉的实施意见》 ·《深圳市城市更新项目保障性住房配建规定》 ·《深圳市城市更新项目创新型产业用房配建规定》 ·《深圳市城市更新办法》（2016年修正） ·《拆除重建类城市更新项目房地产证注销操作规则（试行）》（已失效）

续表

年份	政策及规范性文件
2017 年	·《关于规范城市更新实施工作若干问题的处理意见(一)》 ·《关于规范城市更新实施工作若干问题的处理意见(二)》(已失效)
2018 年	·《深圳市拆除重建类城市更新单元旧屋村范围认定办法》(已失效) ·《深圳市城市更新外部移交公共设施用地实施管理规定》(已失效) ·《深圳市拆除重建类城市更新单元土地信息核查和历史用地处置规定》(已失效) ·原深圳市规划和国土资源委员会《关于施行〈深圳市城市更新项目保障性住房配建规定〉附图(修订)的通知》 ·原深圳市规划和国土资源委员会《关于明确早期城市更新项目工业楼宇转让管理政策适用情形的通知》(已失效) ·《深圳市拆除重建类城市更新单元规划编制技术规定》
2019 年	·《深圳市拆除重建类城市更新单元规划容积率审查规定》 ·《深圳市拆除重建类城市更新项目用地审批规定》 ·《深圳市拆除重建类城市更新单元计划管理规定》 ·《关于深入推进城市更新工作促进城市高质量发展的若干措施》 ·《深圳市拆除重建类城市更新单元计划审批操作规则》 ·《深圳市城中村(旧村)综合整治总体规划(2019-2025)》

从旧改到城市更新,就改造模式而言,从改造的范围、流程、土地的出让方式等各方面都做了很大的调整。在此阶段,深圳的城市更新可以说取得了相当的成绩。根据深圳市城市更新和土地整备局于 2019 年 8 月 9 日公布的《深圳市 2019 年度城市更新和土地整备计划》显示,“2018 年全市城市更新完成固定资产投资约 1271 亿元,目标完成率达 182%”。当年城市更新完成固定资产投资占全市完成固定资产投资的约 20%,占比不低。就社会效益而言,城市更新项目通过公共利益配套设施土地及配套设施用房移交实现了大量公共利益落地,同时亦实现了规模可观的保障房及人才住房建设移交。截至 2018 年,深圳市城市更新规划落实了 129 所中小学、264 所幼儿园、248 家社康中心,以及大量公共配套设施。而截至 2019 年 12 月 31 日,十年间城市更新项目规划移交公共利益配套设施用地超过 11 平方千米。在财政投入相对较低的情况下,深圳取得了经济效益和社会效益的双丰收。提供市场运作模式的城市更新既为深圳供应了急需用于发展的土地再生资源,同时也创造了参与主体利益多赢的局面。

一批卓有成效的城市更新产业升级项目在深圳诞生,包括天安云谷、星河 WORLD 等。2020 年伊始,深圳市更推出了史上最大规模旧工业区升级改造项目——宝安区新桥街道新桥东片区重点城市更新单元(含康大工业基地城市更新单元),更新单元用地面积 1,592,452.2 平方米,拆除范围用地面积 1,340,963.9 平方米,开发建设用地面积 756,364.9 平方米,规划容积 4,317,344 平方米。在消费升级方面,城市更新可以为优质零售商业(特别是购物中心,如京基福田下沙村旧改推出的 KKONE 购物中心、华润南山大冲村旧改推出的万象天地等)、高星级酒店(如深业赛格日立厂区旧改引进了 MUJI 酒店、文华东方酒店等)、改善型商品住房(如卓越金地的福田岗厦旧改开发了深圳中心·天元、深业赛格日立厂区旧改开发了深业上城等)提供充足的供应。

3. 转型升级阶段

深圳的城市更新在取得成绩的同时,实践中的问题也层出不穷,其中最突出的是由于缺乏政策法规的保驾护航,拆迁中的"钉子户"问题难以有效解决,导致大量已列入计划的项目"拆不动、赔不起、玩不转"。

在物业权利人众多、产权分散的项目中,补偿安置方案要取得 100% 的权利人同意变得日益困难。少数物业权利人的价码不断提高,拆赔比例一路上扬。有的物业权利人还提出赠送车位、提高过渡安置费等五花八门的要求。一些非理性的物业权利人因其无理要求得不到满足便拒绝签约,变成"钉子户"。而根据之前的政策规定,必须 100% 权利人、100% 的面积同意并签署搬迁补偿安置协议方能确认实施主体。"双百限制硬指标"给许多城市更新项目设置了过高的门槛。在强拆被绝对禁止的当下,市场主体对待"钉子户"缺乏合法有效的手段,是导致改造难以推进的重要原因。

有识之士清醒地看到,市场有其无序性和滞后性的一面,陷入拆迁僵局的项目如后续未能有效推动,则极有可能被政府清理出城市更新计划,市场主体多年的投入可能将"血本无归",物业权利人原本可预期的利益也将随之化为泡影。旷日持久的"拉锯战"将令物业权利人、市场主体、政府和社会陷入"多输"困局。而随着年限的推移,很多老旧住宅区质量安全隐患日益凸显,更容易引发严重的社会问题。

以深圳市罗湖区的某小区项目为例,作为 2010 年深圳市第一批城市更新获批项目,申报主体某集团在小区相继召开了 9 次业主大会,全面收集物业权利人的改造意愿,磋商改造的标准和条款,最终提出拆赔比例按照建筑面积1:1.3计算。此标准达到了当时深圳的最高水平,得到了小区绝大多数物业权利人的认可。然而项目却因少数“钉子户”拒不签约而多年停滞不前。期盼住进旧改后的新房,是众多已签约物业权利人的心声。然而,49名老业主却在10年的等待无果中抱憾离世。深圳各大论坛上关于该片区旧改的帖子备受关注,网友、专业人士甚至不少人大代表都频频发声支持推进旧改。到2018年6月,项目签约率已达到99.7%,1300多户住户中仅剩4户未签约。这4户物业权利人一直保持拒绝谈判签约的态度,并漫天要价,导致项目陷入签约无望的僵局。

2019年8月7日,深圳市罗湖区人民政府将上述片区零星房屋征收确定为2019年度罗湖区零星急需项目,并在次日发布了《零星房屋征收提示》。2019年10月29日,罗湖区政府发布公示,宣告该片区1363户权利主体已将房地产的相关权益转移到某集团,形成单一主体,长达11年的拉锯战终于迎来破局。这是深圳乃至全国第一例启动行政征收手段的城市更新项目。

上述小区旧改项目的破局毕竟是个特例,同样的解决方法未必能简单套用到其他城市更新项目中。要真正破解“拆迁难”,应当从城市更新的立法顶层设计方面着手。以特区立法的方式构建属于深圳的“多数决”机制,逐渐成为业界的共识。

曾受到热议的《深圳经济特区城市更新条例》(以下简称《深圳城市更新条例》),早在2015年就已形成草案,并曾被列入2018年度立法计划,但因草案中“签约过95%可强制售卖”条款存在争议,有人质疑该条款与原《物权法》存在冲突,该立法工作遂被搁置。

原《物权法》对物业权利人决定建筑区划内重大事项及表决权作出了明确规定,区分所有建筑物改建、重建的法定条件仅为“两个三分之二”。《深圳城市更新条例》草案的相关规定与上位法并无冲突。任何一位物业权利人并不享有法律上的“一票否决权”。按照法律的规定,当绝大多数共有权利人对共有物的处分形成一致的意思表示时,极少数不同意的物业权利人应当遵守。如果极少数拒迁,实际上便侵害了绝大多数物业权利人对共有物(尤其是共有的土地使用权)的处分权,是一种侵权行为。

2019年7月24日,中共中央、国务院出台《关于支持深圳建设中国特色社会主义先行示范区的意见》,明确指出支持深圳用足用好经济特区立法权，在遵循宪法和法律、行政法规基本原则前提下，允许深圳立足改革创新实践需要，根据授权对法律、行政法规、地方性法规作变通规定。该意见为深圳城市更新立法给足了政策支持环境，加快出台《深圳城市更新条例》的呼声再起。

在各界的呼吁下，2020 年 12 月 30 日，深圳市人大常委会表决通过了《深圳城市更新条例》，并于 2021 年 3 月 1 日起施行。《深圳城市更新条例》标志着深圳的城市更新制度正式从政策层面上升至经济特区法规的规范层级。

（二）《深圳城市更新条例》八大变化

《深圳城市更新条例》分总则、城市更新规划与计划、拆除重建类城市更新、综合整治类城市更新、保障和监督、法律责任、附则七章对城市更新进行综合规定，相当部分内容与此前的《深圳市城市更新办法》等规定有较大变化。下文笔者将针对《深圳城市更新条例》的八大变化进行梳理和解读。

1. 意愿征集门槛提高

在《深圳城市更新条例》发布之前，主要适用的是《深圳市拆除重建类城市更新单元计划管理规定》，相关规定的变化如表 1－2 所示。

表 1－2　相关规定的变化对比

相关规定	具体内容
《深圳市拆除重建类城市更新单元计划管理规定》第 20 条	单一地块：(1) 经全体共同共有人或者占产权份额 2/3 以上的按份共有人同意。 (2) 建筑物区分所有权的，经专有部分占建筑物总面积 2/3 以上的权利主体且占总人数 2/3 以上的权利主体同意。
《深圳城市更新条例》第 25 条	1. 单一地块：(1) 经全体共同共有人或者产权份额 3/4 以上的按份共有人同意。 (2) 建筑物区分所有权的，经专有部分面积占比 3/4 以上的物业权利人且占总人数 3/4 以上的物业权利人同意。 (3) 旧住宅区所在地块应当经专有部分面积占比 95% 以上且占总人数 95% 以上的物业权利人同意。 2. 两个或者两个以上地块：每一地块物业权利人更新意愿应当符合前项规定，且物业权利人同意更新的面积不少于总用地面积的 80%。

《深圳城市更新条例》第 25 条第 2 款规定："申请将旧住宅区纳入拆除

重建类城市更新单元计划,自发布征集意愿公告之日起十二个月内未达到前款物业权利人更新意愿要求的,三年内不得纳入城市更新单元计划。"

从上述规定可看出,意愿征集门槛有所提高,这将进一步考验市场主体(开发商)的项目操盘能力。

2. 确权前置,打击回迁房炒卖

旧改回迁指标房,是指位于已列入城市更新计划项目范围内,正在进行搬迁补偿谈判协调工作及房屋搬迁赔偿协议签约工作,部分物业权利人拿出部分拆迁赔偿指标出来售卖的房屋。旧改回迁指标房炒卖,则是指投资客购买回迁指标房后,直接跟市场主体签订搬迁补偿协议,获得回迁安置房。

《深圳城市更新条例》将确权前置,并对违反确权前置的处罚进行了明确规定。第 30 条规定:"区城市更新部门负责对物业权利人更新意愿进行核实。属于本条例第二十五条第一款第三项规定情形的,区城市更新部门应当在物业权利人更新意愿核实阶段组织区规划土地监察机构、辖区街道办事处和原农村集体经济组织继受单位对历史违建物业权利人进行核实,由经核实的物业权利人与市场主体签订搬迁补偿协议。"第 65 条规定:"违反本条例第三十条规定,市场主体与未经核查确认的物业权利人签订搬迁补偿协议的,由区城市更新部门给予警告,并责令限期改正;逾期不改正的,处五十万元以上一百万元以下罚款。"

新法确权前置的相关规定无疑有效地打击了城中村房屋和旧改回迁指标房的炒卖。

3. 旧住宅区优先用于公共住房建设

《深圳城市更新条例》旧住宅区优先用于公共住房建设的规定,系与棚户区改造相关政策相衔接。相关规定的变化如表 1-3 所示。

表 1-3 相关规定的变化对比

相关规定	具体内容
《关于加强棚户区改造工作的实施意见》(已失效)第 1 条	棚户区改造项目:住宅部分除用于搬迁安置住房外,应当全部用作人才住房和保障性住房,以租为主,租售并举。

续表

相关规定	具体内容
《深圳城市更新条例》第2条	根据市住房发展规划，旧住宅区拆除重建后优先用于公共租赁住房、安居型商品房和人才住房等公共住房建设，由市、区人民政府按照有关规定组织实施。具体办法由市人民政府另行制定。

4. 行政征收适用于更新，破解搬迁补偿难题

《深圳城市更新条例》第36条规定："旧住宅区已签订搬迁补偿协议的专有部分面积和物业权利人人数占比均不低于百分之九十五，且经区人民政府调解未能达成一致的，为了维护和增进社会公共利益，推进城市规划的实施，区人民政府可以依照法律、行政法规及本条例相关规定对未签约部分房屋实施征收。城中村合法住宅、住宅类历史违建部分，已签订搬迁补偿协议的物业权利人人数占比不低于百分之九十五的，可以参照前款规定由区人民政府对未签约住宅类房屋依法实施征收。"

这一规定可谓《深圳城市更新条例》最大的亮点。以前，市场主体对待"钉子户"缺乏合法有效的手段，导致大量已列入计划的项目陷入旷日持久的"拉锯战"。行政征收可适用于城市更新，意味着在"钉子户"头顶上悬挂起了一把"达摩克利斯之剑"，有助于破解现实难题。

被征收人对征收决定或补偿决定不服的，可以依法申请行政复议或者提起行政诉讼。

5. 旧住宅区公开选择市场主体比例提高

《深圳城市更新条例》第32条第1款规定："属于旧住宅区城市更新项目的，区人民政府应当在城市更新单元规划批准后，组织制定搬迁补偿指导方案和公开选择市场主体方案，经专有部分面积占比百分之九十五以上且占总人数百分之九十五以上的物业权利人同意后，采用公开、公平、公正的方式选定市场主体，由选定的市场主体与全体物业权利人签订搬迁补偿协议。"

该项规定将公开选定市场主体的物业权利人所占专有部分面积及人数比例由原来的90%调整为95%，加大了公开选择市场主体的难度。

6. 明确市场主体资质要求

依据《深圳城市更新条例》第7条的规定，城市更新项目由具有房地产

开发资质的企业实施；第 32 条第 2 款规定，被选定的市场主体应当符合国家房地产开发企业资质管理的相关规定，与城市更新规模、项目定位相适应，并具有良好的社会信誉；第 33 条规定，变更市场主体的，区城市更新部门对变更后市场主体资质要求进行核实。

按照《深圳城市更新条例》的规定，从前期一开始城市更新的市场主体即需要具备房地产开发资质。

7. 首提产权冻结制度，支持预告登记

依据《深圳城市更新条例》的规定，搬迁补偿协议签订后，市场主体可以按照约定向不动产登记机构申请办理被搬迁房屋的相关预告登记，注意事项如下：(1) 预告登记的期限由双方当事人约定；(2) 约定登记有效期间，双方当事人可申请注销预告登记；(3) 期限届满或者城市更新项目调出城市更新单元计划的，预告登记失效；(4) 预告登记有效期内，未经预告登记权利人一致同意，不动产登记机构不受理被搬迁房屋的不动产转移、抵押或者变更等登记业务。

该预告登记制度具有以下优势：(1) 预告登记期限由双方当事人约定，充分发挥市场灵活性；(2) 与《民法典》预告登记规定相衔接，可有效杜绝被搬迁人将已签订搬迁补偿协议的住房再次出售或抵押，为顺利推进拆迁补偿提供法律支持，并规范城市更新运行秩序。

8. 明确搬迁补偿标准引导市场合理预期

《深圳城市更新条例》第 34 条规定：“城市更新搬迁补偿可以采用产权置换、货币补偿或者两者相结合等方式，由物业权利人自愿选择。政策性住房原则上采取产权置换方式，补偿与被拆除住房产权限制条件相同的住房。已登记的商品性质住宅物业采用原地产权置换的，按照套内面积不少于一比一的比例进行补偿；产权置换的实际面积不得少于约定面积，因误差导致超出面积在百分之三以内的，物业权利人可以不再支付超出面积部分的房价。安置补偿费最迟应当在物业权利人搬离之日起按约定给付。前款规定以外的其他合法建筑和历史违建的搬迁补偿标准，由市场主体与物业权利人参照本市房屋征收相关规定协商确定。”

立法者期望《深圳城市更新条例》的此项规定能改变补偿标准恶性竞争的乱象，合理引导市场预期。

关于“产权置换的实际面积不得少于约定面积，因误差导致超出面积在百分之三以内的，物业权利人可以不再支付超出面积部分的房价”之规定，将倒逼市场主体在回迁房的设计、施工等方面下大力气，提高精细化水平。

（三）城市更新中的行政调解与行政征收

《深圳城市更新条例》实施后，深圳城市更新活动出现了一些变化。

2021 年 7 月 30 日，深圳市规划和自然资源局（以下简称深圳市规自局）发布了《关于公开征求〈深圳市城市更新未签约部分房屋征收规定（征求意见稿）〉意见的通告》，拟进一步明确城市更新项目未签约部分房屋征收的实施程序，保障被征收房屋物业权利人的合法权益，促进城市更新征收工作的顺利实施。由于相关规定创新了城市更新征拆矛盾纠纷的解决路径，让一些陷入僵局的项目出现了转机。

2021 年 9 月 1 日，深圳市盐田区人民政府发布公告，指定盐田区某街道办事处为某城市更新项目行政调解事项的具体实施机关。这被称为条例实施后深圳首例行政调解征收案例。

2022 年 7 月 5 日，深圳市罗湖区人民政府（以下简称罗湖区政府）分别作出两份房屋征收决定书，依法征收罗湖区某街道某城市更新统筹片区某项目内的两套房屋。此次征收的历程如下：

2021 年 12 月 3 日，深圳市罗湖区城市更新和土地整备局（以下简称罗湖更新局）发布《房屋征收提示》。该征收提示显示，因公共利益需要，罗湖更新局根据《深圳城市更新条例》《深圳市房屋征收与补偿实施办法（试行）》，拟对上述项目内未签约房屋实施征收。

2022 年 2 月 15 日，罗湖区政府发布了《关于公开征求〈房屋征收补偿方案（征求意见稿）〉意见的通告》。

2022 年 4 月 7 日，罗湖区政府发布了《关于发布〈房屋征收补偿方案（征求意见稿）反馈意见汇总及回复情况说明〉及〈征收补偿方案〉的通告》。

2022 年 6 月 1 日，罗湖区政府发布房屋征收决定预告：预告期内市场主体与物业权利人签订搬迁补偿协议的，应当在签订搬迁补偿协议后 3 个工作日内并在预告期届满前告知罗湖区政府。预告期届满后，物业权利人未与市场主体签订搬迁补偿协议的，罗湖区政府依法作出房屋征收决定。

2022 年 7 月 5 日，罗湖区政府分别作出征收决定书，依法征收上述项目范围内的两套房屋。

《深圳城市更新条例》出台后，罗湖区诞生首单城市更新行政征收，对深圳乃至全国的城市更新工作均具有借鉴意义。

2022 年 10 月 26 日，罗湖区政府作出房屋征收决定书，依法征收罗湖区莲塘街道某路工业区范围内的房屋（国有土地使用权同时收回）。这是深圳第二例城市更新中的房屋征收。

（四）城市更新新内涵："工业上楼"

2023 年 2 月 7 日，深圳市人民政府正式印发《深圳市"工业上楼"项目审批实施方案的通知》（以下简称《"工业上楼"实施方案》），大力推广"工业上楼"载体发展模式，预计在未来 5 年，打造不少于 1 亿平方米的"工业上楼"产业空间。

所谓"工业上楼"，就是在高层大厦中开展企业生产、办公、研发、设计等的新型工业楼宇模式，具备相近行业高通用性、高集约性特点，将传统扁平式厂房汇聚到高楼层的垂直化空间形态，也被称为"摩天工厂""空中厂房"。

"工业上楼"实际上是在土地资源紧缺的情况下，对原有存量工业用地升级改造的一种方式，也是对深圳市"工改工"城市更新的一种优化形式。"工业上楼"之所以一经推出就受到各方关注，不仅在于其具备缓解用地紧张，提升园区的工业用地使用效率等功能，更在于其对政府、企业、园区市场主体等都具有多重作用。当前，"工业上楼"正在成为全国多个城市、多个行业竞相布局的新模式。

深圳市制定《"工业上楼"实施方案》实际是将"20 + 8"战略性新兴产业集群从规划发展到政策落地。一方面，实施"工业上楼"是工业结构优化的迫切需要。由于地价、租金成本的不断提高，大量工业外迁，深圳也越来越注意到周边城市对本市工业经济的挤压和冲击。另一方面，实施"工业上楼"是为解决旧工厂更新、提高闲置厂房的利用率、平衡不同类型建筑形态等问题，为全市制造业发展提供坚实空间支撑，防止城市产业空心化。"工业上楼"不仅是为了"加高"工业厂房，从需求侧看，更是为了满足未来高端制造企业的需求，建设产业要素高度集聚的新型园区生态；从制度上看，它突破了城市更新、土地整备等原有政策，如在原有出让土地上新增厂房建筑面积出租比例、对优质产业空间供给进行试点、完善土地整备的改革方案。因此，严格意义上讲，深圳"工业上楼"是由政府主导的，为强化城市产业、适配高端制造产业和先进产能而打造的高品质产业空间。

（五）深圳城市更新现状

2022年，深圳全市拆除重建类城市更新除规划公告规模同比略增，其余均同比下降，其中计划公告同比数量及规模下降幅度较大，市场新增项目减少。从第四季度数据统计分析来看，规划公告及实施主体整体增长提速，其中实施主体规模环比第三季度增长近1.7倍，可见更新实施提速，聚焦盘活存量项目。

1. 计划阶段

2022年，深圳全市共发布拆除重建类城市更新单元计划公示/公告65个，其中，计划公示39个，拆除规模497.4公顷；计划公告26个，拆除规模249.1公顷。同比2021年计划公示/公告数量及规模均下滑，大项目大统筹呈长期趋势。

2. 规划阶段

2022年，深圳全市共发布拆除重建类城市单元规划公示/公告87个，其中，规划公示44个，拆除规模586.9公顷；规划公告43个，拆除规模530公顷。同比2021年规划公示/公告数量均下降、公示规模略增、公告规模基本持平。第四季度同比规模增长显著、环比公告数量略增、规模增长近2倍。

3. 实施主体阶段

2022年，深圳市实施主体公示项目共计34个，拆除规模合计260.3公顷，可开发建设用地面积合计142.3公顷。同比2021年数量下降明显，规模有所下降。第四季度环比数量规模均增长显著，其中规模增长近1.7倍。

截至2023年12月31日，深圳市拆除重建类城市更新项目计划立项1030个，拆除范围面积累计约87.5平方千米。其中，已通过城市更新规划批复项目692个，计容建筑面积累计约2.18亿平方米；实施主体公示项目522个，拆除范围面积累计约33.9平方千米，按数量计划实施率约50.1%，按规模计划实施率约38.7%。

总体而言，深圳将城市更新作为存量土地二次开发的重要途径之一，在充分借鉴国内外城市的先进经验的基础上，结合自身实际情况积极创新，不断完善制度建设，通过制定地价优惠政策、设立专项资金、协议方式出让土地，建立城市更新规划体系，走出了一条多方共赢、适合城市转型发展的新路径。城市更新的“深圳模式”走在了全国前列,在推动节约集约利用土地、保障城市发展空间、提升城市综合能级等方面发挥了重要作用。

为了做好城市更新工作,深圳在市、区两级均挂牌成立了城市更新和土地整备局,在街道办事处层面也普遍设立了城市更新部门。深圳市城市更新开发企业协会、深圳市城市更新开发企业商会等行业商协会组织也应运而生,以服务于会员企业、献智于政府、贡献于社会为发展使命。

伴随深圳乃至广东城市更新业务的开展,一批专业的律师在法律服务过程中不断钻研,逐步成为项目决策的参与者、项目路径流程的设计者、项目风险的控制者、项目实施的护航者。2022 年 1 月,深圳市律师协会首次设立城市更新法律专业委员会;2022 年 4 月,广东省律师协会也设立了首届城市更新法律专业委员会。深圳一些实力较强的律师事务所也开始积极投入城市更新专业建设。例如,华商律师事务所于 2021 年成立华商城市更新与棚改研究院,与多家上下游相关单位签订了战略合作协议,致力于为城市更新、棚户区改造及土地整备领域相关参与主体提供项目可行性研判、项目申报审查及起草文件、拆迁谈判、投融资、税务筹划、争议解决等全流程法律服务。

在国内更多城市推进城市更新模式之际,考虑到现实中地方政府债务之沉重压力,如何在地方政府财政投入相对较低的情况下激发市场活力推进二次城市化,深圳多年的城市更新经验得失无疑具有重大借鉴意义,而这也是先行示范的内涵所在。可以预见的是,相伴深圳城市更新历经十多年发展的市场主体,今后将迎来更大的时代机遇。

三、全国城市更新发展概况

从 2009 年的《深圳市城市更新办法》到 2020 年的《深圳城市更新条例》,深圳的城市更新在十余年间迈上了新台阶,在深圳十个行政区(功能区)全面落地,众多市场主体加入进来,开启了以市场运作为主的城市更新的“深圳模式”。

当我们再次理解“先行示范”这个词汇时,不难发现,深圳的城市更新模式亦是一种先行示范。这一模式不仅影响和带动了广东省“三旧”改造的发展,而且越来越受到全国各地政府关注,吸引各地学习借鉴。

(一)城市更新模式对于更多城市借鉴发展的重要意义

1. 二次城市化模式转变,从政府主导到政府引导,以市场化运作为主

对于当前地方政府而言,相较于之前更多聚焦于城镇旧居住区的棚改,城市更新扩大了旧改范畴(包括旧村庄、旧厂房、旧城镇商业区、旧城镇居住区、连片改造,以及农地集转国等)。如何激活市场活力参与具有更为重要的意义,因为这对于缓解地方政府财政压力以及征收拆迁等行政事务压力非常重要。

2. 节地发展

目前许多城市都已经开始做减量规划,而城市更新可以有效提高土地利用效率、节约用地、节省建设用地指标。广东省"三旧"改造始于2008年12月原国土资源部与广东省政府启动共建广东节约集约用地试点示范省。2009年广东省政府发布《"三旧"意见》。根据广东省自然资源厅2020年3月5日通报的数据,2008年开始实施的"三旧"改造提高了节约集约用地水平。截至2020年2月底,全省累计实施改造面积82.4万亩,节约土地19.16万亩。

3. 城市复兴,向存量要增量

在社会方面,城市更新有助于优化城市功能与空间布局、提升城市形象品质、改善城市生态环境、加强基础设施与公共服务配套设施。广东省自然资源厅2020年3月5日通报的数据显示,截至2020年2月底,"三旧"改造为广东城市基础设施和公益事业项目提供用地6.18万亩,新增公共绿地9234.6亩,提供保障性住房4.95万套。在经济方面,城市更新可以增加建设用地供应,带动固定资产投资,增加地价及税费收入等。截至2020年2月底,广东全省累计投入改造资金1.67万亿元,约占同期固定资产投资额的5%;其中社会投资1.44万亿元,占改造总投资额的86.2%。深圳市截至2018年年底通过签订土地出让合同实现建设用地供应面积17平方千米。

4. 产业升级、消费升级

在产业升级方面,城市更新可以供应新型产业空间(包括甲级写字楼、高标厂房、M0研发用房等新一代产业园区等),推动产业转型升级,实现经济新旧动能转换。广东省自然资源厅2020年3月5日通报的数据显示,截至2020年2月底,广东省累计完成"三旧"改造项目7905个,其中属于产业

结构调整类的为4367个，占总项目数的55.2%，改造后当年实现产值约为改造前的2倍，有力推动了产业转型升级。

5. 新时代、新城市

随着“80后”“90后”逐渐成为社会中坚力量，时代变迁带动城市转变以适应世代族群变化。近几年，全国数十个城市都出台了人才引进政策，开启了竞争抢人时代。城市更新有助于城市留住存量人才，吸引并承载增量人口流入。根据《2019年广东省国民经济和社会发展统计公报》，广东省2019年年末常住人口为11,521万人，比上年末增加了175万人，相比5年前增加了797万人，相比9年前增加了1080.06万人。广东省成为全国常住人口第一大省，而这个过程亦正是发生在广东省启动“三旧”改造的10年间，相信“三旧”改造/城市更新对于广东吸引人才流入亦起到助推作用。

6. 文脉传承

城市更新并非纯粹的大拆大建，城市更新的过程其实亦是对历史文化保护传承、古村古建与历史记忆空间保育活化的过程。根据官方数据，截至2020年2月底，广东省通过“三旧”改造保护并修缮传统人文历史建筑777万平方米。

城市更新对于城市再发展意义重大。既然是市场化运作的城市更新模式，就需要激发市场活力。深圳在激发市场活力方面做了大量的创新，其实质是一种解除管制（De－Regulation），也可以通俗地将其总结为“放水养鱼”。

（二）各地城市更新法规、政策出台情况

近年来，越来越多的省、市政府及立法机关先后出台城市更新法规、政策，住房和城乡建设部也出台政策，有序推进城市更新试点工作。

2015年12月1日，广州市人民政府发布《广州市城市更新办法》和三个配套文件《广州市旧村庄更新实施办法》《广州市旧厂房更新实施办法》《广州市旧城镇更新实施办法》，以政府主导、市场运作、利益共享为原则，将广州原有的“三旧”改造上升到了城市更新的高度，自2016年1月1日起施行。

2020年4月26日，成都市人民政府发布《成都市城市有机更新实施办法》，明确体现了在物理空间上要“少拆多改”，将保护、产业、生态的优先级

放到了高级别。

2021 年 6 月 15 日，珠海市人民政府发布《珠海经济特区城市更新管理办法》，明确区政府为辖区城市更新工作责任主体，并降低了拆建类项目的启动“门槛”，有条件地放开小地块拆建项目，多种方式落实公共租赁住房配建要求。

2021 年 6 月 16 日，重庆市人民政府发布《重庆市城市更新管理办法》，主要内容包括建立城市更新工作机制、规范城市更新工作流程、制定城市更新保障措施三大板块。除了明确制度要求外，该办法针对城市更新多渠道筹资、土地协议出让、产权转移、产业升级、项目一体化开发运营等的细化提出相关支持政策。

2021 年 8 月 25 日，上海市人大常委会颁布《上海市城市更新条例》，将“城市更新”上升到地方人大立法层面，明确建立健全城市更新公众参与机制，依法保障公众在城市更新活动中的知情权、参与权、表达权和监督权。

2021 年 11 月 4 日，住房和城乡建设部发布《关于开展第一批城市更新试点工作的通知》，决定在北京等 21 个城市（区）开展第一批城市更新试点工作，自 2021 年 11 月开始，为期 2 年。

2021 年 11 月 19 日，西安市人民政府发布《西安市城市更新办法》，强调城市更新工作应当遵循政府主导、科学规划、多方参与、量力而行、成果共享、防范风险的原则，优先保护生态环境和城市特色文化，顺应城市发展规律，统筹兼顾各方利益，以内涵集约、绿色低碳发展为路径，严防大拆大建，加强修缮改造，补齐城市短板，注重提升功能，增强城市活力，延续历史文化传承，推进城市持续有机更新，促进高质量发展、高品质生活和高效能治理。

2021 年 11 月 26 日，辽宁省人大常委会颁布《辽宁省城市更新条例》，立足辽宁老工业基地城市特点，明确聚焦绿色低碳、便利宜居、保护传承、提升品质的目标要求，提出加强基础设施和公共设施建设、优化调整区域功能布局和空间格局、提升城市居住品质和人居环境、加强城市历史文化保护、增强城市安全韧性等主要任务，明确城市更新工作的组织机制、实施程序和底线要求。从该条例中可以看出，立法者试图结合辽宁当地实际，走出一条符合老工业基地城市发展特点和规律的治理新路子。

2022 年 11 月 25 日，北京市十五届人大常委会第四十五次会议表决通过《北京市城市更新条例》，从 2023 年 3 月 1 日起实施。该条例共七章五十九条,涵盖居住类、产业类、设施类、公共空间类、区域综合类5大类、12项更新内容。该条例坚持民生优先,兼顾各方主体利益;明确实行“留改拆”并举,以保留利用提升为主等基本原则;明确先治理后更新、补齐城市功能短板、加强既有建筑安全管理、严格城市风貌管控等9项基本要求。

2022年11月25日,住房和城乡建设部总结城市更新试点城市和各地经验做法,形成《实施城市更新行动可复制经验做法清单(第一批)》,印发各省、自治区及直辖市住建部门,供各地结合实际学习借鉴。

2023年1月,成都市住房和城乡建设局出台《成都市城市更新设计导则》,系统性地提出城市更新存量空间“精准评估—复合诊断—因区施策”的设计建设策略,为下一步城市更新的相关设计工作提供了“工具箱”。该导则是成都市首个城市更新领域的设计导则,还创新性地提出了以元宇宙概念赋能城市更新。

2023年2月2日,兰州市人民政府公布《兰州市城市更新办法》,自2023年3月15日起施行,力图破解城市更新内涵模糊,工作流程不够规范,主体选择不够多元,缺乏体系化、制度化以及“留、改、拆”难以权衡等深层次问题,为推动城市更新工作“一盘棋”提供法治保障。

相较往年各地政府停留在城市更新宏观定义和目标的表述,2023年绝大部分城市已经开始细化城市更新的落地性,上海、广州、深圳等地的配套政策和调整也加速落地,一方面提升传统旧改项目合规性,另一方面也明确了中长期目标,为后续市场化企业和社会资本介入预留充足时间空间。

住房和城乡建设部也已初步确定了部分城市更新行动的重点任务,包括完善城市空间结构、实施城市生态修复和功能完善工程、强化城市历史文化保护、塑造城市特色风貌、加强居住社区建设、推进新型城市基础设施建设、加强城镇老旧小区改造、增强城市防洪排涝能力、推进以县城为重要载体的城镇化建设等。

2023年7月21日召开的国务院常务会议审议通过了《关于在超大特大城市积极稳步推进城中村改造的指导意见》。会议指出,在超大特大城市积极稳步实施城中村改造是改善民生、扩大内需、推动城市高质量发展的一项重要举措。要坚持稳中求进、积极稳妥,优先对群众需求迫切、城市安全和社会治理隐患多的城中村进行改造,成熟一个推进一个,实施一项做成一项,真正把好事办好、实事办实。要坚持城市人民政府负主体责任,加强组织实施，科学编制改造规划计划，多渠道筹措改造资金，高效综合利用土地资源，统筹处理各方面利益诉求，并把城中村改造与保障性住房建设结合好。要充分发挥市场在资源配置中的决定性作用，更好发挥政府作用，加大对城中村改造的政策支持，积极创新改造模式，鼓励和支持民间资本参与，努力发展各种新业态，实现可持续运营。

依法推动城市更新，并健全城市更新工作推进机制，强化规划刚性约束，建立以总规为引领的城市更新规划管控体系，有利于通过城市更新工作机制创新，实现存量土地和建筑资源的统筹利用，进一步强化对城市更新的管控与保障。

第二节　城市更新争议现状与常见类型

随着城市化进程的不断推进，我国城市的土地资源也越来越紧张。在此背景下，城市更新成为城市发展的一个重要途径，并逐渐成为政府、市场主体（开发商）、村民、市场主体（拆迁方）、物业权利人等多方利益主体的共识。由于城市更新涉及多方利益，因此在实施过程中不可避免地会产生各种争议。

一、城市更新争议现状

2019～2021 年全国范围内裁判的城市更新诉讼案件（不含仲裁）共有 6112 起。相较于 2018 年之前呈爆发性增长。具体而言，2019 年全国范围内发生的 2660 起城市更新诉讼案件中，广东省占 1324 起，其中深圳市有 946 起；2020 年的 1968 起案件中，广东省占 723 起，其中深圳市有 457 起；2021 年的 1484 起案件中，广东省占 750 起，其中深圳市有 341 起。

根据全国城市更新诉讼案件的相关数据，笔者总结出近年城市更新争议现状的以下几大特征：

（一）城市更新诉讼案件主要集中于特定省份和城市

以 2021 年为例，根据当年城市更新诉讼案件所分布的省份和城市相关数据（见图 1－1），城市更新诉讼案件多发生于广东省。由于深圳城市更新政策出台较早，广东省的城市更新诉讼案件半数以上发生在深圳市。

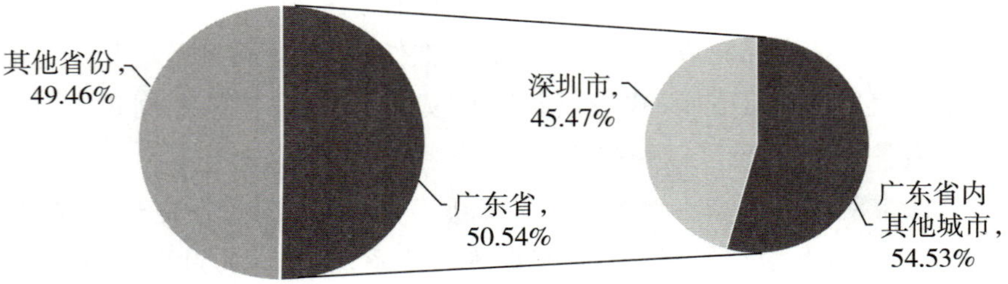

图 1－1　2021 年城市更新诉讼案件占比示意

（二）案件类型以民事案件居多

根据 2019～2021 年城市更新诉讼案件类型的相关数据（见图 1－2）可见，城市更新诉讼案件中最常见为民事案件，占比约为 72.01%；行政案件次之，占比约为 23.94%；刑事和执行案件极少，占比约 4.05%。

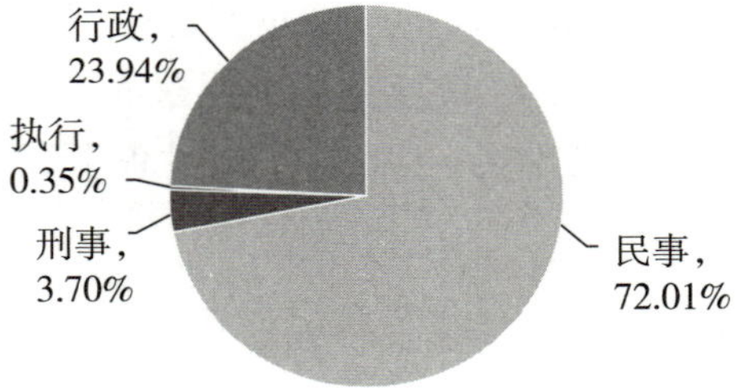

图 1－2　2019～2021 年城市更新诉讼案件类型及占比示意

（三）实施主体确认前发生的违约纠纷多于确认后的违约纠纷

通过城市更新违约纠纷案件在不同阶段的占比（见图 1－3）可直观得出，在实施主体确认前发生的违约纠纷案件占比近 80%，在实施主体确认之后发生的违约纠纷为近 20%。也就是说，实施主体确认前发生的违约纠纷远多于确认后的违约纠纷。

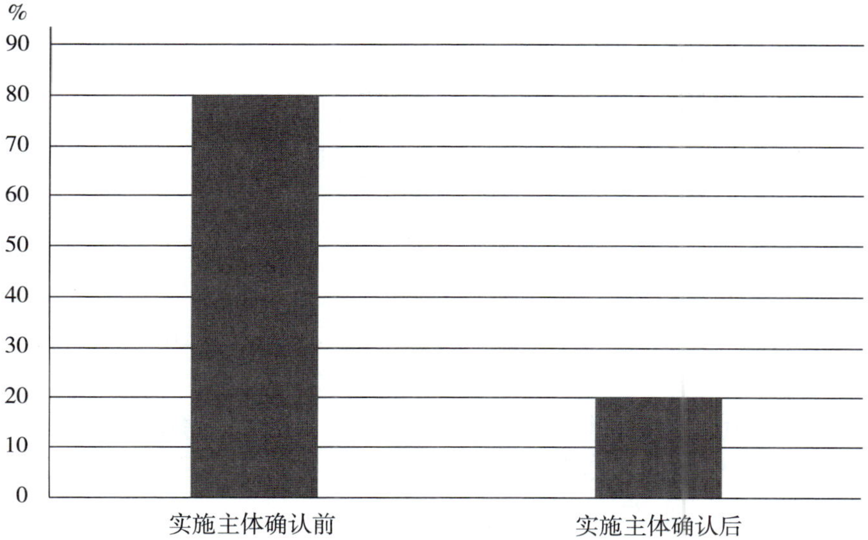

图 1-3 城市更新违约纠纷案件在不同阶段的占比示意

以上数据仅是针对城市更新诉讼案件（不含仲裁）的。笔者有理由相信，还有更多的城市更新争议并未采取诉讼方式，而是通过协商、谈判、调解等非诉讼方式解决的。并且，通过非诉讼方式解决的案件数量要远超诉讼案件的数量。

二、城市更新争议常见类型

对城市更新争议进行分类可以采用不同的标准，例如，以案件所涉及的法律关系的性质为标准，或者以城市更新项目所处的阶段为标准。由于篇幅有限，本节内容重点讨论城市更新中的民事纠纷，以现行民事案件的案由划分为标准，具体说明如下。

（一）合同效力纠纷

城市更新中涉及确认合同效力的法律纠纷十分常见，种类也比较多。例如，在城市更新项目合作开发中，合作开发的双方通常要签订合作协议。合作协议履行过程中，某方是不是项目土地合法权益人、某方是否具有房地产开发经营资质等问题，往往会导致合作协议效力的争议。又如，已同城市更新市场主体（开发商）签订搬迁补偿安置协议的原物业权利人又违约转卖，其与新买家签订的房屋买卖合同是否有效？该争议问题有时直接关系城市更新项目能否顺利推进。此外，夫妻一方在未取得配偶同意的情况下签署的搬补协议效力也是实践中屡屡产生争议的问题，因无产权证而引起的物业权属认定问题也经常会出现主张权利者将市场主体诉至法院要求确认搬补协议无效等纠纷。

（二）土地方违约纠纷

此处所指的土地方是原土地权利人，包括实际占有、使用土地的村股份公司、大业主及持有土地使用权的项目公司的股东等。

城市更新项目开发往往采取“一方出地，一方出资”的合作模式，由市场主体（投资方）与土地方签署合作协议或者搬迁补偿协议。而随着土地价格的上涨，现实中土地方行使合同解除权中途违约的行为时有发生，且呈不断增长之势。

土地方的典型违约行为可大体归结为以下表现形式：(1)土地方直接终止合同履行；(2)土地方提高要价；(3)土地方拒不签署后续协议；(4)由于土地方原因，标的项目土地被查封等，造成违约；(5)在土地方为多个权利人的情况下，其中一方不同意履行，导致无法形成单一主体；(6)由于第三人原因，土地方的合同义务没有全面履行或如期履行；(7)土地方恶意与第三人签订合同，拒绝与原投资方继续履行合同；(8)土地方无法提供土地，或无法取得项目立项、许可文件，或取得的土地用途与合同目的不符，致使合作开发协议实际上不能履行。

（三）清租纠纷

在拆除重建类城市更新项目的实施过程中，清租是一个突出的难点。搬迁清租是在城市更新项目中，物业权利人向市场主体交付房屋的一个重要步骤，它是房屋拆除以及注销不动产权属证书的先决条件。

深圳城市更新项目中的“清租”，是指对权利人物业的承租人（包括“二房东”和实际承租人）予以清算、厘清、解除或终止，并将其归还给权利人的行为。清租的基本目标是收回租赁物业。出租人收回租赁物业是为了履行城市更新搬补协议中交付物业的义务。就出租人而言，因城市更新项目中原权利人与承租人之间的租赁合同往往未明确约定解除合同的条件，若承租人在出租人提出解除合同时不积极配合，也容易造成矛盾。如果出租人不能与承租人就终止或者解除租赁合同、返还租赁财产达成一致，就会引起各种争议。在城市更新的实施过程中，要谨慎地对待、妥善地解决好租赁权的清租问题，以免影响项目进度。因此，对于租赁合同纠纷中的解除及赔偿问题，通常需要由法律专业人员进行评估后确定。

（四）搬迁纠纷

原物业权利人与市场主体之间也经常就搬迁补偿安置协议的履行发生纠纷。就市场主体而言，可能导致诉讼的情形包括：（1）违反协议约定延期交房、延期办证；（2）未按约支付过渡安置费等费用；（3）因选房、户型调整而引发纠纷；等等。

若原物业权利人与市场主体就搬迁事宜存在争议，协商不成的，可按照搬迁补偿安置协议的约定向法院提起诉讼或向仲裁机构申请仲裁。

（五）物业权利人违约纠纷

在城市更新项目中，物业权利人违约纠纷主要发生在原物业权利人与市场主体之间，大多是由于原物业权利人存在故意或过失而发生的违约。

具体表现包括：（1）房屋产权不清晰、权属证书缺失，导致市场主体无法正常取得产权；（2）原物业权利人违反搬迁补偿协议的约定，未履行按期搬离、交付物业的义务，导致市场主体无法拆除房屋；（3）原物业权利人违反约定，未能配合办理不动产权属证书注销；（4）因原物业权利人债务问题使得房屋处于抵押、查封状态，导致市场主体无法按协议约定对房屋进行搬迁、拆除；等等。

（六）确权纠纷

在城市更新中，确权纠纷通常存在于城市更新项目实施主体与原权利人之间，或多个争议主体之间。

对于拥有合法房地产权属证书的房屋、临时建筑，确认权属相对简单。但对属于历史遗留违法建筑的房屋，确认权属有时十分复杂。在权利人核实的过程中，经常出现原土地权利人与房屋权利人不一致，历史遗留违法建筑申报人与房屋实际占有、使用人不一致，或多个主体对房屋权属存在争议等情形。因上述情形而出现的纠纷,近年来呈现上升趋势。

(七)其他纠纷

城市更新过程中,还会涉及相邻权纠纷、名誉权纠纷、行政纠纷以及刑事纠纷等。

在相邻权纠纷中,城市更新开发建设的物业,应与相邻物业保持必要的间距,不得影响相邻房屋的通风、采光和日照等,否则相邻方可以请求排除妨碍或赔偿损失;在名誉权纠纷中,如权利人认为市场主体等在宣传过程中存在虚假宣传或故意贬低自己名誉的行为,可向法院起诉要求停止侵权并赔偿损失;在行政纠纷中,因城市更新项目审批、规划修改、信息公开、实施主体确认等行政行为,权利人可能与政府部门产生行政争议;在刑事纠纷中,因城市更新涉及利益巨大,如争议和矛盾未能妥善解决,有时会触发各种刑事犯罪问题。

第二章 合同效力纠纷

合同效力是法律赋予依法成立的合同所产生的约束力。合同的效力可分为四大类,即有效合同,无效合同,效力待定合同,和可变更、可撤销合同。合同效力问题是出现法律纠纷时裁判机构要查明的首要问题,在城市更新法律纠纷中亦是如此。本章通过城市更新合同效力纠纷典型案例,充分揭示相应的法律风险,指导采取防范城市更新相关各类合同效力问题的可行措施。

第一节　城市更新合同效力纠纷表现形式

一、相关合同效力案件涉及的法律依据

在城市更新实践中，市场主体（投资方）、土地方、原物业权利人、承租人等各方利益主体之间签订的合同可谓多种多样。发生与城市更新相关的合同效力纠纷案件，法院及仲裁机构认定合同效力的主要法律依据如下。

（一）《民法典》

第144条规定：“无民事行为能力人实施的民事法律行为无效。”

第146条规定：“行为人与相对人以虚假的意思表示实施的民事法律行为无效。以虚假的意思表示隐藏的民事法律行为的效力，依照有关法律规定处理。”

第153条规定：“违反法律、行政法规的强制性规定的民事法律行为无效。但是，该强制性规定不导致该民事法律行为无效的除外。违背公序良俗的民事法律行为无效。”

第154条规定：“行为人与相对人恶意串通，损害他人合法权益的民事法律行为无效。”

（二）《城市房地产管理法》

第38条规定：“下列房地产，不得转让：（一）以出让方式取得土地使用权的，不符合本法第三十九条规定的条件的；（二）司法机关和行政机关依法裁定、决定查封或者以其他形式限制房地产权利的；（三）依法收回土地使用权的；（四）共有房地产，未经其他共有人书面同意的；（五）权属有争议的；（六）未依法登记领取权属证书的；（七）法律、行政法规规定禁止转让的其他情形。”

（三）最高人民法院《关于审理建设工程施工合同纠纷案件适用法律问题的解释（一）》

第1条规定：“建设工程施工合同具有下列情形之一的，应当依据民法

典第一百五十三条第一款的规定，认定无效：（一）承包人未取得建筑业企业资质或者超越资质等级的；（二）没有资质的实际施工人借用有资质的建筑施工企业名义的；（三）建设工程必须进行招标而未招标或者中标无效的。承包人因转包、违法分包建设工程与他人签订的建设工程施工合同，应当依据民法典第一百五十三条第一款及第七百九十一条第二款、第三款的规定，认定无效。”

第 3 条规定：“当事人以发包人未取得建设工程规划许可证等规划审批手续为由，请求确认建设工程施工合同无效的，人民法院应予支持，但发包人在起诉前取得建设工程规划许可证等规划审批手续的除外。发包人能够办理审批手续而未办理，并以未办理审批手续为由请求确认建设工程施工合同无效的，人民法院不予支持。”

（四）最高人民法院《关于适用〈中华人民共和国民法典〉有关担保制度的解释》

第 50 条规定：“抵押人以划拨建设用地上的建筑物抵押，当事人以该建设用地使用权不能抵押或者未办理批准手续为由主张抵押合同无效或者不生效的，人民法院不予支持。抵押权依法实现时，拍卖、变卖建筑物所得的价款，应当优先用于补缴建设用地使用权出让金。当事人以划拨方式取得的建设用地使用权抵押，抵押人以未办理批准手续为由主张抵押合同无效或者不生效的，人民法院不予支持。已经依法办理抵押登记，抵押权人主张行使抵押权的，人民法院应予支持。抵押权依法实现时所得的价款，参照前款有关规定处理。”

（五）最高人民法院《关于审理城镇房屋租赁合同纠纷案件具体应用法律若干问题的解释》

第 2 条规定：“出租人就未取得建设工程规划许可证或者未按照建设工程规划许可证的规定建设的房屋，与承租人订立的租赁合同无效。但在一审法庭辩论终结前取得建设工程规划许可证或者经主管部门批准建设的，人民法院应当认定有效。”

第 3 条规定：“出租人就未经批准或者未按照批准内容建设的临时建筑，与承租人订立的租赁合同无效。但在一审法庭辩论终结前经主管部门批准建设的,人民法院应当认定有效。租赁期限超过临时建筑的使用期限,超过部分无效。但在一审法庭辩论终结前经主管部门批准延长使用期限的,人民法院应当认定延长使用期限内的租赁期间有效。”

第4条规定:“房屋租赁合同无效,当事人请求参照合同约定的租金标准支付房屋占有使用费的,人民法院一般应予支持。当事人请求赔偿因合同无效受到的损失,人民法院依照民法典第一百五十七条和本解释第七条、第十一条、第十二条的规定处理。”

(六)最高人民法院《关于审理商品房买卖合同纠纷案件适用法律若干问题的解释》

第6条规定:“当事人以商品房预售合同未按照法律、行政法规规定办理登记备案手续为由,请求确认合同无效的,不予支持。当事人约定以办理登记备案手续为商品房预售合同生效条件的,从其约定,但当事人一方已经履行主要义务,对方接受的除外。”

第7条规定:“买受人以出卖人与第三人恶意串通,另行订立商品房买卖合同并将房屋交付使用,导致其无法取得房屋为由,请求确认出卖人与第三人订立的商品房买卖合同无效的,应予支持。”

二、城市更新合同无效的常见表现形式

在城市更新实践中,各方当事人关于合同效力的纠纷主要表现为以下形式:

(一)城市更新合同主体不适格

就市场主体而言,城市更新合同主体不适格主要表现为其不具备房地产开发资质或未取得城市更新实施主体资格。就物业权利人而言,合同主体不适格主要表现为其并非房屋合法产权人,或仅是产权人之一且未得到其他产权人的同意。尤其在城中村改造类的城市更新项目中,权利主体之间的关系往往较为复杂,可能存在多个权利主体之间的民事法律关系,如错误认定权利主体或仅同部分权利主体签订合同,则很可能被裁判机构认定为合同无效。

（二）合同并非双方真实意思表示

在城市更新项目中，双方当事人签订合同时，如果合同双方都具有真实的意思表示，则合同的内容应是双方真实意思表示一致的结果。但是，在实际操作过程中，由于存在信息不对称、不透明等原因，合同一方当事人作出的意思表示可能是虚假的，另一方当事人则可能是基于对对方的信赖而作出了相应的意思表示。

（三）违反法律、行政法规的强制性规定

《民法典》第 153 条规定，违反法律、行政法规的强制性规定的民事法律行为无效。

城市更新项目实施主体签订搬迁补偿协议，在签订时要考虑项目是否被纳入城市更新单元计划、是否符合法定图则、是否符合城市规划要求等因素。否则，其签订的搬迁补偿协议中不符合法定图则和城市规划要求的部分应认定为无效。

（四）损害社会公共利益及公序良俗

《民法典》第 8 条规定，民事主体从事民事活动，不得违反法律，不得违背公序良俗。

广东省中山市中级人民法院在某公司与某村委会、某经济联合社建设用地使用权转让合同纠纷案〔1〕中认为，涉案公司与村委以合作开发的名义进行集体土地所有权转让并进行再转让，规避国家法律的禁止性规定，破坏国家土地管理法律的实施，有损所在地区土地资源的合理开发利用和经济的可持续发展，足以认定已构成对社会公共利益的损害，由此认定涉案公司与村委签订的合作开发土地意向书无效。

由此可见，是否损害社会公共利益及公序良俗，也是认定城市更新合同效力的重要因素。

---

〔1〕 参见广东省中山市中级人民法院民事判决书，(2021) 粤 20 民终 1306 号。

第二节　城市更新合同效力纠纷典型案例

一、合作建房协议无效的典型案例[1]

（一）案情简介

2012年6月15日，A公司与B公司签订《合作建房协议》，约定：由A公司提供位于深圳市龙华区某处占地约11,000平方米的土地（A公司签约前提供了购买土地合同及村委证明），B公司提供开发资金，双方合作建房；A公司于2009年12月2日以购买方式取得上述土地；按照旧城改造的方式，B公司给A公司以实建面积20%的资金，A公司给予B公司2~3年时间申请办理旧改手续；A公司出租的厂房租户赔偿拆迁工作由A公司负责，A公司负责拆迁赔偿；A公司应在3个月内准备好开工条件，包括所有工厂的搬迁，否则A公司承担一切损失；若A公司违约，应向B公司双倍返还保证金，并赔偿B公司损失，B公司有权单方解除合同；若B公司违约，A公司有权没收B公司保证金，B公司应赔偿A公司损失，同时A公司有单方解除权。

合同签订后，B公司按约支付合作建房保证金500万元，并两次向A公司邮寄开工通知、律师函，主张A公司自开工通知发出之日起按协议期限移交土地。但上述邮件均未妥投。2015年2月9日，B公司在《人民法院报》刊登公告，主张已经具备开工条件，因无法联系A公司、王某（A公司法定代表人、大股东），故登报通知A公司、王某联系B公司做好开工准备。2016年8月23日B公司向A公司、王某邮寄解除通知，主张A公司、王某未按约定解决拆迁赔偿、租户工厂搬迁等事宜并失联，B公司解除双方合作建房协议，要求A公司、王某于2016年8月28日前双倍返还保证金1000万元。

因协商未果，B公司向法院起诉请求被告A公司、王某双倍返还保证金1000万元及利息。A公司提出反诉，请求解除涉案《合作建房协议》并没收履约保证金500万元，同时要求B公司赔偿租金等损失100万元。

---

〔1〕 参见广东省深圳市中级人民法院民事判决书，（2020）粤03民再30号。

法院审理过程中，经确认，A公司、王某并非涉案土地的登记权利人；B公司、A公司、王某确认涉案土地原属某村股份公司的集体用地，且均无法提供涉案土地的四至坐标。A公司主张其从上述某村股份公司处受让上述土地，其未向B公司交付涉案地块。

（二）处理结果

因本案原告、被告均确认涉案《合作建房协议》的合同目的无法实现并已实质解除，一审法院予以认定。

一审法院认为：对合同解除的原因，A公司与B公司签订的《合作建房协议》系有关旧改重建的协议，B公司办理旧改手续需向行政部门申报更新计划并提交土地权属资料以供核查土地建筑物的权属信息，但A公司并非涉案土地的登记权利人，其未能提供有效的土地权属证明材料阻碍了旧改项目的行政审批，致使本案《合作建房协议》在事实和法律上无法继续履行；A公司事实上也未能按照协议约定完成厂房拆迁赔偿工作。

但根据涉案《合作建房协议》"签合同前由甲方向乙方提供购买土地合同及村委证明，证明土地属甲方所有"的约定，可见B公司对于涉案土地的性质、权属、功能等情况系知情的，B公司、A公司对于本案合同未能继续履行均存在过错，均应承担合同解除的法律后果。鉴于双方责任，双方对于保证金的请求均不予支持。

至于王某的责任问题，王某虽是A公司法定代表人、大股东，但并非本案《合作建房协议》的当事人，按照合同相对性原则，B公司主张王某承担本案责任，缺乏事实和法律依据，一审法院不予支持。

二审法院认为：A公司与B公司签订涉案《合作建房协议》，约定由A公司提供土地，B公司提供开发资金，双方合作建房，且协议第5条约定"待物业销售之时，甲方指派出纳，乙方指派会计来共同负责销售款项的财务管理，每当售款达到100万元时，双方按比例进行款项分配"，故涉案《合作建房协议》实质为A公司与B公司订立的以提供土地使用权、资金等作为共同投资，共享利润、共担风险的合作开发房地产合同。

该协议虽为A公司及B公司双方真实意思表示，但双方均未取得房地产开发经营资质，亦未依法合作成立具有房地产开发经营资质的房地产开发企业,故该协议违反《城市房地产管理法》(2009 年修正)第 30 条[1]的规定,依法应当认定为无效。因无效合同取得的财产及财产性权益,应当予以返还。双方合同尚未投入建设,A 公司因涉案合同所取得的保证金 500 万元及其所产生的法定孳息,依法均应予以返还。

至于王某应承担的责任。涉案 A 公司虽为有限责任公司,但王某用个人账户收取涉案合同部分款项,且未提交证据证明该王某名下账户实质为公司财务人员控制,专门用于公司经营,故应认定王某与 A 公司之间存在财产混同。根据《公司法》(2013 年修正)第 3 条第 1 款[2]的规定,公司以其全部财产对公司的债务承担责任是以公司财产独立为前提。王某作为占有 A 公司 90% 股权的股东及法定代表人,利用其对 A 公司的控制权,用个人账户收取公司款项,存在滥用公司法人独立地位和股东有限责任逃避债务的情形,依法应对公司债务承担连带责任。

再审法院认为:本案为合作开发房地产合同纠纷,本案再审的争议焦点为:(1)涉案《合作建房协议》是否有效;(2)B 公司与 A 公司对合同无效(或解除)的过错及责任后果;(3)王某与 A 公司是否存在人格混同,其是否应对 A 公司债务承担连带清偿责任。

关于前两个争议焦点,再审法院观点与二审意见基本一致,此处不再赘述。但关于第三点,再审法院作出了不同裁判。法院认为,公司法人独立是公司法的基石,按照《公司法》(2018 年修正)第 20 条[3]规定,公司股东只有在滥用公司法人独立地位和股东有限责任,逃避债务,严重损害公司债权人利益的情况下,才需对公司债务承担连带责任。“滥用”在时间上具有连续性,程度上均有高度混同性,不能仅凭股东单次、轻微的行为而随意否定公司独立人格,否则与《公司法》的立法本意不符。本案中,王某个人账户收取 100 万元保证金,占全部收款 500 万元的 20%。除本次收款外,B 公司未提交证据证明王某存在其他不当行为,B 公司主张王某与 A 公司人格混同,证据不足,法院不予支持。但同时,考虑到 A 公司名下目前无财产可供执行,王某也未提交充分证据证明其将该 100 万元保证金返还至 A 公司账户

[1] 相关规定参见 2019 年修正的《城市房地产管理法》第 30 条。
[2] 相关规定参见 2023 年修订的《公司法》第 3 条第 1 款。
[3] 相关规定参见 2023 年修订的《公司法》第 21 条。

或用于公司经营，应承担举证不能的法律后果。王某的行为导致 A 公司的公司财产有所减损，参照最高人民法院《关于适用〈中华人民共和国公司法〉若干问题的规定（三）》（2014 年修正）第 14 条[1]关于股东抽逃出资情况下的责任形态规定，王某应对 A 公司债务不能清偿的部分在 100 万元范围内承担补充清偿责任。

（三）律师评析

1. 土地方违约未提供土地权属资料阻碍项目推进

本案中，A 公司与 B 公司签订的《合作建房协议》系有关旧改重建的协议，B 公司办理旧改手续需向行政部门申报更新计划并提交土地权属资料以供核查土地建筑物的权属信息，但 A 公司并非涉案土地的登记权利人，因 A 公司未能提供有效的土地权属证明材料阻碍了旧改项目的行政审批，致使本案《合作建房协议》在事实和法律上无法继续履行；此外，A 公司事实上也未能按照协议约定完成厂房拆迁赔偿工作，系另一大违约行为。

在城市更新合作项目中，土地方最核心也是最基础的义务即提供符合约定的合格用地。移交土地的同时，土地方还应一并移交相关权属资料，证明其移交的土地权属上不存在瑕疵。否则，土地权属资料缺失将会实质性阻碍项目的审批与推进。

反过来讲，合作方在签订合作协议时，也负有审查项目用地的权属是否清晰的注意义务。本案中，基于涉案《合作建房协议》约定“签合同前由甲方向乙方提供购买土地合同及村委证明，证明土地属甲方所有”，法院认为合作方对于涉案土地的性质、权属、功能等情况系知情的，最终认定合作方也具有过错。

2. 合作开发房地产合同的效力认定争议

本案中，再审法院维持了二审法院判决，认为涉案《合作建房协议》约定在集体土地上进行建房、对外销售等非农建设，协议应为无效；且即便该土地获得政府批准转变为国有用地，按照最高人民法院《关于审理涉及国有土地使用权合同纠纷案件适用法律问题的解释》（以下简称《国有土地使用权

---

[1] 相关规定参见 2020 年修正的此解释第 14 条。

合同司法解释》(2005年)第15条[1]的规定,在国有用地上合作建房,当事人须具备开发资质,否则合同应为无效。本案B公司与A公司至今均未取得房地产开发经营资质,亦未依法合作成立具有房地产开发经营资质的房地产开发企业,合同应为无效。

3. 公司法人人格否定的适用

本案中,再审法院认为,“滥用”在时间上具有连续性,程度上均有高度混同性,不能仅凭股东单次、轻微的行为而随意否定公司独立人格,否则与《公司法》的立法本意不符。根据最高人民法院《全国法院民商事审判工作会议纪要》(以下简称《九民纪要》)第10条的意见,认定公司人格与股东人格是否存在混同,最根本的判断标准是公司是否具有独立意思和独立财产,最主要的表现是公司的财产与股东的财产是否混同且无法区分。

(四)案例延展

司法实践中,在合作双方均无房地产开发经营资质的情况下,对于涉及房地产开发的城市更新、“三旧”改造的合作开发合同是否有效,存在不同观点。

例如,在深圳市某投资有限公司与深圳市某村股份合作公司确认合同无效纠纷案[2]中,二审法院认为,因城市更新合作开发协议涵盖计划申报、拆迁、补偿等事项,有别于《国有土地使用权合同司法解释》(2005年)第15条所规范的合作开发房地产合同,认定协议有效。详言之,根据《国有土地使用权合同司法解释》(2005年)第14条[3]的规定,合作开发房地产合同的标的仅限于房地产开发。就涉案合同而言,不仅涵盖房地产开发内容,还包括房产开发前涉及的拆迁,开发后涉及的销售、管理事项。涉案合同与《国有土地使用权合同司法解释》(2005年)第15条规定的房地产开发合同有明显差别。涉案旧改合作协议书是双方真实意思表示,且不存在合同无效的情形,二审法院认为涉案旧改合作协议书有效。

而在深圳市某公司与吴某合同纠纷案[4]中,法院依据合作双方均未取

---

[1] 相关规定参见2020年修正的此解释第13条。
[2] 参见广东省深圳市中级人民法院民事判决书,(2016)粤03民终19802号。
[3] 相关规定参见2020年修正的此解释第12条。
[4] 参见广东省深圳市中级人民法院民事判决书,(2019)粤03民终21959号。

得房地产开发经营资质,亦未依法合作成立具有房地产开发经营资质的房地产开发企业,认定涉案城市更新合作开发协议无效。

上述案例中,因为不同裁判者对涉及房地产开发的城市更新合作开发合同是否等同于《国有土地使用权合同司法解释》(2005 年)第 15 条所规范的合作开发房地产合同理解不一,导致裁判结果不尽相同。《国有土地使用权合同司法解释》(2005 年)第 15 条主要规范净地合作开发、合作建房等房地产开发模式。而在当时,城市更新、“三旧”改造等新型开发模式并未在规范范畴。

笔者认为,涉及房地产开发内容的城市更新合作开发与传统房地产合作开发存在以下不同点:

(1)涉及房地产开发内容的城市更新合作开发除包含传统房地产合作开发固有的二级开发建设、销售环节以外,还包含获得土地使用权之前需要完成的大量前期工作,如权利主体意愿征集、项目立项、专项规划编制、搬迁补偿、实施主体确认、建筑物拆除、产权注销、用地审批、落实回迁选房等。

(2)在城市更新项目合作开发中,合作开发的地块系由其中一方或双方共同设立的项目公司被确认为实施主体后,再与政府签署土地出让合同从政府处获得。即使是与原土地权利人合作,原土地权利人的产权亦需先行注销后再由政府重新出让方得进行开发建设活动,这与传统的净地合作开发中,合作双方径直在一方提供的土地上开发建设不同。

(3)与一般净地合作开发不同,城市更新合作开发还承载了大量社会公共利益的落实,如土地贡献率、落实政府公建配套、配建人才住房与保障性住房等。

(4)就合作双方权利义务而言,城市更新项目合作开发不是单纯涉及合作双方“一方出地、一方出资”的职责分配。深圳市金融商会公布的数据显示,截至 2023 年 10 月 8 日,深圳市城市更新项目按规模计划实施率仅为 38.2% 。换言之,并非所有城市更新项目都能够进入土地出让、开发建设阶段。城市更新合作开发协议除约定双方共同投资、共享利润、共担风险外,更多会约定双方推进、完成城市更新前期工作的相关职责分配与配合义务,实现获得土地使用权的阶段性合作目的。

故笔者认为,在前述 A 公司与 B 公司签订合作建房协议案中,法院径直将涉及房地产开发的城市更新合作开发合同等同于《国有土地使用权合同司法解释》(2005 年)第 15 条所规范的合作开发房地产合同的裁判说理思路,有待进一步商榷。

二、搬补协议签约后另行签订卖房合同的典型案例[1]

(一)案情简介

2015 年,深圳市某市场主体(开发商)启动了福田区某城市更新项目,并与涉案房产物业权利人黄某英夫妇签署《拆迁补偿安置协议》,约定由市场主体负责涉案房产拆迁事宜,黄某英夫妇委托市场主体作为涉案房产纳入城市更新单元计划的申报主体。2016 年 3 月,黄某英夫妇将涉案房产及房产证原件移交给了市场主体,市场主体支付了搬迁费及 3 年过渡期安置费共 274,276 元。2016 年 10 月,包含涉案房产在内的某城市更新项目被政府主管部门批准纳入《2016 年深圳市城市更新单元计划第 × 批计划》。

2017 年 3 月,黄某英与赵某签订《房屋买卖合同》,将涉案房产以 500 万元的价格转让给赵某。次日,赵某一次性支付购房款 500 万元至黄某英账户。之后,黄某英委托案外人黄某永处理转让涉案房产事宜,先在《深圳特区报》刊登《房产证遗失声明》,并办理不动产权证书挂失、补证等手续,与赵某签订涉案房产递件过户用的《深圳市二手房买卖合同》,将涉案房产登记至赵某名下。

赵某遂将涉案房产抵押贷款,并签署承诺书给某实业公司,同意交出涉案房产,与某实业公司合作建房。此后,某实业公司向福田区城市更新局提交《有关某城市更新项目改造的异议书》,对公示拟实施更新单元主体为市场主体提出异议,请求停止该城市更新项目意愿确认,但未获支持。

2018 年 4 月,原告市场主体向法院起诉被告黄某英、赵某,以两被告恶意串通为由,请求判决确认两被告签订的涉案房产《深圳市二手房买卖合同》无效。

被告赵某辩称,黄某英是涉案房产的证载权利人,赵某基于房产证登记情况有理由认为黄某英具有处分权;赵某支付了全部购房款;因涉案房产属于某小学学区房,赵某购买涉案房产的目的是为以后小孩上学方便,与某实

[1] 参见广东省深圳市福田区人民法院民事判决书,(2018)粤 0304 民初 17142 号。

业公司无关，不存恶意串通情况。被告黄某英未答辩，开庭时缺席。

（二）处理结果

法院经审理认为：（1）黄某英与原告市场主体签署《拆迁补偿安置协议》，将涉案房产及房产证原件交付给原告，并领取了原告支付的搬迁费及3年过渡期安置费，均不违反法律法规的禁止性规定，合法有效。黄某英、原告应按《拆迁补偿安置协议》的约定正确、完全履行。（2）两被告签署《房屋买卖合同》《深圳市二手房买卖合同》主观恶意明显。在黄某英没有涉案房产证原件、涉案房屋已不具备正常居住使用条件的情况下，赵某在签约次日即全额支付购房款500万元，违背了正常的二手房交易习惯；案外人黄某永与被告赵某同是黄某英处理涉案房产事宜的受托人，二人在签约之前就已合伙开公司、共同在多家公司担任高管，关系密切；黄某英在已与原告签署《拆迁补偿安置协议》、将房产证原件交给原告、领取搬迁及安置费后，还公然委托黄某永、赵某两人办理房产证挂失补证、过户手续，黄某英的行为违反了作为公民应遵守的公序良俗；黄某永、赵某合伙开公司，并与某实业公司存在关联关系。被告赵某辩称购买涉案房产是为购买学位，但未提供充分证据予以证实，法院不予采信。综上几点，可以认定黄某英、赵某签署《深圳市二手房买卖合同》的行为主观恶意明显，旨在阻碍某城市更新项目的推进，结果上损害了原告的合法权益，该行为在法律上应予否定。法院遂判决两被告签订的涉案房产《深圳市二手房买卖合同》无效。

（三）律师评析

在城市更新实践中，如何预防已签约的原物业权利人违约转卖，已成为一个经常困扰市场主体的难题，本案就是一个典型案例。通过采取诉讼的方式，让法院判决原物业权利人另行转卖的合同无效，在实践中并不容易，所以通过诉讼来补救不如事先预防。

笔者结合担任多个城市更新项目法律顾问的经验，梳理出三个预防措施：

1. 运用预告登记，避免违约转卖风险

由于不动产交易的特殊性，从债权行为的成立到不动产的移转登记往往需要一定时间，容易给不动产所有人违约处分以可乘之机。《民法典》第

221 条中规定的“预告登记制度”正好预防了这种危险。

《深圳城市更新条例》第 31 条规定:“搬迁补偿协议签订后,市场主体可以按照约定向不动产登记机构申请办理被搬迁房屋的相关预告登记。预告登记的期限由双方当事人约定。约定登记有效期间,双方当事人可申请注销预告登记。期限届满或者城市更新项目调出城市更新单元计划的,预告登记失效。预告登记有效期内,未经预告登记权利人一致同意,不动产登记机构不受理被搬迁房屋的不动产转移、抵押或者变更等登记业务。”

《深圳城市更新条例》的这一规定与《民法典》相衔接,如善加运用,可有效杜绝原物业权利人违约转卖的乱象,避免发生不必要的合同纠纷。

2. 起草房屋搬迁补偿安置协议时应有预见性

房屋搬迁补偿安置协议确定了市场主体与原物业权利人双方的权利义务,其条款拟定十分重要,对被搬迁房屋的移交时间、交接手续、移交证件材料等均应作出明确约定,并尽可能对被搬迁方设定较高的违约赔偿责任,以遏阻其恶意违约。

3. 被搬迁房屋移交流程应完善、细致

市场主体向原物业权利人接收被搬迁房屋时,应按事先准备的流程办理各项手续,不要遗漏证件材料或签字;如对房屋所在楼栋作出隔离处理,应以摄影摄像等方式固定证据,证明移交时的状态。在前述案例中,市场主体通过向法院提交供水、供电部门出具的已断水、断电的证明及现场照片,有效地证明涉案房屋在两被告签约时根本不具备正常居住使用条件,对法院判断被告存在恶意起到了积极作用。

三、夫妻一方签署的搬补协议效力的典型案例[1]

(一)案情简介

原告曾某(女)与被告魏某(男)于 1990 年登记结婚,双方共同拥有深圳市罗湖区某房产并办理了房产登记,双方各占 50% 的产权份额。2016 年,被告某开发公司在其小区开展城市更新。魏某私自与某开发公司签署《搬迁补偿安置协议》(以下简称搬补协议),在未取得妻子曾某同意授权的情况

〔1〕 参见广东省深圳市罗湖区人民法院民事判决书,(2018)粤 0303 民初 20986 号。

下，在协议落款处签署了曾某的名字及身份证号码。原告曾某发现此事后，与被告某开发公司多次交涉无果，曾某遂向法院提起诉讼请求确认两被告签署的搬迁补偿安置协议无效。

原告曾某认为：(1)涉案房产为其与被告魏某共同享有，且房产证上已明确载明双方各占50%的产权份额；(2)在两被告签署搬迁补偿安置协议时，原告并不知情且未授权被告魏某代其在协议上签字，事后也并未追认，被告魏某的行为属于无权代理；(3)被告某开发公司在明知该房屋属于原告的财产且被告魏某无权代理的情况下，仍然与其签署搬迁补偿安置协议，其主观上具有重大过错，且明显具有恶意，两被告的行为严重损害了原告的利益，故该搬迁补偿安置协议应属无效合同。

被告魏某答辩认为：(1)涉案房产系其与前妻古某共同购买，并非其与原告的夫妻共同财产，房产证上载有曾某的名字实属登记错误；(2)其作为涉案房产实际的产权人去办理相关手续合情、合理、合法，并且积极配合市场主体争取早日城市更新是其应尽的义务。

被告某开发公司未到庭应诉亦未做答辩。

(二)处理结果

一审法院经审理认为，本案的争议要点为：被告魏某和被告某开发公司是否属于恶意串通签署搬迁补偿安置协议，损害原告的利益？根据《物权法》第17条[1]的规定，不动产权属证书是权利人享有该不动产物权的证明。涉案房产的产权证记载原告曾某和被告魏某各占50%的产权，故原告系拥有涉案房产50%产权的权利人。被告魏某确认在搬迁补偿安置协议上原告的签字系其代签。但原告并未授权被告魏某代为签署该协议，并且事后也并未对被告魏某的这一行为予以追认，故该搬迁补偿安置协议对原告不发生效力。被告某开发公司在明知涉案房产产权证上有两个权利人，且各占50%产权的情况下与被告魏某签署搬迁补偿安置协议，存在明显的过错，属于为了其自己的利益而串通被告魏某损害原告利益的行为。原告主张两被告恶意串通，损害原告的合法利益，理由成立，法院予以采纳。原告请求确认某开发公司与魏某签署的搬迁补偿安置协议无效，理由成立，法院

[1] 《物权法》已失效，相关规定参见《民法典》第217条。

予以支持。

一审判决作出后，魏某提起上诉。二审法院判决驳回上诉，维持原判。

（三）律师评析

在城市更新项目推进中，搬迁补偿安置协议的签署是其中关键一环。而针对搬迁补偿安置协议的签署，特别是存在多个实际权利人的情况下，核心工作是要核实被搬迁房屋的实际权利人。笔者结合上述案例，针对夫妻共有房产从以下三个方面进行法律分析：

1. 对于夫妻共有的房产，未取得一方同意的情况下签署的搬迁补偿安置协议是否无效

《民法典》第215条规定："当事人之间订立有关设立、变更、转让和消灭不动产物权的合同，除法律另有规定或者当事人另有约定外，自合同成立时生效；未办理物权登记的，不影响合同效力。"对于夫妻共有的房产，在未取得一方同意的情况下签订的有关房产转让的合同，只要是双方真实意思表示，且不存在违反法律、行政法规的强制性规定或公序良俗等情形，一般认定为有效。

2. 无权代理情形下签署的搬迁补偿安置协议对于被代理人是否发生效力

《民法典》第171条第1款规定："行为人没有代理权、超越代理权或者代理权终止后，仍然实施代理行为，未经被代理人追认的，对被代理人不发生效力。"在上述案例中，因被告魏某未取得原告曾某的授权，擅自在搬迁补偿安置协议上代其签字，且原告事后亦未进行追认，故魏某代理签字行为对原告曾某不产生效力。

3. 若搬迁补偿安置协议属于协议双方恶意串通损害第三人利益的，第三人是否可主张协议无效

对于夫妻共有的房产，在未取得一方同意的情况下签署的搬迁补偿安置协议原则上会被认为有效，但也有例外。《民法典》第154条规定："行为人与相对人恶意串通，损害他人合法权益的民事法律行为无效。"如第三人有证据证明签署协议时双方属于恶意串通损害其利益的，也可以诉请法院确认该协议无效。正如上述案例中，被告某开发公司在存在多个涉案房产证载权利人的情形下，并未通知曾某，且对于魏某代为签约时有无取得授权并未进行核查，未尽到审慎的注意义务，主观上并非善意，存在过错。法院认为两被告属于为了各自的利益而串通，双方签署的搬迁补偿安置协议损害了原告利益，故该协议无效。

四、未能办证的拆补协议效力的典型案例〔1〕

（一）案情简介

2010年6月4日，原告吴某、刘某（乙方）与被告某开发公司（甲方）签订《房屋拆迁补偿安置协议》，约定：甲方为深圳市龙岗区横岗镇某工业区旧城改造单位；乙方保证其对被拆迁房屋享有所有权。乙方将其房屋交由甲方实施旧改，甲方应按约向乙方交付回迁房并办妥回迁安置房房产证。

后因无法注销原房地产证并进而办理安置房屋的房地产证书，双方对未能办理房产证的责任问题产生争议，并诉至法院。法院就涉案回迁安置房房地产证办理事宜函询深圳市不动产登记中心。登记中心复函称：根据相关规定，因拆迁赔偿申请转移登记，拆迁的房屋已办证的，应当先收回并注销。如来函所涉拆迁赔偿房需办理不动产登记，申请人可提供《深圳经济特区房地产登记条例》（以下简称《深圳房地产登记条例》）等法律法规规定的办证材料向中心提交申请进行审核。

原告吴某、刘某主张未能办理安置房房产证的原因并非原告未缴纳税费，而是原来的大房产证没有办理注销。由于某开发公司未能与该栋房屋的所有住户签订拆迁补偿协议，责任在于某开发公司，由此带来的后果属于某开发公司应当承担的商业风险；对于只有一本大房地产证的事宜，某开发公司也是知情的，其负有注销义务，吴某、刘某仅承担协助义务。

被告某开发公司认为，吴某、刘某未注销被拆迁房屋的房产证，造成无法办理安置房的产权证，也无法按照税务部门的要求及吴某、刘某的声明书内容及时缴纳安置房的契税等税费，原告应承担涉案房屋产权证至今不能办理的全部责任。

（二）处理结果

对于合同效力问题，一审法院认为：吴某、刘某、某开发公司在平等自

〔1〕 参见广东省深圳市中级人民法院民事判决书，（2019）粤03民终15234号。

愿、协商一致基础上签订的房屋拆迁补偿安置协议,不违反法律法规的禁止性规定,应为合法有效,双方均应严格履行。签订协议时双方均知晓被拆迁房屋所属楼栋的相关情况,协议虽然约定吴某、刘某应协助某开发公司办理被拆迁房屋的产权注销登记手续,但吴某、刘某仅为该楼栋某房屋的权利人,仅能针对该房屋提供协助义务。对于该楼栋其他房屋,吴某、刘某无法协助也无义务协助提供资料或注销产权登记。其他相关权利人拒绝签订拆迁补偿协议,导致无法注销原房地产证进而办理安置房屋的房地产证书,应属于“由于甲方以外的原因造成延期的”除外情形,吴某、刘某要求某开发公司支付延期办证违约金,理由不充分。

一审判决作出后,吴某、刘某提起上诉。

二审法院认为:某开发公司作为涉案项目的旧城改造单位,推动项目的开发建设,符合其本身的利益,但该楼栋房屋相关权利人是否愿意签订拆迁补偿协议并非某开发公司一方可以决定,而须双方协商一致确定。现其他相关权利人拒绝签订拆迁补偿协议,导致无法注销原房地产证并进而办理安置房屋的房地产证书,应属于“由于甲方以外的原因造成办理房地产证延期的”的情形,依据涉案合同的该约定,某公司在此情形之下无须承担延期办证的违约责任。

(三)律师评析

在城市更新项目的进展中,房屋拆迁补偿安置协议中约定的各方权利义务问题在实际履行过程中会出现各种纷繁复杂的情况,合同的约定是否周延、可能出现的情形归纳是否充分完整,对后续产生争议时的责任认定至关重要,对其中的代表性问题说明如下:

1. 合同履行过程中未能办理房产证时的责任划分问题

本案中,即使合同约定应由某开发公司负责办理安置房的产权证,但根据相关政策要求,涉案房产系回迁安置房,本案拆迁房屋没有独立的房地产证书,其与所属楼栋其他房屋共同拥有一本房地产证书。办理产权证需要注销原来的房产证,但项目推进的过程中不能确保该栋房屋的所有住户都愿意签订拆迁补偿协议,因为是否愿意签订拆迁补偿协议并非某开发公司一方可以决定的,故不能将未能办理房产证的责任全部归结于某开发公司。

2. 未能办理房产证，房屋拆迁补偿安置协议是否仍为有效合同

涉案合同系双方当事人真实意思表示，未违反法律、行政法规的强制性规定，应认定为有效。

五、第三人请求确认拆补协议无效的典型案例[1]

在拆除重建类城市更新中，常涉及被搬迁房屋因历史原因未办得相关产权证明，城市更新市场主体（开发商）与申报权利人协商并订立拆迁补偿安置协议后，又有第三方主张房屋权属的情形。那么，市场主体与被拆迁人就被拆迁房屋签订拆迁补偿安置协议之后，第三人请求确认该协议无效，能否得到法院支持？下文以一起典型案例进行说明。

（一）案情简介

某实业发展（深圳）有限公司与村股份公司合作开发深圳市罗湖区黄贝岭某城市更新项目。原村民张某培作为该项目范围内×-1号房屋（以下简称涉案房屋）的产权申报权利人，于2011年与某实业发展（深圳）有限公司签订了《拆迁补偿安置协议》。

其后，张某培的亲戚张某得知此事，表示反对，称自己也是涉案房屋的产权人。张某主张，涉案房屋是张某和张某培的祖屋，张某持有土改时的土地证，载明张某母亲何某妹是涉案房屋的共有权利人之一。张某于2017年才看到深圳经济特区回迁房入伙公告内容，其上载明：深业××花园一期1、2、3、4号楼已竣工验收合格，要求黄贝岭旧村改造回迁物业权利人在2017年12月17日至2017年12月31日办理入伙手续。张某才发现其父母张某光、何某妹留在黄贝岭×村×号的房屋也属拆迁之列，遂与负责拆迁的某实业发展（深圳）有限公司、村股份公司交涉，认为两公司与张某培签订的拆迁补偿安置协议遗漏了产权所有人，该协议当属无效。为此，张某诉至法院，请求判令张某培与某实业发展（深圳）有限公司、村股份公司就涉案房屋订立的《拆迁补偿安置协议》无效。

[1] 参见广东省深圳市中级人民法院民事裁定书，(2019)粤03民终8536号之一。

（二）处理结果

一审法院查明，原黄贝岭×村门牌号为×－1号、×号，×号并非市场商品房。经有关部门确认该房屋的权利人为张某培后，某实业发展（深圳）有限公司与张某培于2011年7月5日签订涉案拆迁补偿安置协议。

一审法院认为：张某要求确认涉案房屋所订立的拆迁补偿安置协议无效，实际为要求确认张某为涉案房屋的共同权利人。而涉案房屋权属确认不属于法院的主管范围，张某诉讼请求所涉及的纠纷不属于法院受理民事诉讼的范围，当事人应当另循法律途径解决。故裁定驳回张某的起诉。

张某不服，提起上诉。二审法院认为：上诉人张某请求确认张某培与某实业发展（深圳）有限公司签订的拆迁补偿安置协议无效，依据是张某为涉案房产的权利人，因涉案房产未办理产权登记，如果当事人对涉案房产及其所处的宅基地主张权利，其应根据《土地管理法》（2004年修正）第16条[1]的规定，先行向政府主管部门申请对涉案房产及宅基地的权属进行认定，之后各方当事人之间如就涉案房产存在纠纷，可再向法院起诉。在行政机关作出相应处理前，本案纠纷不属于法院的受案范围，原审法院驳回起诉，处理正确，二审法院予以维持。

（三）律师评析

城市更新项目中，对无产权证物业也可以通过搬迁补偿的方式进行解决。按照民事行为意思自治原则，城市更新市场主体作为搬迁人，与被搬迁人之间有权自行约定补偿方式及补偿标准。但是，搬迁人在进行权利人核实过程中，应注意如下几点：

1. 城市更新项目形成单一主体的相关政策规定

2012年2月7日施行的《深圳市城市更新办法实施细则》（以下简称《城市更新实施细则》）第46条第1、2款规定："城市更新单元内项目拆除范围存在多个权利主体的，所有权利主体通过以下方式将房地产的相关权益移转到同一主体后，形成单一主体：（一）权利主体以房地产作价入股成立或者加入公司。（二）权利主体与搬迁人签订搬迁补偿安置协议。（三）权利主体

〔1〕 相关规定参见2019年修正的《土地管理法》第14条。

的房地产被收购方收购。属于合作实施的城中村改造项目的，单一市场主体还应当与原农村集体经济组织继受单位签订改造合作协议。”

2021 年 3 月 1 日起施行的《深圳城市更新条例》第 28 条第 1 款在前述基础上规定：“拆除重建类城市更新单元规划经批准后，物业权利人可以通过签订搬迁补偿协议、房地产作价入股或者房地产收购等方式将房地产相关权益转移到同一主体，形成单一权利主体。”

可见，无论是旧规还是新规，均明确了城市更新项目应形成单一权利主体，其中一种重要方式即签订搬迁补偿协议。

2. 核实历史违建物业权利人的时点要求

签订搬迁补偿协议需要首先明确的是签约主体问题，即确定物业权利人。对于核实历史违建物业权利人的时点，多数市场主体（开发商）会提前签订搬迁补偿协议，在城市更新项目立项后才对物业权利人进行最终核实，以便进行实施主体确认。而一些项目开发主体为掌握项目现状物业主动权，或者谋取城市更新开发建设指标的差价利益，会在项目尚未立项时就启动买卖协议的签订，或在物业权利人确认前进行城市更新回迁指标交易。一些中介、投资客也投机炒作，导致住宅类历史遗留违法建筑交易一度激增，乱象丛生。

为了避免上述情形的产生，规范房地产市场秩序的管理，《深圳城市更新条例》第 30 条明确规定：“区城市更新部门负责对物业权利人更新意愿进行核实。属于本条例第二十五条第一款第三项规定情形的，区城市更新部门应当在物业权利人更新意愿核实阶段组织区规划土地监察机构、辖区街道办事处和原农村集体经济组织继受单位对历史违建物业权利人进行核实，由经核实的物业权利人与市场主体签订搬迁补偿协议。”第 25 条第 1 款规定：“申报拆除重建类城市更新单元计划时，拆除范围内物业权利人更新意愿应当符合下列要求：……（三）用地属城中村、旧屋村或者原农村集体经济组织和原村民在城中村、旧屋村范围以外形成的建成区域的，应当经原农村集体经济组织继受单位的股东大会表决同意进行城市更新，或者符合前两项规定，经原农村集体经济组织继受单位同意。”即将历史违建物业权利人核实的时间明确为物业权利人更新意愿核实阶段，并且物业权利人要经过区规划土地监察机构、辖区街道办事处和原农村集体经济组织继受单位的核实，方可与市场主体签订搬迁补偿协议。

为了进一步加强深圳市规划土地和房地产市场秩序管理，加大打击住宅类历史遗留违法建筑交易行为的力度，遏制住宅类历史遗留违法建筑投机炒作，深圳市住房和建设局(以下简称深圳市住建局)、深圳市规自局于2021年8月12日联合印发《关于加强对住宅类历史遗留违法建筑交易查处的通知》(深建字〔2021〕137号，以下简称《住宅类历史遗留违法建筑交易查处通知》)，明确规定："一、社区股份合作公司不得为住宅类历史遗留违法建筑交易材料加盖公章或者出具相关证明。各区政府(含新区管委会，下同)应当加强对社区股份合作公司确认住宅类历史遗留违法建筑物业权利人行为的监管。……三、城市更新项目纳入更新单元计划前，各区政府应按规定组织开展住宅类历史遗留违法建筑物业权利人核实工作；对未开展物业权利人核实且尚未确认实施主体的更新项目，由各区政府在本通知发布之日起6个月组织补充开展物业权利人核实，防范城市更新过程中回迁房炒作。城市更新市场主体与未经核实确认的物业权利人签订的搬迁补偿协议不予备案。"

综上所述，核实历史违建物业权利人的时点已明确至城市更新项目纳入更新单元计划前，即在更新意愿阶段就须核实物业权利人。

(四)案例延展

城市更新市场主体与无产权证的物业权利人签订搬迁补偿协议，客观上存在一定风险，这就要求市场主体必须对拟签约的物业权利人进行核查，以防范合同效力出现问题。

在城市更新搬迁补偿实践过程中，确定物业权利人的一般做法是：

(1)对于有不动产权属证明文件的房地产：依据不动产权证书以及不动产登记中心查询所得的物业权利人情况，对物业权利人进行认定。需要注意的是，应结合物业权利人的身份证、户口簿，如属法人权利人，则应结合其工商登记信息等相关证明文件，确认物业权利人与产权登记人的一致性。同时，需考虑被搬迁物业是否涉及夫妻共同财产，以及如被搬迁物业权利人去世的，应由其继承人办理相应继承手续。若涉及房地产交易，还需综合考虑房地产交易情况，以此明确搬迁补偿协议的签约主体。

(2)对于未办得不动产权属证明的房地产：一般是由实际占用人提供房地产所占用地的建设用地规划许可证、建设工程规划许可证、建设项目选址意见书予以认定，一般物业如已取得历史遗留违法建筑处理决定的，可认定处理决定的权利人为物业权利人。如虽然未取得历史遗留违法建筑处理决定，但进行了历史遗留建筑申报的，则也可结合历史遗留建筑申报回执予以评判，并向街道、社区、股份合作公司进行核实。同时，如果房地产有转让、赠与、继承等流转协议，以及土地来源、房屋建设、出资证明文件，也应综合评判。如果确实未能提供足够佐证的资料，在物业权利人申报时，可要求其出具承诺书以化解日后可能产生的权属争议风险。

《深圳城市更新条例》第 30 条明确规定，须在更新意愿核实阶段核实历史违建物业权利人。因此对于《深圳城市更新条例》施行时未完成更新意愿公示的城市更新项目，应按照新规核实物业权利人。但是，根据法不溯及既往的原则，新出台的关于物业权利人核查的有关规定不应适用于已经完成物业权利人核实及公示工作的项目。结合目前实务工作，新出台的物业权利人核查规定施行时已完成更新意愿公示但未完成物业权利人核实及公示工作的，一般参照新规定的核查内容核实物业权利人，而非完全按照新规定程序执行。

六、两兄弟搬补协议主体之争的典型案例〔1〕

（一）案情简介

深圳市龙华区某村被纳入城市更新范围，市场主体（开发商）A 公司系该项目申报主体。就该村某号房屋，A 公司与原村民邓某乙签署了《搬迁补偿安置协议》。邓某乙的哥哥邓某甲得知后，提出异议，称涉案房屋系其于 20 世纪 70 年代独自出资兴建，因其于 1973 年去香港定居，故将涉案房屋交由弟弟邓某乙居住和管理，A 公司不应与邓某乙签约而应同他本人签约。

因交涉无果，邓某甲遂于 2018 年 11 月 9 日向深圳市龙华区人民法院起诉，请求确认 A 公司与邓某乙签署的《搬迁补偿安置协议》无效。邓某甲提出自己才是涉案房屋的所有权人，并向法院提交了相关证明材料，如居委会证明、部分村民证明等。邓某甲认为，由于 A 公司没有履行对权利人的注意义务，并且与邓某乙存在恶意串通，从而损害了邓某甲的利益，因此，两被告

〔1〕 参见广东省深圳市龙华区人民法院民事判决书，（2019）粤 0309 民初 864 号。

签订的《搬迁补偿安置协议》及签约明细表均为无效。

被告邓某乙对于原告邓某甲的意见不予认可。邓某乙认为，1992 年曾进行过旧屋登记，将历史遗留的旧屋重新登记并发放证书。该《集体土地建设用地使用证》载明土地使用者为邓某乙的母亲钟某，证实了邓某乙母亲对涉案房屋和土地享有合法利益。其母亲钟某也出具了一份声明，声明已经将自己所享有的涉案房屋及所属的一切权利无偿赠与邓某乙，同意邓某乙与市场主体（拆迁方）签订相关的补偿协议并且收取补偿款。这份声明证明邓某乙在涉案房屋上有合法的利益。另外，村股份公司出具的物业产权证明也证实了邓某乙为涉案房屋的权利人。故邓某甲关于其为该房产所有权人的说法不能成立。邓某乙向法院提交了《搬迁补偿安置协议》、集体土地建设用地使用证、物业产权证明以及其母亲的声明等答辩证据材料，证明其是涉案房屋的权利人，对涉案房屋享有合法权益。

A 公司还向法院提交邓某乙签署的房屋所有权承诺书及付款申请书等证据材料，证明涉案房屋产权归邓某乙所有，邓某乙享有与 A 公司签署《搬迁补偿安置协议》的权利。

（二）处理结果

法院经开庭审理认为：邓某甲主张其为涉案房屋的权利人，要求确认邓某乙与 A 公司就涉案房屋签署的《搬迁补偿安置协议》无效，应当依法承担相应的举证责任。对于无产权证物业，需要根据历史遗留问题情况进行权利证明文件的证明力判断。本案中，邓某乙提供的集体土地建设用地使用证是依据《土地管理法》核发的，其证明力显然比邓某甲提供的居委会证明、部分村民证明等更高。而邓某甲提供的证据不足以证明其为涉案房屋的权利人，依法应当承担举证不能的不利后果。因此，法院判决驳回原告邓某甲全部诉讼请求。

（三）律师评析

本案再次体现了城市更新市场主体与无产权证的物业权利人签约过程中客观存在的风险。类似历史遗留违建物业，房屋的建设者并不必然就是房屋的权利人，居住和管理者也未必是权利人。由于历史遗留问题和法律观念的原因，原村民家庭成员之间往往缺乏分家析产的书面约定。面临城市更新时，由于利益巨大，原本模糊的产权争议就会凸显。

作为市场主体的开发商，应核查并留存无产权证物业的相关权属证明文件，并做好实地调查，最大限度防止“签错对象赔错人”。

就本案中涉案房屋，A公司根据村股份公司出具的物业产权证明、集体土地建设用地使用证以及邓某乙母亲钟某的声明等材料，结合对房屋实际使用情况实地调查的结果，认定邓某乙是涉案房屋的权利人。A公司在与协议相对方邓某乙签订《搬迁补偿安置协议》的同时，要求其签署房屋所有权承诺书，法律工作较为严谨。即便在后续发生房屋权属争议，也能证明己方已尽到合理的审查和注意义务，从而切实降低法律风险。

七、农民房买卖确权引起合同效力争议的典型案例[1]

（一）案情简介

2013年12月11日，深圳市坪山新区某村原村民张某、李某与王某签署《房屋买卖合同》，约定以270万元的价格将2人在某村内的一处私宅物业（以下简称涉案物业）转让给王某。合同约定如履约过程中发生纠纷，应向某仲裁机构申请仲裁解决。签约次日，王某向张某、李某一次性支付了270万元的转让款，开始占有、使用涉案物业。

不久，原深圳市规划和国土资源委员会（以下简称原深圳市规土委）将涉案物业所在的地块纳入深圳某片区城市更新单元范围，A公司被认定为该片区城市更新项目一期的实施主体。2016年4月，A公司与王某签署《房屋拆迁补偿协议》，对涉案物业进行拆除。经过调查，王某事实上是接受A公司的委托，代为收购涉案片区房产，而张某、李某对此自始知情。

2016年9月，张某、李某经商议，认为涉案物业的土地用途为村民住宅用地，涉案物业作为村民自建房屋，自行买卖违反法律规定，应属无效。张某、李某遂向仲裁机构提起仲裁，申请确认合同无效，并要求将涉案物业返还。而被申请人王某则以申请人未履行涉案《房屋买卖合同》的约定，构成违约为由，提出反请求，要求申请人张某、李某在限期内履行房屋买卖合同（将附有该房产的户口本迁走，配合办理涉案物业的权证注销手续）并且支

[1] 仲裁案件，文书内容不公开。

付相应的违约金。

（二）处理结果

仲裁机构经审理认为，本案的争议焦点有如下两点：

1. 房屋买卖合同是否因涉案物业的土地用途是村民住宅用地，涉案物业是村民自建房屋而无效

申请人张某、李某主张：涉案物业是他们使用宅基地自建的房屋，根据涉案物业的不动产登记证书，该土地用途为村民住宅用地，涉案物业为非市场商品房，不能交易。《土地管理法》（2004 年修正）第 63 条[1]规定，"农民集体所有的土地的使用权不得出让、转让或者出租用于非农业建设"。根据《合同法》第 52 条第 5 项[2]的规定，违反法律、行政法规的强制性规定的合同无效，认定本案中的房屋买卖合同无效，被申请人应当返还涉案物业，并支付相关费用。

被申请人王某辩称：涉案合同并非普通的房屋买卖合同，而是建立在城市更新改造基础上的房产收购协议，依法有效。首先，根据《深圳市宝安龙岗两区城市化土地管理办法》（深府〔2004〕102 号，以下简称深府〔2004〕102 号文）、《土地管理法实施条例》的相关规定，以及涉案物业的房地产证，涉案物业所在土地的用地性质已变更为二类居住用地，属于国有土地。其次，广东省高级人民法院《关于审理农村集体土地出让、转让、出租用于非农业建设纠纷案件若干问题的指导意见》（粤高法发〔2001〕42 号，以下简称《农村集体土地非农建设纠纷指导意见》）[3]第 13 条规定："当事人在签订出让、转让、出租农村集体土地合同时，所涉集体土地虽然没有经依法批准为建设用地，但在起诉前已被依法批准为建设用地的，不影响合同的效力。"而涉案物业所在土地正是在申请仲裁前已依原深圳市规土委《关于批准某片区更新单元规划的通知》及原深圳市规土委某管理局《关于 A 公司政府信息公开申请的复函》被依法批准为建设用地。最后，涉案合同完全符合《深圳市城市更新办法》及《城市更新实施细则》等相关法规文件的规定，合法有效：

---

〔1〕 2019 年修正的《土地管理法》已无对应规定。

〔2〕 《合同法》已失效，相关规定参见《民法典》第 153 条。

〔3〕 此意见已失效。

(1)根据《深圳市城市更新办法》第2条的规定,本办法所称城市更新,是指由符合本办法规定的主体对特定城市建成区(包括旧工业区、旧商业区、旧住宅区、城中村及旧屋村等)内具有相关情形之一的区域,根据城市规划和本办法规定程序进行综合整治、功能改变或者拆除重建的活动。

(2)《城市更新实施细则》第46条规定,城市更新单元内项目拆除范围存在多个权利主体的,所有权利主体可通过"(一)权利主体以房地产作价入股成立或者加入公司。(二)权利主体与搬迁人签订搬迁补偿安置协议。(三)权利主体的房地产被收购方收购"的方式将房地产的相关权益移转到同一主体后,形成单一主体。第53条规定:"权利主体与搬迁人签订搬迁补偿安置协议时,应当在协议中约定相应房地产权益由搬迁人承受,并在办理房地产权属证书注销之前向搬迁人提交被搬迁房屋的房地产权属证书及注销房地产权属证书委托书……"

(3)涉案房屋买卖合同第8条第3款明确规定,合同签订后,甲方(申请人)对该房地产的使用、收益、出租、买卖、占有等权利一并转让给乙方(被申请人);甲方保证乙方享有同甲方相同的居住使用等权利,甲方不得就该房地产与他人订立买卖合同;甲方保证配合乙方办理房屋拆迁、房产证注销等相关手续。可见涉案合同并非普通的房屋买卖合同,而是建立在城市更新改造基础上的房产收购协议。

2. 王某是否有购房资格

申请人张某、李某主张:被申请人王某不具备该涉案物业所在村的村民资格,其身份主体不具备法律规定的资格,不具备转让房屋的资格。

王某主张:A公司是该房屋的真正买受人,张某和李某一直都知道该涉案房屋的真实购买者,且A公司已被依法认定为该片区城市更新项目一期的实施主体,具有自行购买或者委托他人购买的权利。

仲裁机构最终裁决认定,涉案房屋买卖合同有效,申请人张某、李某应当配合被申请人王某办理涉案物业的房地产注销相关手续,具体理由如下:

(1)涉案集体土地已变更为国有土地,房屋买卖合同有效。城市更新政策下,涉案集体土地已变更为国有土地。根据原深圳市规土委《关于批准某片区更新单元规划的通知》及原深圳市规土委某管理局《关于A公司政府信息公开申请的复函》,土地主管部门已经批准确定了涉案地块的功能定位及改造目标,拟将片区建设成为集住宅、商业、办公等功能于一体的综合社区;

涉案物业所在地块的法定图则上,用地性质代码为 R2,即二类居住用地。根据《深圳市城市规划标准与准则》(2014 年)第 2.1 条及其附录 B 之“深圳市城市规划标准与准则条文说明”第 2.1.6 条之(2)“关于‘一类居住用地(R1)’和‘二类居住用地(R2)’的说明”,一类居住用地(R1)和二类居住用地(R2)主要是城市居民住宅用地,属于国有土地,由城市居民区的物业权利人共有居住区的土地使用权。

(2)相关司法解释就土地变更为建设用地情况下的合同效力作出了特殊规定。《农村集体土地非农建设纠纷指导意见》第 13 条规定:“当事人在签订出让、转让、出租农村集体土地合同时,所涉集体土地虽然没有经依法批准为建设用地,但在起诉前已被依法批准为建设用地的,不影响合同的效力。”本案涉及的并非单纯的土地买卖合同,而是房屋买卖合同,房屋所占用土地原先虽为村民住宅用地,但申请人提起仲裁申请时该地块经国土主管部门批准,已具备开发条件,不具有违法将农民集体所有的土地使用权用于非农业建设的情形,并不违反《土地管理法》(2004 年修正)第 63 条的规定。因土地性质改变,不再要求房屋购买人具备特定身份。申请人主张被申请人不具有涉案物业所在村的村民身份,但身份主体不符合法定条件问题是基于购买村民住宅用地的土地性质而言,现土地性质已经改变,购买人的特定身份要求亦不复存在。

(三)律师评析

众所周知,农村集体所有的土地按照法律规定不得用于非农业建设,农民住宅用地上房屋转让原本应属无效。但在本案中,由于涉案物业所在区域被纳入城市更新项目,且更新单元规划已经原深圳市规土委审批通过,根据审批文件,土地性质已变更为国有土地,所以房屋买卖合同被认定为有效。

从市场主体的角度看,农民房的买方通常是房屋的实际控制方,其配合程度直接影响城市更新项目的推进进度;但是农民房的买方通常不具备购房资格,因此交易后无法办理权属转移登记手续,这就给市场主体在项目的注销房产证环节增加了障碍。在此情况下,如何处理农民房买卖的确权问题,帮助买方确权抑或在风险可控的情况下直接同买方签约?可以借鉴上述裁决的思路,在城市更新项目中灵活处理农民房买卖的确权问题。

《土地管理法》第 14 条规定:“土地所有权和使用权争议,由当事人协商解决;协商不成的,由人民政府处理。”因此,市场主体若要积极帮助买方确权,需向人民政府提出。但在实践中,人民政府通常不会处理上述争议,这给城市更新项目的进程带来较大的不确定性。

相反,如果像上述案例的情况,认定买方为房屋权利人而同买方签约,在项目专项规划审批通过后卖方再以违反《土地管理法》(2004 年修正)第 63 条为由诉请确认房屋买卖合同无效的,可能得不到支持,在房屋拆除后诉请返还原物则更是无法得到支持。因此,建议在风险可控的情况下同农民房买方签约。当然,在签约时设置一定的风险控制条款仍是必不可少的。

本案房屋买卖合同有效是建立在城市更新改造基础上的。由此可见,土地政策的变化、相关建设规划项目的确定都影响着交易主体的判断,交易风险也随之会有所变化。除了借鉴裁决思路解决确权问题,市场主体也应在项目推进过程中及时关注政策信息动态,在遇到纠纷后有效利用实时信息来维护自己的权益。

第三节 实 操 指 引

一、防范合同效力问题的措施

城市更新项目属于特殊的房地产开发项目,市场参与主体多、利益关系复杂、交易价格不透明等因素均可能导致合同效力纠纷。作为市场主体,应在约定期限内履行合同义务,当发现合同效力可能存在问题时应积极采取措施加以解决。

(一)当事人应当在合同订立后尽快办理备案手续

根据《城市更新实施细则》第 48 条的规定,搬迁人应当及时将已签订的搬迁补偿安置协议报区城市更新职能部门备案。《深圳城市更新条例》第 29 条也规定,城市更新市场主体应当将已签订的搬迁补偿协议报区城市更新部门备案,区城市更新部门应当将备案信息推送区住房建设部门和不动产登记机构。这样的流程设计,对防止合同效力出现问题增设了一道保障。

因此,双方当事人在合同订立后应尽快办理备案手续。

需要注意的是,根据《城市更新实施细则》第 46 条的规定,属于合作实施的城中村改造项目的,单一市场主体还应当与原农村集体经济继受单位签订改造合作协议。

(二)合同当事人签约时应注意的事项

合同中有对时间和方式等的约定的,当事人应严格按照约定时间和方式履行义务。此处所指的“合同”是广义范畴的合同,其表现形式包括:签订补充协议、通知、确认书、备忘录、会议纪要等。

对于上述内容,合同当事人应当注意如下事项:(1)当事人在合同中对时间和方式等的约定不能违反法律、行政法规的强制性规定。(2)在合同签订过程中,应进行充分的风险提示或明确约定各自责任,避免因合同无效带来的不利后果。

(三)关于当事人承担缔约过失责任的规定

缔约过失责任,也称先契约责任或者缔约过失中的损害赔偿责任,是指在合同订立过程中,当事人一方违背其依据诚实信用原则和法律规定所承担的义务致另一方的信赖利益遭受损失时,应承担损害赔偿责任。

在缔约阶段,当事人因接触而进入可以彼此影响的范围,依诚实信用原则,当事人应尽交易上的必要注意义务,以维护他人的财产和人身利益,因此,缔约阶段也应受到法律的调整。当事人应当遵循诚实信用原则,认真履行其所负有的义务,不得因无合同约束而滥用订约自由或实施其他致人损害的不正当行为,否则,将严重妨碍合同的依法成立和生效,影响交易安全。

《民法典》第 157 条规定:“民事法律行为无效、被撤销或者确定不发生效力后,行为人因该行为取得的财产,应当予以返还;不能返还或者没有必要返还的,应当折价补偿。有过错的一方应当赔偿对方由此所受到的损失;各方都有过错的,应当各自承担相应的责任。法律另有规定的,依照其规定。”可见,缔约过失责任与合同无效情形下合同当事人所应承担的责任并无差异。因此,在城市更新相关合同的缔约阶段,如当事人违背诚实信用原则和法律规定的义务,也应承担损害赔偿责任。

二、搬迁补偿合同效力问题的解决

在实际操作中，市场主体（拆迁方）作为拆迁补偿方，需要与城市更新单元内的众多被拆迁人签订搬迁补偿合同。如果在后续履行合同过程中出现争议，从而引发合同效力纠纷，应如何解决？下文将展开分析。

（一）当事人对合同生效时间存在争议时，应遵循法律规定或当事人另有之约定

在城市更新项目中，合同生效的时间具有重要意义。通常来说，合同自各方当事人签字、盖章之日起生效。但有的时候，合同会特别约定附条件生效，即某个条件成就时，合同才生效。例如，被拆迁人要求在收到市场主体（拆迁方）交付的补偿费用后，双方签署的搬迁补偿协议才生效。如有此特别约定，则搬迁补偿协议在拆迁方交付补偿费用前属于“已成立但未生效”的状态。

根据《民法典》第502条的规定，依法成立的合同，自成立时生效，但是法律另有规定或者当事人另有约定的除外。依照法律、行政法规的规定，合同应当办理批准等手续的，依照其规定。如在深圳市宝安区沙井街道凤凰社区城市更新项目中，双方当事人在签订合作开发协议时已就拆迁补偿利益进行分配，在后续履行合作开发协议时产生了纠纷并引发了诉讼。在这种情况下，法院认定应以双方约定的生效时间为准。

（二）合同签订后，一方当事人主张对方当事人存在欺诈情形的，应当承担举证责任

最高人民法院《关于适用〈中华人民共和国民事诉讼法〉的解释》（以下简称《民事诉讼法解释》）第90条规定：“当事人对自己提出的诉讼请求所依据的事实或者反驳对方诉讼请求所依据的事实，应当提供证据加以证明，但法律另有规定的除外。在作出判决前，当事人未能提供证据或者证据不足以证明其事实主张的，由负有举证证明责任的当事人承担不利的后果。”在城市更新项目中，由于市场信息不对称等原因，一方当事人有可能会主张对方当事人存在欺诈情形。针对这一情况，若合同一方当事人主张对方当事人存在欺诈情形的，应当对其所主张的事实承担举证责任，如果该事实能够

直接或间接证明合同签订时存在欺诈行为,则应当支持其主张。

(三)被拆迁人主张补偿利益分配协议为无效合同的,应当承担举证责任

在城市更新项目中,被拆迁人与市场主体(拆迁方)签订补偿利益分配协议,但该协议不能达到被拆迁人的预期目的,从而导致被拆迁人要求确认协议无效的,应当由其承担举证责任。

三、防范合作协议无效的措施

在城市更新实践中,市场主体作为投资方对于防范合作协议无效的法律风险,应着重做好以下几个方面的工作:

(一)做好尽职调查工作

投资方与土地方处于不同的立场,决定了双方对于城市更新专项标的存在巨大的差异。土地方往往为了达成交易或者是为了谋取更大的利益,不会主动揭示标的既有或者潜在的障碍、风险等不利因素,因此尽职调查就成了身处信息不平等地位的投资方为防范各种未知风险,找到项目各种重大问题以及影响交易的重要因素而应采取的必要措施。

投资方在与土地方合作前,应委托专业人士进行深入细致的城市更新专项尽职调查。该尽职调查既应包括土地(合作地块),具体涉及土地使用权的性质、权属、面积、使用年限、规划用途等方面,也应包括现有建筑物。其中,需要重点审查以下几个方面:

1. 审查标的土地相关权利证书

依法确认土地使用权的法律凭证即为土地权利证书,具体包括《国有土地使用证》《集体土地所有证》《集体土地使用证》《土地他项权利证明书》等。投资方需要通过审查上述文件,确认相关土地是否权属清晰等,避免后续因权属问题引起纠纷。

2. 核查项目土地上建筑物现状

针对项目建筑物的尽职调查对于拆除重建难度的判断至关重要,其核查重点主要在于建筑物的取得是否合法合规、权属是否清晰、是否存在纠纷、建成年限是否符合城市更新要求等。

审查用地范围内建筑物的合法性,需要核查是否取得建筑物的规划许可证、施工许可证、施工合同、消防验收文件、不动产权属证书等。对于存在历史遗留房地产登记问题的,审查是否已经依照规定取得规划确认文件、土地权属证明,依法应予行政处罚的是否已由有关主管部门给予处罚等。

对于投资方,尽职调查除了以上建筑物的内容,还应包括合作地块是否已经被列入城市更新的范围、目前进展如何,是否因该地块与他人产生过纠纷,纠纷原因为是否曾将该地块与他人合作,土地方股东内部意见是否一致等。若项目进行到搬迁阶段,核查重点在于对搬迁情况的核查,如搬迁补偿名单上的原土地权利人是否有错漏,是否涉及诉讼或仲裁案件。通过尽职调查,可以更深入地了解土地方的信用情况,预判合作风险,有效降低合同效力出现问题的风险。

(二)完善合作协议条款

城市更新合作协议是各方合作的基础,对各方都有法律约束力。城市更新过程的复杂性,客观上对合作协议的严谨性、预见性提出了更为严格的要求。因此,在合同起草阶段就应有专业律师参与,研判合同效力,拟定详细的合同条款,让合同更具操作性,同时防止纠纷的发生。

四、签订合作协议时的注意事项

市场主体(投资方)在与土地方签订合作协议时,应注意如下事项:

(一)投资方审查土地权属的注意义务

如前所述,投资方在签订合作协议时,也负有审查项目用地的权属是否清晰的注意义务。在本章第二节第一部分"合作建房协议无效的典型案例"的案例中,如投资方 B 公司在签订合同时即要求土地方 A 公司提交权属证明资料,就会尽早发现土地权属瑕疵问题,可能不会选择进行合作或者在协议中约定若土地方不能在某个期限内解决权属瑕疵问题,合作协议将附条件解除。这样,投资方的权益就会得到更周延的保护。

同时,审慎审查合作协议,特别是对于加重己方义务的条款,应当重点审查。避免出现上述案例中"签合同前由甲方向乙方提供购买土地合同及村委证明,证明土地属甲方所有"的约定,从而被法院认定投资方对于项目未能推进也具有过错。

（二）签署合作协议的关注要点

基于城市更新项目具有复杂及推进周期长的特点，在签署合作开发协议后，合作主体在较长周期的履约过程内如何维护自身权利、保障项目顺利推进尤为重要。如前文所述，考虑到不同裁判机关对涉及房地产开发的城市更新项目合作协议效力存在不同观点，对于投资方而言，建议把控合作开发协议签约环节，合理设置协议条款，防止协议被认定无效。第一，协议中不设置包含“一方出地、一方出资”“合作建房”类似表述的条款；第二，在协议中明确设置城市更新项目工作推进计划、时间节点、合作双方在项目前期工作中的职责，以此明确合作内容不仅涉及房地产开发，还涉及大量城市更新前期工作，如提高合法用地比例、纳入城市更新计划、专项规划编制、搬迁补偿工作、实施主体确认、产权注销等；第三，调整合同体系，如在城市更新一揽子合作协议项下，可根据项目实际情况、合作双方商业诉求等分别订立股权合作协议、搬迁补偿协议、城市更新前期工作合作协议。

第三章 土地方违约纠纷

面对土地资源日渐稀缺的发展困境，深圳市早已由增量扩展转向存量优化，迈入了“减量建设”与“产业升级”并存的新时代。在此背景下，城市更新逐渐成为挖掘空间发展潜力、优化城市功能结构、提升城市环境品质、提高空间利用效率的重要手段。其作为城市新陈代谢的一个必然过程，具有程序复杂、周期漫长、涉及主体众多、合作利益巨大、履约行为交叉进行、政策法规繁多且更迭速度快、地域性差异明显等特点。目前，在优质土地项目资源稀缺，潜在投资者偏多的卖方市场环境下，土地方在项目合作中往往掌握着话语权。不少土地方在巨额利益诱惑下，自恃拥有土地，公然违反合作协议，拒绝履行己方义务导致更新项目陷入僵局等情况屡见不鲜。对于投资方（市场主体）而言，不仅预期的利益很可能难以实现，前期投入的大量人力、物力都很有可能付之一炬。

为探索更优质的问题解决路径，笔者认为，有必要率先对土地方义务予以阶段性梳理，并在充分研判土地方与投资方合作模式的基础上，对土地方违约形态进行类型化总结，以期为城市更新项目中投资方应当如何更加周延地保护己方权益这一问题提供有益思路。

第一节 城市更新土地方违约纠纷表现形式

一、土地方的义务梳理

作为原农村集体经济组织继受单位，土地方通常以其享有的城中村用地、旧屋村用地、非农建设用地指标[1]权益等原集体用地权益和集体物业权益参与到城市更新项目中。作为重要的参与主体，土地方在合作实施的城市更新项目申报及实施过程中享有资产处置及合作决定权、补偿安置权等诸多权利，同时也基于相关规定和改造合作协议约定而负有用地和房产权益移交、协助配合等各项义务。以下将根据《深圳城市更新条例》及《深圳市城市更新办法》等深圳市城市更新政策规定的拆除重建类城市更新项目审批及实施流程，对土地方在合作实施的城市更新项目中所承担的义务进行梳理（见表3－1）。

表3－1 土地方在城市更新不同阶段的主要义务

阶段	步骤	土地方义务
申报更新单元计划	拟定更新单元范围	(1)提出范围：根据《深圳城市更新条例》及《深圳市拆除重建类城市更新单元计划管理规定》等的要求，结合项目所在区要求的更新单元拟定条件，提出拟申报的更新单元范围。 (2)技术咨询：为避免因拟申报的更新单元范围划定或申报文件不符合审批要求而导致反复调整拟定范围，部分合作协议中也会直接约定土地方有义务与市场主体共同将初步方案向辖区街道办事处、区城市更新职能部门和规划国土主管部门进行技术咨询

[1] 基于深圳城市化的快速发展和土地资源的稀缺，1993年深圳市人民政府颁布实施《深圳市宝安、龙岗区规划、国土管理暂行办法》（深府〔1993〕283号），该办法依据当时宝安、龙岗两区经济发展的实际状况，将两区的土地划分为城市规划建成区内及城市规划建成区外两个部分，其中：规划城市建成区内的土地由深圳市规划国土管理部门派出机构，实行统一征用，转为国有土地；规划城市建成区外的土地仍属于集体土地。在这次城镇化的过程中，为了对原集体土地权利人和村民予以补偿，宝安和龙岗两区分别出台了相关的政策性文件，划定出一定面积的非农建设用地返还给原村集体和村民。由于当时的补偿工作未完全落实到位，有些村股份公司的返还非农建设用地无地可落，指标悬空，于是形成了非农建设用地指标。

续表

阶段	步骤	土地方义务
申报更新单元计划	整理权属清晰的合法土地	(1)披露义务:土地方应向市场主体披露项目范围内各类型用地的性质、面积、权属材料、历史遗留问题处理文件或其他相关资料,协助市场主体对项目情况进行评估,并对前期工作进行安排。 (2)合法用地认定:尚在办理权属清晰的合法用地申报及认定手续的,除另行协商外,一般土地方应负责继续完成,并及时向市场主体告知进展情况。 (3)非农建设用地指标落地:拟以本村非农建设用地指标参与项目的,应将非农建设用地指标相关信息提供予市场主体,并与市场主体协商方案;如拟以对外购买非农建设用地指标参与项目的,通常应协助市场主体与转让意向方协商谈判,并协助相关职能部门的沟通工作
	征集更新单元意愿	(1)决议:项目用地完全属于土地方的,土地方应召开决策会议,对同意进行的城市更新项目范围、意向合作方(市场主体)、合作方式、非农建设用地指标使用(如有)、授权董事会处理相关工作等事项表决。决议完成后,土地方应及时向集体资产管理部门、辖区街道办事处备案。 (2)意愿征集:更新范围内除土地方外,还包含其他权利主体的,土地方还需协助市场主体征求其他权利人的意愿。 (3)物业权利人信息核查:根据《深圳城市更新条例》第 30 条的规定,满足该条例第 25 条第 1 款第 3 项规定情形的,区城市更新部门应当在物业权利人更新意愿核实阶段组织区规划土地监察机构、辖区街道办事处和原农村集体经济组织继受单位对历史违建物业权利人进行核实,由经核实的物业权利人与市场主体签订搬迁补偿协议
	控制新建、抢建、加建行为	监督、制止更新范围内新建、抢建、加建行为
	计划申报及公示	(1)协助完善申报材料、就主管部门审核计划申报材料过程中提出的问题协助解释与协调。 (2)配合开展公示工作,协助收集公示期间的反馈意见、处理相关问题,并配合主管部门做好更新单元集体资产处理和维稳风险评估工作
单元规划编制及申报阶段	申请旧屋村认定工作	在更新单元计划公告后且城市更新单元规划编制之前,土地方需配合市场主体,按深圳市城市更新历史用地处置相关规定开展旧屋村认定申请工作

续表

阶段	步骤	土地方义务
单元规划编制及申报阶段	申请土地建筑物信息核查	土地方需配合市场主体进行土地及建筑物查丈测绘，提供土地使用权出让合同、用地批复、房地产证、旧屋村范围图、建设工程规划许可证、身份证明等材料，并协助主管部门开展土地及建筑物信息核查工作
	协助编制和申报单元规划	(1)视双方约定情况，市场主体在编制项目规划过程中及申报审批时，可能会需要土地方予以配合协助。 (2)初步规划方案展示阶段，土地方需协助市场主体收集被搬迁人的意见，进行必要的协调和解释
	协助单元规划草案公示	主管部门在审核规划申报材料及进行草案公示等过程中，如有需要，土地方应协助市场主体就相关问题予以配合调查、书面解释、协调等
实施主体确认阶段	确定被搬迁人身份	(1)土地方需提供项目范围内建筑物权属资料，配合市场主体开展项目建筑物确权工作。 (2)对于无产权登记的房产权利人，土地方应充分利用其历史资源及管理制度，对权利人的房屋位置、权利人、权利人身份等信息进行核查并提出认定结论
	签订搬迁补偿安置协议	(1)土地方应按照深圳市城市更新政策、集体资产管理规定等召开决策会议，并及时向集体资产管理部门、辖区街道办事处备案。 (2)视双方约定，土地方应协助市场主体组织私人物业签约，发放按时签约奖励等
	协助搬迁补偿个案处理	对于超出标准要求补偿的，或者长期不配合的权利人，土地方应积极做好协调工作，必要时配合市场主体寻找司法等途径解决
	协助申请实施主体确认	协助市场主体就相关问题予以配合调查、书面解释、补充材料等。配合做好公示工作，协助收集相关权利人的公示意见，参与公示异议意见的处理
项目实施推进	协助房屋接收与拆除	市场主体根据搬迁补偿协议约定的时间，提前通知被搬迁人搬离，土地方在房屋移交、拆除工作中应予以相应协助
	征求确定建筑设计方案意见	协助市场主体征集权利人意见，确定回迁房屋户型，协助市场主体以科学、公平、合理为原则制定回迁房屋的分配方案

续表

阶段	步骤	土地方义务
组织回迁房屋分配工作		土地方应发挥组织作用,协助市场主体做好各被搬迁人的回迁房屋的分配工作。对于分配过程中出现的问题,土地方还需协助开发主体予以合理解释、处理

二、土地方与投资方的合作开发模式

(一)村企合作城市更新项目

一般认为,城市更新的业务模式主要包括政府主导模式、市场主导模式以及多元合作模式三种:(1)政府主导模式下,融资模式为财政资金、城市更新专项债、地方政府授权国企进行一、二级开发,并由地方国企进行融资。以上海为例,城市更新主要以"政府主导、国企实施"为主[1]。(2)市场主体模式下,一般由投资方自主融资、属地居民或企业自主出资/融资等方式筹集资金。典型代表地区即为深圳,也是下文重点探讨的模式。(3)多元合作模式下,可以通过政府、房企、产权所有者三方合作,以 PPP 模式、投资人 + EPC 模式、城市更新基金等方式进行融资。以广州为例,该地区的城市更新加强了公众参与,遵循"政府主导、市场运作,统筹规划、节约集约、利益共享、公平公开"的原则,相关产权主体也可以参与改造项目。

深圳的城市更新以市场主导模式为主,政府制定相应引导性政策,包括总的纲领性政策以及配套政策、市场主体平等合理获取利益机制等,将部分权利和收益让渡给市场,从而撬动市场资金,推动项目建设。例如,深圳盐田三村、四村、西山吓村及社排小布村整体搬迁项目采用"市政府指导,区政府主导,股份有限公司全面参与,市场化运作"的模式,项目由政府公开招标,实施主体为佳兆业集团。根据盐田港后方陆域现状及规划情况,整体搬迁项目采用"整体拆除、异地重建"的改造模式,项目整体规划超 13 万平方

[1] 根据 2021 年 8 月出台的《上海市城市更新条例》,上海城市坚持"留改拆"并举、以保留保护为主,遵循规划引领、统筹推进的原则;由市人民政府负责统筹并建立相关推进机制,市住房城乡建设管理部门下设办公室具体负责日常工作;区人民政府(含特定地区管理委员会)负责辖区内城市更新工作,城市更新实施主体由市、区人民政府遴选或直接指定。

米两大集中式商业购物中心 + 融合式街区商业，搬迁区的总占地面积为34.6万平方米，涉及4个股份公司和13个自然村，回迁物业的建设和业主签约同步进行，回迁周期短。实施整体搬迁后，政府整合零星用地，向盐田区提供了50万平方米的土地供应，实现后方陆域物流用地及居住用地的功能分区。

可以看出，以市场主导模式为主的城市更新积极鼓励房企以及各类金融机构全面参与，充分激发市场活力、提高效率。这种市场环境下，合作开发模式也受到城市更新各主体的青睐。所谓合作开发，是指土地方通过引进其他市场主体合作开发或以土地作价入股成立项目公司"风险共担—利益共享"等方式进行城市更新。实务中，比较经典的改造模式有三类，以下分别作简单说明：

（1）自主改造模式。通常这种合作方式由村集体提供改造用地，市场主体提供改造的资金、技术、专业的团队。一般而言，由村集体设立一个全资子公司，作为项目的实施主体。之后，村集体再把拟改造的融资用地转让给项目实施主体，等到改造取得了一定进展，如将物业按约定分配给村集体之后，村集体会把全资子公司的股权百分之百转让给投资方，从而实现投资方的项目收益。

（2）合作改造模式。此种模式也是由村集体提供改造用地，市场主体提供改造的资金、技术、专业的团队。与第一种模式不同的是，在这种模式下投资方可以自行成立全资子公司作为合作项目的实施主体，后期村集体会把改造用地当中融资用地的那一部分转让给投资方成立的项目实施主体，以此实现投资方在这个项目当中的利益。

（3）共同设立项目公司模式。此种模式中，双方在合作之后，由村集体与投资方共同设立一个项目公司作为实施主体。部分地区会要求在项目的安置物业没有交付给村集体之前，村集体在项目公司中必须持有51%的股份，另外的49%由投资方持有。也就是说，等到项目已经完成了回迁且回迁安置物业的产权进行大确权之后，或者完成货币补偿后，村集体才会把剩下的股权转让给投资方，从而实现投资方在这个项目当中的改造收益。共同设立项目公司是现在市面上比较普遍采用的一种合作模式，但是在投资方成为这个项目的合作企业之前，通常会有一个前期服务主体来协助村集体开展项目实施之前的一系列前期工作，包括项目的房屋测量、基础数据摸查编制、片区策划方案，以及项目实施方案。通常来讲，村集体是没有专业的团队以及技术去开展相关工作的，故而都会普遍引入一个前期服务主体来开展相关工作。但是，前期服务主体的进入不意味着其后期就必然会成为正式的合作企业，还是要依据各地区关于合作企业引入的政策，如通过村集体公开参与招商，成为合作改造企业。

此外，在投资方成功竞选成为合作企业之后，需要跟村集体签署合作框架协议及履约保证金的监管协议。一般而言，合作企业在城市更新的合作改造项目中要承担以下四项义务：(1)承担搬迁安置、建设开发、经营管理等一切成本和费用的义务。包括项目的前期费用(如基础数据的调查费用、项目实施方案的编制费用、各种专项评估的费用)，后期产生的搬迁费、临迁费、补偿费，集体物业清退费等，以及后续在开发建设当中需要承担的建安成本、土地出让金，还有各种报批报建的相关费用。(2)负责各种技术方案的报批报审的义务。(3)负责按约定试点推进项目搬迁、建设的义务。通常在合作协议中，会对合作企业在各个阶段需要开展的工作限定完成时间节点，包括开展基础数据摸查，编制片区策划方案、项目实施方案，招商的时间等。同时也会约定如果没有按时完成工作需要承担什么样的违约责任。(4)确保村集体、村民按照补偿标准回迁的义务。通常村集体会要求合作企业按照不低于同区域或者不低于周边其他项目的搬迁补偿标准进行回迁安置。

(二)村企合作土地整备利益统筹留用土地[1]合作开发项目

村企合作模式与非农/征返用地的合作开发方式类似(将来土地方取得的物业属于分配而非回迁)，与村企合作城市更新项目亦有相似之处(项目前期投资方可进入，并作为合作方参与)。

---

〔1〕《深圳市土地整备利益统筹项目管理办法》(深规土规〔2018〕6号)相关条款明确，土地整备利益统筹项目是以原农村集体经济组织继受单位及其成员实际掌控用地为主要实施对象，按照政府主导、社区主体、社会参与的原则，采取政府与原农村集体经济组织继受单位"算大账"，原农村集体经济组织继受单位与相关权益人"算细账"的模式开展。政府与原农村集体经济组织继受单位"算大账"主要通过土地整备资金和留用地(指标)两个方面实施，通过资金安排、土地确权、用地规划等手段，集约节约安排土地，保障城市建设与社区发展空间需求。原农村集体经济组织继受单位与相关权益人"算细账"，通过货币、股权和实物安置等手段，确保权益人相关权益，实现整备范围内全面征转清拆。除留用土地外，其余土地全部移交政府管理。

村股份公司以留用地(空地)作为合作开发项目的投资,投资方负责留用地项目开发建设过程中全部资金投入,包括但不限于土地整备范围内经政府职能部门认定或司法判定须在项目范围内落实的征地搬迁及补偿、项目计划报批、规划设计、补缴地价和税收、项目运作、建设开发、首次产权登记等全部资金投入以及项目申报、用地规划许可批复到开发建设整个过程全部工作。在留用地项目合作层面,投资方与村股份公司按一定物业分成比例共同作为项目开发主体,如村股份公司与投资方约定物业分成比例,待项目完成竣工验收,双方进行物业分成。另外,在合作方案中也会同步约定项目开发周期、合作期限、资金监管等相关事宜。

三、土地方违约纠纷典型表现形式

结合笔者对土地方在城市更新合作项目中需要承担的义务的阶段性梳理,及对土地方与投资方的合作模式的研判结果,笔者认为,实践中,土地方违约的典型形态可以梳理如下:

(一)土地方违约供地

在城市更新合作项目中,土地方最核心也最基础的义务即提供符合约定的合格用地,但实践中,土地方未按时供地、供地不符合合同要求导致项目停滞不前的情况并不少见,如土地方因另案纠纷导致拟供用地被查封、因为土地方或第三人设置抵押权利负担而处分受限、土地权属资料不齐全、土地方提供的土地合格用地面积低于更新法规要求的最低比例、用地的经济指标不符合要求或与上层规划不符等。通常,这些土地瑕疵的协调或补救难度较大、耗时较久,往往导致项目进度滞后,甚至陷入僵局无法推进。

例如,双方确认,土地方的义务包括"保证该项目合作地块没有产权争议",但最终涉案地块因"权属清晰比例不满足城市更新单元计划申报的要求"而未能按照约定推进。又如,投资方办理旧改手续需向行政部门申报更新计划并提交土地权属资料以供核查土地建筑物的权属信息,但供地方迟迟未能提供有效的土地权属证明材料阻碍了旧改项目的行政审批,致使合作协议在事实和法律上无法继续履行。

（二）土地方不配合办理城市更新相关手续

前文已经梳理了土地方在更新计划申报阶段、单元规划编制及申报阶段、实施主体确认阶段、项目实施推进阶段、组织回迁房屋分配工作阶段等阶段的常规义务内容。

可以看出，土地方的工作并非止步于提供合格用地，而是在整个城市更新程序的推进中都具有举足轻重的作用，更新合作协议往往也会将土地方重要的协助配合义务白纸黑字确认下来。但实操中，仍会大面积出现因土地方拒绝或怠于履行己方义务，导致项目推进受阻甚至达到合同已经无法继续履行的程度。如土地方不协助市场主体征求更新范围内其他权利人的意愿，导致征集更新单元意愿操作难度极大，或怠于配合市场主体按深圳市城市更新历史用地处置相关规定开展旧屋村认定申请工作导致项目合法比例不足、或怠于参与拆补谈判、疏导拆补谈判过程中的矛盾、协助商讨初步搬迁补偿安置标准或启动公示程序等。

（三）土地方不配合设立项目公司、办理过户手续等

如前所述，深圳地区城市更新项目合作开发的三种典型模式为自主改造模式、合作改造模式、共同设立项目公司模式，这些模式中都涉及一方或双方设立项目公司并将拟改造用地的权属转让至项目公司名下后再进行合作开发的合作逻辑。在由土地方（单独或共同）办理设立项目公司、办理权属变更登记或者在回迁工作完成后需要办理股权交割等情况下，实践中不乏由于拟改造的土地大幅增值等原因，土地方想要以上述手续的履行为谈判筹码，希望达到重新拟定合作条款、提高补偿标准的目的，故意不配合或怠于履行设立项目公司、办理过户手续等义务，导致项目推进受阻。

（四）土地方违反排他条款擅自与他人签约

一个城市更新项目的推进周期有可能会长达十余年。在漫长的合作期中，由于土地增值而出现愿意承诺更高补偿、更短周期或拥有更优质的合作资源、业绩的第三方，合作主体内部矛盾，土地方领导班子更换等诸多原因都可能动摇土地方合作意志，出现在未妥善处理现行合作协议效力的情况

下，土地方就单方提出解除合同请求，或者擅自与第三方主体签约，抑或者变相阻碍项目推进的情况，最终迫使投资方诉诸诉讼或仲裁手段，解决纷争。

例如，由笔者所在团队亲办的某城市更新合作项目中，在土地方书面同意由新的项目公司承继城市更新项目合作协议书中原合作方的权利义务，且实际收取项目公司一方按约支付的履约保证金的情况下，土地方又在原合作方与项目公司另一股东关系恶化后，再次收取原合作方支付的履约保证金，并按照原合作方指示，将项目公司按约支付的保证金原路退回，否认项目公司的实施主体地位，损害了项目公司及合作股东利益。

同时，也须注意，在该类纠纷中，土地方往往也并非毫无准备、贸然提出解除合同的请求。相反，在提出请求前土地方会仔细审查合作过程中合作方是否存在过瑕疵履行行为，并以此为理由提出解约。

（五）民主决策瑕疵主张合同解除或无效

依照《村民委员会组织法》第 24 条的规定，涉及处分集体经济组织财产时，须经村民会议或经村民会议授权的村民代表会议讨论决定。《村民委员会组织法》另对村民会议、村民代表会议的决议形式、参会人数、表决方式以及“所作决定应当经到会人员的过半数同意”等作出了明确规定。上述法律规定旨在保护村民在处分集体经济组织重大财产的过程中能够在集体讨论的基础上充分行使处分权，对集体经济组织成员合法权利给予保护。然而，部分合作项目中，却出现土地方主动提出民主决策程序缺失或存在瑕疵，从而主张合同应当无效或予以解除的情况。

例如，在某项目中，双方签订合同已实际履行多年，村集体经济组织未在合同履行期间提出过异议或造成履行障碍，却以违反民主议定原则主张合同无效；又如，异议人对村集体人口、户数情况及合作社章程是否真实合法等提出异议，认为成员代表大会可能因未达到 2/3 的户代表成员出席而表决结果无效，以合同的签订没有召开村民会议且约定内容违反土地管理法相关规定为由，请求法院确认合同无效。

（六）因政策变更、规划调整等非双方原因导致项目客观上存在履行障碍，土地方提出解约请求

城市更新项目一般需经历计划立项、规划研究、搬迁补偿、建筑物拆除、产权注销、用地审批等流程，项目开展周期往往较长，且城市更新多受地方性政策调控，政策涉及面广、变化多、区域差异化明显。城市更新项目推进过程中，如城市更新政策发生调整，则可能影响合作各方之间的利益平衡关系、合作协议履行，进而阻碍城市更新合作项目推进，合作各方亦可能因此产生争议。

第二节　城市更新土地方违约纠纷典型案例

一、土地方提供土地权属存在瑕疵的典型案例[1]

（一）案情简介

2003 年 5 月，深圳市某区经济合作社（土地方，以下简称甲方或 A 公司）与深圳市某投资公司（投资方，以下简称乙方或 B 公司）签订合作开发协议书，约定：甲方将本村后山某土地及地上建筑物交给乙方开发工厂；签合同前由甲方向乙方提供购买土地合同及村委证明，证明土地属甲方所有；如政府征用该土地，土地、建筑物及其不动资产归乙方所有，在建设过程中如需要甲方出面解决事宜，甲方应全力配合；自协议签订之日起 200 个工作日内，如果深圳市某房地产公司或其控股的关联方仍未与深圳市该区地段范围内所有土地方签订城市更新改造项目合作意向书，乙方就有权要求甲方全部回购协议约定的转让标的物及相关权益，回购价格为乙方向甲方支付的款项加年利率 9% 计算的资金占用费之和。

但履约过程中，B 公司才发现，涉案建筑物未取得权属证书，亦未取得建设许可，且待开发地块为案外人所有的集体土地，并不属于 A 公司。

此后，B 公司诉至法院，要求 A 公司向其返还已付款项及资金占用损失。

---

〔1〕 参见广东省深圳市龙岗区人民法院民事判决书，（2020）粤 03 民终 6728 号。

（二）处理结果

审理法院认为：涉案物业未取得权属证书，亦无证据证明在建设时取得了相关部门的建设许可，且涉案物业所占用的土地为案外人所有的集体土地。根据案外公司的回函，其对于双方转让涉案物业不知情，亦不认可，且主张土地租赁期限届满后其公司及其下属分公司将对该地上物业享有所有权。因涉案物业没有合法的许可证书或权属证书，其归属亦存在争议，故涉案协议应属无效。

A 公司因涉案无效协议而收取 B 公司支付的合作投资款项应当返还给 B 公司。但因涉案协议无效，协议中关于回购款项按年利率 9% 计算资金占用费的约定亦为无效，故 B 公司主张按照年利率 9% 计算资金占用费，理由不成立，审理法院酌定按照银行同期贷款利率标准从款项支付后的次日起算相关资金占用损失。

（三）律师评析

城市更新合作项目中，土地方最核心也最基础的义务即提供符合约定的合格用地，移交土地的同时，土地方还应一并移交相关权属资料，证明其移交的土地权属上不存在瑕疵。否则，若土地权属资料缺失，会实质性阻碍项目的审批与推进。

反过来讲，合作方在签订合作协议时，也负有审查项目用地的权属是否清晰的注意义务。本案中，协议中约定“签合同前由甲方向乙方提供购买土地合同及村委证明，证明土地属甲方所有”，法院认为合作方对于涉案土地的性质、权属、功能等情况系知情的，最终认定合作方也具有过错。实践中，投资方因项目拓展压力，往往会通过各种方式尽早锁定项目，如本案中的投资方受让集体用地上土地及建筑物权益，但未查明项目权属人，也未预判相关协议的法律效力。虽然协议约定了回购条款及年利率 9% 的回购价格，但并未获得法院支持，造成了资金损失，而且项目最终也花落别家，得不偿失。

一般而言，笔者认为，市场主体需重点核实以下三点：(1) 土地权属登记情况及构成情况：主要调查项目每宗地块的所有权及使用权登记情况，掌握改造范围集体土地、国有土地以及边角地、夹心地、插花地分布情况。为了成片开发土地，不少城市更新项目需要整合项目周边的国有土地连片改造，对于此类国有土地权属人,应予以关注并提醒其注意整合难度。(2)地上建筑物权属登记情况:主要调查改造范围内地上建筑物的权属登记情况,列出"有证房屋"和"无证房屋"的数据。由于改造补偿主要是针对现状地上建筑物的补偿,因此地上建筑物权属登记情况和下文的违法建设情况将对城市更新项目的改造成本产生重要影响。(3)违法建设情况:主要调查已开发建设的土地是否存在未办理报建手续进行开发建设等情况。

故而,合作方在签订合作协议时,也负有审查项目用地的权属是否清晰的注意义务。如果本案中,合作方在签订合同时即要求土地方提交权属证明资料,就会尽早发现土地权属瑕疵问题,可能不会选择合作或者在协议中直接约定对于土地方不能在某个期限内解决权属瑕疵问题,合作协议将附条件解除。这样,合作方权益就会得到周延的保护。

二、土地方未配合解决"合法用地比例不足"问题的典型案例〔1〕

本章第一节已经梳理了土地方在更新计划申报、单元规划编制及申报、实施主体确认、项目实施推进、组织回迁房屋分配工作等阶段的常规义务内容。下文将以土地方未配合解决"合法用地比例不足"问题为例,对土地方的违约形态与责任重点分析。

(一)案情简介

2010年11月,A公司(土地方)作为甲方,B公司(投资方)作为乙方共同签订意向书,就甲方拥有城中村(旧村)改造项目用地的改造及合作开发房地产等事宜达成合作意向。

合同履行过程中,2012年12月,B公司向当地管理局提交计划申报资料,其后B公司以需要完善城市更新项目申报材料为由向该局申请退文。之后,B公司再次向当地管理局提交申报材料,其后又再次申请退文。2013年9月5日,A公司曾致函B公司对上述退文问题进行询问。B公司复函称,根据相关政策要求,申报旧改项目五类用地权属清晰比例须为70%以上,但A公司提供的用地权属清晰比例仅为30.87%,不符合申报要求,政府部门毫无疑问将作退文处理,B公司为避免因政府部门退文对项目造成不良

〔1〕 参见广东省深圳市中级人民法院民事判决书,(2018)粤03民终16186号。

影响,主动申请退文,并采取相应措施争取符合政策要求。其后,B公司以涉案项目权属清晰的合法用地比例一直无法达到政策标准为由未继续提交申报资料。

2015年10月,A公司向B公司发函,陈述从双方签订意向书至今,A公司没有看到B公司开展有关该地块城市更新的相关实质性工作,或者说截至发函时没有看到有任何政府批文显示B公司为该地块城市更新的申报主体和实施主体,鉴于此,A公司通知B公司从2015年11月1日期满后将自动解除双方有关城市更新改造项目意向及合作关系。

此后,B公司向A公司回函,对A公司以其未开展实质性的工作为由解除合作关系提出异议,认为:(1)在签订意向书后,B公司积极开展更新申报工作,并投入大量资金、人力和物力,在2011年4月通过了所在区域更新办公示。(2)本项目至今尚未立项的主要原因在于A公司提供旧改的地块不满足政策要求,以致预案公示无法通过,并非B公司故意拖延而为之。(3)根据意向书第5条第4款的规定,因A公司土地权属原因及相关主管部门原因导致项目无法预案公示,A公司无权单方解除合作关系。

其后,因双方未能协商一致,A公司诉至法院。

(二)处理结果

一审法院认为,双方签订的意向书是双方当事人的真实意思表示,内容未违反法律、行政法规的强制性规定,合法有效,双方均应全面履行合同义务。涉案意向书第5条第5款约定,本意向书期限5年,期限届满后由双方协商延期。在5年期限届满前,A公司发函明确告知在期满后解除双方之间的合作关系,即以行为表明拒绝与B公司就意向书延期事宜进行协商,因此涉案意向书的期限已经于2015年11月1日届满。根据《合同法》第46条[1]有关"附终止期限的合同,自期限届满时失效"的规定,上述5年期限系双方对于意向书终止期限的约定,该期限届满,涉案意向书失效,支持A公司诉请。

二审法院认为:涉案意向书签订后,A公司召开股东大会,同意委托B公司作为城市更新单元规划制订计划的申报主体;B公司向A公司支付了

---

〔1〕 相关规定参见《民法典》第160条。

保证金2000万元,并积极向当地管理局申报城市更新单元规划。但根据相关复函,涉案地块"权属清晰比例不满足城市更新单元计划申报的要求",B公司申请退文,涉案项目未能继续推进。涉案意向书中A公司的义务包括"保证该项目合作地块没有产权争议",因此,涉案意向书未能履行的责任在于A公司一方。

双方对于因A公司的违约行为导致不能继续履行上述约定的法律后果为"自动延期"或者"退还保证金,意向书自动解除",违约的两个法律后果互相矛盾,因此,应赋予守约方即B公司选择权。现B公司要求继续履行涉案意向书,应当予以支持。

(三)律师评析

实践中,城市更新项目在推进过程中面临诸多困难,其中,土地合法用地比例不足成为许多项目立项的重大障碍。本案中,法院最终认定是由于土地方未能保证该项目合作地块没有产权争议,导致项目由于合法用地比例不符合要求受阻,故判定土地方应承担不利后果。

1. 何为合法用地

五类合法用地,是指国有用地(包括已出让用地、已划拨用地及其他合法国有用地)、城中村用地(包括城中村"用地红线"范围用地、非农建设用地和征地返还用地)、旧屋村用地、已按登记历史遗留问题处理的用地、已按历史遗留违法建筑处理的用地。只有项目范围内五类合法用地比例达到相关文件规定的门槛,城市更新项目才能申请纳入城市更新单元计划。城市更新中合法用地比例的指标设计带来了一系列的问题,导致很多具有改造必要性的用地无法纳入改造范围,合法用地比例成为城市更新项目起步的制度性障碍。

2. 何为合法用地比例

合法用地比例,是指城市更新单元拆除范围内权属清晰的合法土地面积占拆除范围用地面积的比例。2016年12月29日,深圳市人民政府办公厅发布《关于加强和改进城市更新实施工作的暂行措施》(深府办〔2016〕38号,以下简称深府办〔2016〕38号文),该文沿袭了《关于加强和改进城市更新实施工作暂行措施》(深府办〔2014〕8号,已失效,以下简称深府办〔2014〕8号文)中"拆除范围内权属清晰的合法土地面积占拆除范围用地面积的比例应当不低于60%”的要求,并增加了合法用地比例不足60%但不低于50%的处理方法,即位于探索实施土地开发创新模式的坪山中心区范围的合法用地比例不低于50%,以及重点城市更新单元拆除范围内合法用地比例不低于30%。

3. 应对思路

简单来说,一方面,合法用地比例是城市更新项目计划立项的硬性条件,达不到要求的更新项目会被拦在立项的大门外;另一方面,合法用地比例越高,可获审批的量就越大,如果是城中村用地的住宅项目,还可以核减保障房配建,获得更多可售商品房。此外,不同的权属类型所需要缴纳的地价也是不一样的。相同条件下的更新项目,权属类型为城中村用地的所需缴纳的地价最低,其次是旧屋村用地。

虽然在深府办〔2016〕38号文中,政府已经尝试为合法用地比例要求松绑,但对于部分违法用地和违法建筑占比较高的城中村项目而言,要符合要求仍存在一定难度。为此,投资方和土地方不得不绞尽脑汁地提高项目范围内的合法用地比例,力求跨过这道槛。下文结合深圳当前政策,梳理现行政策下解决合法用地比例的可能路径,以做参考。

(1)路径一:调整更新单元范围

依据合法用地比例的定义,提高合法用地比例的方向有二:一是增加更新单元拆除范围内合法土地面积,二是降低拆除范围用地总面积。所以,当合法用地比例不足时,最简单直接的方式即调整更新单元范围,一是扩大范围,将更多的合法土地纳入拆除范围,二是缩小范围,把违法用地剔除出更新范围。

但是需要注意的是,更新单元范围划定除了影响合法用地比例之外,同样会因为项目所涉权利主体、建筑物增加带来其他的伴随影响,如新增的更新单元范围内建筑物是否符合年限要求?是否隶属于其他村股份公司?是否导致项目超出优先拆除重建区范围等。需要综合考虑是否采用调整更新单元范围这一路径,避免因调整更新单元范围导致不满足计划申报的其他要求。

(2)路径二:历史遗留违法建筑简易处理

深府办〔2016〕38号文第一次将违建处理与解决合法用地比例不足问题正式关联起来,规定:“对合法用地比例不足60%但不低于50%的,拆除范围内的历史违建可按规定申请简易处理，经简易处理的历史违建及其所在用地视为权属清晰的合法建筑物及土地。”这就为合法用地比例只有小部分不足的项目开了一道“违建简易处理”的大门，避免这些项目卡在“临门一脚”无法列入更新计划。

（3）路径三：调入合法用地指标

在深圳农村城市化的过程中，原农村集体经济组织的土地被“统征”“统转”为国有，相对地，政府为了保障原农村集体经济组织生产生活需要，促进其可持续发展，亦通过征地返还、搬迁安置、非农划定等方式将一部分用地保留给农村集体经济组织合法使用。这一类用地主要包括依据《深圳市宝安、龙岗区规划、国土管理暂行办法》深府〔2004〕102 号文划定给原农村集体的非农建设用地，以（市、区）批复或补偿合同形式批准给原农村集体的征地返还用地、搬迁安置用地等。但是，由于种种原因，许多应当保留给村集体的土地并没有落实，导致村集体只空有指标配额，却没有真正获得土地进行建设。对于村集体享有的这一类非农建设用地、征地返还用地指标，政府允许按一定方式核算后调入城市更新项目，视为合法用地。当前市场上有许多城市更新项目都是通过非农建设用地指标调入城市更新项目以突破合法用地比例门槛。在具体操作上，目前龙岗、坪山、大鹏、龙华等区均已规定了本辖区的非农建设用地管理办法，对于调入的程序、类型、核定的面积等作了详细规定。

（4）路径四：申请旧屋村认定

旧屋村属于非常特殊的一类合法用地，它并不属于政府批准使用的土地或经权利主体补办手续、缴交罚款后获得政府批准使用的土地，而是政府基于尊重历史的原则，对于某些历史形成、已长期存在的原农村旧（祖）屋状态的合法性确认。如果项目涉及旧屋村的，可在计划申报前申请旧屋村范围初步核查，经初步核算认定的旧屋村范围即可计入的合法用地指标。根据《深圳市拆除重建类城市更新单元旧屋村范围认定办法》的规定，旧屋村范围，是指原特区内在《关于深圳经济特区农村城市化》实施前（即 1992 年 6 月 18 日前），原特区外在深府〔2004〕102 号文实施前（即 1993 年 7 月 14 日前）正在建设或者已经形成且现状主要为原农村旧（祖）屋等建（构）筑物的集中分布区域。因此，如果项目所在区域存在大量原农村旧（祖）屋等建（构）筑物，投资方可考虑通过启动旧屋村认定来提高项目的合法用地比例。

（5）路径五：外部公共利益用地移交

除了上述四种路径外，为了借助市场力量增加城市基础设施、公共服务设施等公共利益用地供给，《深圳市城市更新外部移交公共设施用地实施管理规定》（深府办规〔2018〕11 号）将“公共利益用地”与“更新片区或项目”的实施进行捆绑，通过增加更新项目用地合法面积的方式促使更新项目实施主体向政府移交外部公共利益用地。即如果更新项目实施主体能向政府无偿移交拆除范围外（但须位于同一行政区辖区范围内）的公共利益用地，则可根据外部移交用地的面积计入更新项目一定比例权属清晰的合法土地面积，从而破解合法用地比例的限制。对于更新项目实施主体而言，该路径具有一定难度，需要考虑外部移交用地进行搬迁补偿带来的经济平衡压力、外部移交用地大幅增加的搬迁难度、外部用地的选择、不同社区间的协调难度等。

三、土地方供地不符合约定且拒绝办理过户手续的典型案例[1]

（一）案情简介

2013 年 12 月，某土地方（以下简称 A 公司）与投资方（以下简称 B 公司）签订合作合同，约定双方合作开发 A 公司所拥有的公明建材市场土地。

双方约定：（1）在双方清楚知道该土地状况的情况下，A 公司愿意提供 40，206.02 平方米土地进行合作开发商住项目，B 公司负责为 A 公司提供的土地完成办理商住用地的一切手续，以及提供开发建设、补交国土地价、销售、经营管理等全部资金。双方签订本合同及 A 公司收到合同履约保证金后 10 个工作日内联合成立项目公司（项目公司名称、注册资金、股东结构、运营模式等依公司法由双方共同商议）开发该地块。（2）合作条件：B 公司负责对上述用地进行用地功能改变为商住用地或其他可以兴建商住的项目用地。

2014 年 12 月，B 公司向 A 公司发函表示：根据合同约定，A 公司应负责提供合作项目的土地给合作项目公司，并保证合作公司有权合法使用本合作项目的土地；同时应将该地块登记到项目开发公司。即 A 公司应提供该

〔1〕 参见广东省深圳市宝安区人民法院民事判决书，（2019）粤 0306 民初 128 号。

土地的有关非农建设用地指标。合同履行过程中,双方均积极开展各项工作,但A公司截至2014年8月6日才取得当地街道办事处的调整非农建设用地指标的方案,且根据批复意见,调整方案尚需报当地管理局审核后,方可正式将非农建设用地指标调整至上述地块。正因上述原因,项目的进度受到延误,影响合同按双方约定的进度推进,特别是影响到有关搬迁、安置补偿工作的进行,而未能推进有关与搬迁补偿工作的开展。鉴于合同在履行过程中出现客观存在的因素致拖慢了各项工作的进行,使原合同约定的有关支付搬迁安置补偿款项的安排需要根据新出现的情况进行修正,B公司建议将该条款修改为当地管理局审核同意非农建设用地指标落实到本项目土地,且须与地块上所有经营户签订有关搬迁补偿协议时,才由B公司再支付搬迁安置补偿余款。A公司工作人员于2014年12月16日签收该函件。

协议签订后,B公司先后支付土地方款项合计6000万元,A公司一直并未交付涉案土地。后A公司提起诉讼,请求法院判令解除双方签订的项目合作合同,并由B公司赔偿A公司为项目投入的损失及租金损失。

A公司认为B公司存在如下违约情形,要求解除涉案合同:(1)涉案合同第3条明确约定"B公司负责对上述用地进行用地功能改变为商住用地或其他可以兴建商住的项目用地",但B公司未履行项目合作合同约定的义务,且经A公司催告后仍不履行该义务,导致项目用地功能已无法改变为商住用途,A公司有权解除合同;(2)B公司未按时支付搬迁安置补偿款。

B公司辩称:A公司至今未能根据合同约定提供非农建设用地指标及取得当地管理局批准而将非农建设用地指标落实到本项目土地上(即A公司没有如约提供项目合作合同中符合要求的项目土地用于合作开发),也未能将项目土地转移登记至项目公司名下,亦未向B公司提供项目开发所需资料,违约在先,导致合同无法继续履行,因A公司的行为导致B公司无法将涉案土地功能改变为商住用地,B公司有权行使合同先履行抗辩权暂缓支付后续9000万元搬迁安置资金。B公司不同意解除涉案合同,涉案合同应继续履行。

(二)处理结果

法院经审理后认为,A公司作为提供项目用地一方,有责任提供完备的用地手续,在具备这一前提后,B公司作为负责开发建设一方,才能够履行将涉案土地功能改变为商住用地的合法手续。结合涉案合同第4条的约定，A公司应负责提供合作开发土地的一切资料，便于B公司向原深圳市规土委申报办理商住用地手续、双方共同组建的项目公司申报该项目土地的商住用地审批手续；A公司同意提供本合同项目土地的所有原始手续，配合、协助B公司办理申请商住用地。依据上述约定，A公司作为涉案合同提供土地的一方，有义务提供涉案土地的所有原始手续，并负有配合、协助B公司办理商住用地审批手续的义务，但在A公司未能证明其全面及时履行了作为土地提供一方所应履行的合同义务的情况下，不能以B公司未按期办理土地功能改变手续为由要求解除涉案合同。

（三）律师评析

本案中，B公司对A公司的主张不予确认，提出如下抗辩理由：A公司至今未能根据合同约定提供非农建设用地指标，并将非农建设用地指标落实到本项目土地上（即没有如约提供项目合作合同中符合要求的项目土地用于合作开发），也未能将项目土地转移登记至项目公司名下，亦未向B公司提供项目开发所需资料，违约在先，导致合同无法继续履行，因A公司的行为导致B公司无法将涉案土地功能改变为商住用地，B公司有权行使合同先履行抗辩权暂缓支付后续9000万元搬迁安置资金。

那么，B公司究竟能否通过行使先履行抗辩权，要求暂缓支付后续9000万元搬迁安置资金的支付？对这一问题的分析，需要先厘清先履行抗辩权的行使规则及其效力。

1. 什么是先履行抗辩权

先履行抗辩权的行使在本质上是对违约的抗辩，具有消极防御的特点，在作用上具有迫使对方积极履行债务的功用，在效力上只是使对方权利的效力向后延伸。当先履行一方纠正其违约行为，使合同的履行趋于正常，满足或基本满足另一方的履行利益时，先履行抗辩权消灭。行使先履行抗辩权的一方应当及时恢复履行，否则构成违约。

2. 行使要件与要点

实践中，笔者也经常看到当事人由于操作不慎，不仅没能维护自身权益，甚至还将自身从受害者变成加害者，引发不必要的纠纷。那么，究竟哪些义务可以暂停履行、在多大程度上可以暂停履行、暂停履行应该持续到什么时候?

(1)何种合同义务之间可以形成履行抗辩关系

双方的义务之间应当具有牵连关系,又称为对待给付关系。我国法院在认定牵连关系时亦倾向于探究双方义务之间的相互性,即双方的义务应当相互指向、互相依存。如果合同体现出各方义务的“同向性”,而非相互性,则该等义务有较大可能并非互为前提,也就不具有牵连关系。

本案中,土地方一直未能按约提供非农建设用地指标,也未能将非农建设用地指标落实到本项目土地上,即土地方未能完全履行供地义务。这一事实直接导致投资方无法将涉案土地功能改变为商住用地,二者具有一定程度的牵连性。B 公司选择继续催告 A 公司履行先合同义务,暂缓履行支付后续 9000 万元搬迁安置资金的义务,具有合理性。

(2)行使履行抗辩权的时限为何

鉴于履行抗辩权属于抗辩权,当事人并不需要主动行使该权利,而通常在对方请求履行时提出。实践中,法院通常对行使履行抗辩权的时限持较宽松的态度,认为一方履行不符合约定的,另一方并不一定需要立刻行使履行抗辩权。但为保险起见,笔者仍建议当事人在对方不履行的情况下尽快向对方主张履行抗辩权。

(3)如何认定抗辩权量上行使的对等性

履行抗辩权通常要求“对等性”,即一方中止履行的范围应与另一方未履行的范围相匹配,从而在合适的程度上起到制衡违约方,督促违约方履行义务的效果。实践中,通常一方可能只是部分未履行其义务,这时另一方根据《民法典》相关条款只能拒绝相应的履行要求。这隐含了双方未履行的部分在“量”上应当对等,而非“要么全有,要么全无”。

(四)案例延展

本案中,B 公司主要以 A 公司未能根据合同约定将非农建设用地指标落实到本项目土地上为由,认为 A 公司未能提供符合要求的项目土地用于合作开发,违约在先,是 B 公司无法将涉案土地功能改变为商住用地的根本原因。那么,非农建设用地指标为何一直受到城市更新项目的青睐?一般由哪一方负责提供和办理呢?

以龙岗区 2011 年非农建设用地管理调整和置换管理规定为时间节点,

非农建设用地指标迈入指标交易阶段。深府办〔2014〕8 号文对原集体历史用地(未完善征、转地手续的违建用地)利益分配政策的突破,加大了城市更新项目的推进力度,同时更新单元需要满足具有一定比例合法用地的门槛,这些都进一步强化了非农建设用地的市场价值。非农建设用地之所以成为市场的逐利对象,且能快速地形成隐形市场,从集体的角度而言,需要规划功能较好的地块去落实非农建设用地指标、实现其更大的利益。从投资方角度而言,一是非农建设用地是集体的合法完整产权用地,受政府干预较少,有更加优惠的政策支持;二是非农建设用地地价优惠程度较高,极大地降低了投资方运营成本。允许非农建设用地指标的跨社区流转,使得非农建设用地指标演化为承载原集体权益的"地票",形成隐形"地票"市场。指标的跨社区、跨街道调整,更大地获取了区位差异带来的土地增值收益。

也就是说,为解决城市更新项目拆除范围内权属清晰的合法土地面积占比不足而不符合城市更新计划立项条件的问题,或基于享受城市更新项目地价优惠政策等因素的考虑,在实践当中,城市更新项目申报主体通常会选择将非农建设用地调入城市更新项目(含已划定非农建设用地调整置换及未落实非农建设用地指标调入)。那么,非农建设用地指标由哪一方主体来申请调入?申请调入城市更新的条件是什么?调入后是否划定具体的非农建设用地范围?

以近年深圳市部分地区关于非农建设用地的管理规范为例。根据《深圳市大鹏新区综合办公室关于印发大鹏新区非农建设用地管理办法的通知》(深鹏办规〔2022〕12 号)第 7 条的规定,因城市更新项目需要调入非农建设用地指标的,应当由继受单位依据相关文件规定申请调入,且继受单位应当在城市更新单元规划审批前提出调入申请。

那么,指标调入城市更新项目后,是否划定具体的非农建设用地范围?超出合法用地面积后的如何处理?城市更新项目被调出计划后指标如何处理?仍以上述大鹏新区的管理办法为例,该办法规定,非农建设用地调入城市更新项目,仅计调入非农建设用地指标,调入的非农建设用地不划定具体范围。原非农建设用地方案图和批复须在城市更新项目建设用地批准后、签订土地使用权出让合同前注销,并核减相应的指标。非农建设用地申请调入城市更新项目并取得同意调整的意见后,该城市更新项目 3 年内未纳入或者被清理出城市更新单元计划的,原已调入的非农建设用地指标视为未调整。因原用地已完善土地征(转)手续或已开发建设而无法落实非农建设用地指标的,可将指标调整至其他城市更新项目或者土地整备利益统筹项目。除该办法印发前已批更新单元相关文件明确可调出外,城市更新项目纳入更新单元计划后,城市更新项目内的非农建设用地原则上不允许调出。

四、合同解除权行使的典型案例[1]

(一)案情简介

2007年11月,深圳市龙岗区城中村改造领导小组确定深圳某置地有限公司(以下简称A公司)为某片区改造项目首期约10万平方米改造范围的改造单位,深圳市某股份有限公司(以下简称B公司)为该范围内厂房地产和附属设施的合法权利主体。同月,区城中村(旧村)改造办公室颁发的《关于某片区改造项目确定改造单位相关问题的函》,明确"改造单位须自城中村改造领导小组审定改造单位之日起,5年内完成项目改造,否则取消改造资格,收回重新招商"。

2009年7月,A公司与B公司签订《拆迁补偿安置协议书》,约定B公司将涉案土地交由A公司进行改造,移交期限至2012年12月31日;A公司同意缴付500万元作为履约保证金。签约后,A公司按约支付了保证金,开始推进项目各项工作。但2011年9月25日,B公司召开股东大会,决议撤销其与A公司的《拆迁补偿安置协议书》。A公司提出异议,回函要求继续履行该协议。2011年12月,B公司控股股东C公司与项目内另一权利主体(以下简称D公司)签署拆迁补偿合同,并部分履行。2012年3月,B公司发函称A公司超出《关于某片区改造项目确定改造单位相关问题的函》中政府确定的项目改造期限,其项目改造资格已丧失,且因土地方已经与其他单位签约,A公司无法再通过政府取得项目改造的主体资格,故通知A公司中止履约。之后,B公司向龙岗区人民法院起诉A公司,诉讼请求为:(1)解除双方签订的《拆迁补偿安置协议书》;(2)A公司赔偿其违约保证金500万元;(3)本案诉讼费由A公司承担。

---

[1] 参见广东省深圳市中级人民法院民事判决书,(2016)粤03民终20836号。

（二）处理结果

一审法院经审理认为：双方签署的《拆迁补偿安置协议书》合法有效，A公司已按约定履行了合同义务。合同履行期限未到期，合同解除条件未成就。根据《深圳市城市更新办法》及其实施细则的规定，涉案项目由城中村改造项目结转为2010年度实施计划的城市更新项目，2011年3月该项目单元规划批准实施，至诉讼发生时未满2年，政府规划批准实施期限未到，A公司的项目更新主体资格并未丧失。B公司的行为有违诚实信用原则，其要求解除合同不符合约定及法定解除条件，判决驳回B公司的全部诉讼请求。

二审法院经审理认为：双方签署的协议合法有效，B公司以行使不安抗辩权为由解除合同不符合法律规定，因此其无权单方解除合同也无权要求赔偿违约金。但因同一规划项目范围内的另一权利主体D公司已经明确拒绝与A公司签订改造协议，A公司未能成为涉案城市更新单元的单一权利主体，已不可能获得该项目改造资格，双方的合同事实上已经不具备继续履行的条件，因此判决双方签署的《拆迁补偿安置协议书》终止履行，驳回B公司其他诉讼请求。

（三）律师评析

上述案例中，一审法院针对B公司解除双方签订的《拆迁补偿安置协议书》的诉求，认定B公司缺乏约定及法定的解除条件，二审法院同样认定B公司无权单方解除合同，两级法院对此观点基本一致，但判决结果却完全不同。应当如何认定合同解除权的行使条件成就、违约方又是否具有合同解除权是实务中的热点问题，以下笔者将就该问题重点探讨。

合同解除，是指合同有效成立后，在合同履行过程中因各种主客观情况的变化，导致合同的继续履行成为不必要或者不可能，在合同目的不能实现时，法律设置合同解除制度。它为当事人提供了一种救济方式，使其摆脱原有合同权利义务关系的束缚，在公平合理的基础上创设新的交易关系，进而促进交易效率与市场资源的配置效率。由此，合同解除的本质特征是合同目的无法实现，在当事人陷入纠缠不休的“合同僵局”之际运用合同解除制度重新获得交易自由。但不可避免地，合同解除权的行使会与民法理论中的合同严守原则相违背，基于保护商事交易自由原则与合同严守原则的天然矛盾,合同解除规则的具体适用成为司法实践中的一个难点问题。

1. 法定合同解除权的行使

《民法典》第 563 条规定明确了法定合同解除权的 5 种情形,在满足该情形下,合同当事人有权解除合同。乍一看,能否符合法定解除权的行使条件似乎很明确,但实际个案的判断中却并没有如此简单。究其本质,即如何判断合同是否陷入僵局并达到合同目的不能实现的严重程度。

在深圳市鹏顺实业有限公司、深圳市东方欣悦实业有限公司与深圳市长岭股份合作公司、深圳市兰亭投资集团有限公司合作开发房地产合同纠纷案[1]中,一审、二审法院即重点围绕合同是否满足法定解除条件进行审理。关于土地方要求解除涉案两份合同及补充协议的诉讼请求,两审法院均认为,根据当地城市更新和土地整备局的复函,涉案地块的地面建筑并未开展拆除安置工作,按照该已批项目计划及现行城市更新法规,该更新单元范围内用地必须整村规划、统一开发安置。涉案地块不再具备依据合作建房合同及补充协议单独开发的条件。并且,地块位于拟拆除重建范围内不同意与案外公司就除涉案地块之外的土地签订城市更新改造协议,合作公司无法成为项目城市更新单元的单一权利主体,不可能获得项目的改造资格。故涉案两份合同及补充协议已经不具备继续履行的条件。两审法院均认定该案存在《合同法》第 110 条第 1 项[2]所规定的"法律上或者事实上不能履行"的情形。最终,支持了土地方解除合同的请求。

在深圳市中祥泰房地产开发有限公司与深圳市坪山望牛岗股份合作公司合同纠纷案[3]中,由于合作方仅与一户业主达成了搬迁补偿协议,绝大多数业主并未同意其搬迁补偿方案,土地方随后通过股东大会形成了终止与投资方的合作关系并另行确定新的合作方的决议,法院亦认为继续履行合同存在客观障碍。

而在深圳世纪星源股份有限公司与深圳市平湖股份合作公司及深圳市澎柏置地实业有限公司合同纠纷案[4]中,关于法定解除权是否成立的问题,根据当地文体局向土地方的复函意见,项目关于某文物保护点迁移及保

[1] 参见广东省深圳市中级人民法院民事判决书,(2019)粤 03 民终 33715 号。

[2] 相关规定参见《民法典》第 563 条。

[3] 参见广东省深圳市中级人民法院民事判决书,(2019)粤 03 民终 10091 号。

[4] 参见广东省深圳市中级人民法院民事判决书,(2019)粤 03 民终 19234 号。

护规划的方案切实可行，原则通过，结合原深圳市规土委向当地城市更新局发出的批复及城市更新单元规划的过程来看，合作方一直在积极履行合同，从现有证据看无法推出其迟延履行导致合同目的不能实现。最终，法院认为合作公司虽然存在迟延履行行为，但该迟延履行不足以达到法定解除的条件，未判处解除。

2. 约定合同解除权的行使

根据《九民纪要》第 47 条的意见，合同约定的解除条件成就时，守约方以此为由请求解除合同的，法院应当审查违约方的违约程度是否显著轻微，是否影响守约方合同目的的实现，根据诚实信用原则，确定合同应否解除。违约方的违约程度显著轻微，不影响守约方合同目的的实现，守约方请求解除合同的，法院不予支持；反之，则依法予以支持。据此，法院对于约定解除权的设置负有审查义务和审查权限，确实有因认定违约程度显著轻微而不予支持守约方解除合同请求的可能。故并非只要双方当事人约定了解除合同条件，在条件触发时一概可以行使，在拟约时还是要考虑"是否影响守约方合同目的的实现"，对轻微违约情形，一般想要通过直接请求解除合同来维护权利的难度还是比较大的。

此外，当事人一方行使约定或法定的合同解除权时，应当向对方发出通知，作出明确意思表示。出于促进合同关系的变动在双方当事人之间清晰化、明确化的考量，若当事人在合同中约定满足条件时合同自动解除，不宜认为该条件成就时合同可以不经通知即解除。

3. 违约方能否行使合同解除权

本案中，土地方 B 公司作为违约方，不仅在合同履行过程中擅自决议撤销其与 A 公司签订的《拆迁补偿安置协议书》，与项目内另一权利主体签署搬迁补偿合同，导致合作方未能成为涉案城市更新单元的单一权利主体，不可能获得该项目改造资格，还向法院提起诉讼请求解除协议。由此引出的问题即：违约方是否有权请求判令解除合同？

肯定说认为，《民法典》已经明确，合同存在第 580 条第 1 款中规定的不能或不宜继续履行合同的情形且导致不能实现合同目的的，终止合同权利义务关系。否定说则认为，合同解除只能基于满足法定解除或约定解除的标准才可行使。

对此，笔者认为，解除权作为一种形成权，除非法律、司法解释另有规定，通常只赋予合同关系中的守约方，违约方并不享有解除权。违约方请求法院判决解除合同，属于行使诉权而非实体法上的合同解除权。法院应根据合同是否能够继续履行、当事人是否陷入合同僵局，以及是否存在情势变更等情形，对合同是否解除做出裁判。法院判决解除合同的，该判决为变更判决，守约方可以主张违约方赔偿其因此而遭受的损失，包括合同履行后可以获得的可得利益损失。

前文已述，法院支持违约方判决解除合同的诉请并非普遍原则，而是在特定的情形下所采取的特殊救济措施，应严格根据现行法律规定适用，不能无限泛化。

根据《民法典》第580条的规定，笔者认为，在符合以下条件时，可以考虑支持违约方判决解除合同的诉请：(1)合同在事实上或法律上不能继续履行，而守约方又不行使解除权；(2)债务的标的不适于强制履行或者履行费用过高，以及债权人在合理期限内未要求履行，而守约方又不行使解除权。例如，违约方继续履行的费用过分高于对方通过继续履行所获得的收益，虽然继续履行可以实现守约方利益，却使违约方利益严重受损，双方合同利益总和严重低于正常合同预期，因此不适于继续履行；(3)继续履行对违约方明显不公平，将给其自身造成重大损害，违约方不存在恶意违约，而守约方不行使解除权。具体可参考《民法典》第533条规定的情势变更原则。同时，违约方如具有恶意违约情形的，对其提出的解除请求应从严审查。

综上所述，违约方请求判令解除合同的权利并非行使解除权，而是在特定情况下请求法院对于合同进行司法解除的诉权。合同是否解除，应由法院根据诚实信用原则，结合案件的具体情况慎重裁决，并且要秉承当事人利益平衡、对畸重合同负担救济的基本原则，坚守“当事人不得因违法、违约的行为不当获益”的基本裁判理念和底线，以防止司法解除权的滥用。

4. 违反了约定的履约期限是否构成根本违约问题

实践中，不少项目存在一方未能按照合同约定的履约期限履行己方义务而被对方提出解除合同请求，那么，违反了约定的履约期限是否构成根本违约从而满足解除合同要件呢？笔者认为，判断核心是一方迟延履行的行为对于更新项目的“伤害力”到底有多大。在一方一直积极履行且能够提供相关证明，因对方原因或者非双方原因造成迟延履行，且合同并未出现履约不能的情况下，主张迟延履行行为并未达到解除合同的触发条件有一定的争取空间。

（四）案例延展

无论是法律规定本身，还是对司法裁判尺度的把握，对于合同解除权的请求能否被支持都存在一定的解释空间，难以通过非常明确的认定标准划分能否成功行使合同解除权的界限。基于前文分析，笔者认为，实践中合作主体至少可以争取做到以下几点，为己方争取最大权益：

1. 建议一：对合同的解除条件及程序做详细约定

鉴于城市更新项目具有合作周期漫长及地价波动大等特点，合作开发过程中还是存在较多变量，导致合同能否顺利履行存在较大的不确定性。加之法律规定对于法定解除条件规定得较为系统，虽然裁判机构对约定解除权仍具有一定的审查权限，但笔者认为，还是非常有必要对合同解除的条件和程序做详细约定，增加合同的可预测性，既能督促双方履约，又能保障合作双方的合法权益。

2. 建议二：单方解除合同必须符合法定解除或者满足合同约定的解除条件和程序

城市更新合作开发一般会涉及村股份公司广大村民的切身利益，也涉及合作开发方动辄数亿元甚至几十亿元、上百亿元的资金投入，利益巨大，合同的解除标志着双方的法律关系恢复至合同签订前，也就是双方有关城市更新的利益归零，解除合同一定是万不得已的事情。因此，如果是单方解除，就必须符合法定的5种解除条件或者约定条件。否则，提出合同解除的一方就必然承担违约责任，甚至承担巨额的经济赔偿责任。上述案例中，B公司起诉要求解除合同，但因不具备合同约定及法定解除条件，一审、二审法院均对其解除合同的诉讼请求不予支持。

3. 建议三：明确双方履行合同应约定各个阶段的履约期限和相应成果，并以此作为是否违约的衡量标准以及守约方单方解除合同的条件

城市更新合作开发合同是典型的双务合同，城市更新合作开发前期，涉及规划单元列入年度计划、与各个权利主体签订搬迁补偿安置协议、实施主体资格确认等环环紧扣的申报、签约、审批阶段，这些均需要合作双方的紧密配合，如果前一个阶段的成果无法形成则后一个阶段便无法进行。因此，双方应尽量明确对方履行合同应约定各个阶段的履约期限和相应成果，并

以此作为是否违约的衡量标准以及守约方单方解除合同的条件。

4. 建议四:对土地方与其关联企业阻止、妨碍城市更新合作开发合同履行的关联交易做禁止约定

在上述案例中,C 公司是 B 公司的控股股东,两个公司的法定代表人为同一人,C 公司不可能不知道 B 公司已经与 A 公司签订了同一宗地内的城市更新合作开发合同,也不可能不知道《深圳市城市更新办法》等法规、政策有关同一宗地内的多个权利人必须形成单一产权,才能获得实施主体资格确认的规定。然而,C 公司与同一宗地内的另一权利人 D 公司又签订了《拆迁补偿安置协议》,客观上阻止、妨碍了 A 公司的正常履约。对此,笔者认为,应当在合同中作出禁止性规定,并对该类行为予以严厉的违约处罚安排,以保护合作开发方的权益。

第三节　实 操 指 引

城市更新在缓解土地供求矛盾、促进产业升级、优化城市结构、落实公共配套等方面作出重大贡献,也成了市场主体增加土地储备、投资开发房地产项目的重要途径。村股份公司、大业主等土地方掌握了大量土地、物业,市场主体可通过合作开发、资产收购、作价入股、搬迁补偿、股权收购等模式与土地方进行城市更新项目合作,获得项目开发权益。因城市更新项目具有周期较长、流程复杂、操盘难度较大等特点,合理研判涉及土地方的项目、合作模式,识别并防范投资交易风险,是市场主体参与城市更新前投石问路的关键。

近年来,城市更新项目土地方违约的情形屡见不鲜。一方面,土地资源愈加匮乏而城市更新政策红利逐渐显现,许多城市更新项目土地方认为早年合作项目估价过低,"反水"停止合作。另一方面,城市更新及房地产政策更迭频繁、行政审批缓慢且房地产市场下行,很多城市更新项目因此推进缓慢,土地方认为现有合作方不具备项目运作能力而解约。实践中较常见的是土地方或以各种理由主张原有的合作合同无效或要求解除合同,市场主体则因城市更新项目估值较过去显著提升,要求继续履行合同。城市更新项目的行政审批流程较为烦琐,审批过程与结果存在不确定性,受项目范围内业主意愿、政府审批、政策导向、机构改革等多重因素限制。因此，在土地方根本违约、拒绝履行合作协议项下义务（如拒绝完成意愿征集手续、签署搬迁补偿协议、移交房屋、注销不动产权证等）时，考虑到合同继续履行存在的客观障碍，司法裁判通常难以支持市场主体继续履行合同的主张。

为了有效规避城市更新项目合作过程中土地方违约导致的损失，市场主体可以在项目合作前期做好项目研判、尽职调查、交易模式设计与协议安排，在项目合作中期、后期从履约跟踪、留存记录、控制物业等方面做好项目管理。

一、项目研判要点

（一）项目类型

结合城市更新实践，城市更新项目可从改造模式和改造对象两个维度进行分类，分别说明如下。

1. 从改造模式分类

从改造模式分类，城市更新项目可分为综合整治类城市更新与拆除重建类城市更新。综合整治类城市更新，是指在维持现有建设格局基本不变的前提下，采取修缮、加建、改建、扩建、局部拆建或者改变功能等一种或者多种措施，对建成区进行重新完善的活动。拆除重建类城市更新，则是指通过综合整治方式难以改善或者消除符合城市更新条件的情形，需要拆除全部或者大部分原有建筑物，并按照规划进行重新建设的活动。

2. 从改造对象分类

从改造对象分类，城市更新项目可分为旧工业区改造、旧商业区改造、旧住宅区改造以及城中村改造四类。

（1）旧工业区改造

旧工业区改造，是对配置滞后、产能低下、与城市持续发展相冲突的老旧工业区进行的升级改造，旨在适应深圳市产业创新及转型升级的趋势，提高产业空间品质，促进存量用地产业升级。除开展单一类型的拆除重建、综合整治之外，单一宗地的“工改工”项目，即旧工业区拆除重建类、城市更新方向为工业用地的更新项目，在满足特定条件时还可以开展以拆除重建为主、综合整治为辅的复合式城市更新。以深圳市为例，“工改工”项目进一步可划分为：

①“工改 M1”项目，即更新方向为普通工业用地。符合深圳市产业发展导向，存在企业技术改造、扩大产能等发展需要且综合整治、局部拆建等方式无法满足产业空间需求，在 2007 年 6 月 30 日前建成的旧工业区，可申请进行更新方向为普通工业用地的拆除重建。

②“工改 M0”项目，即更新方向为新型产业用地。位于轨道站点周边 500 米范围的旧工业区或原特区外位于成片产业园区范围或工业区块线外，且位于全市“十三五”重点片区范围内的旧工业区，可申请进行更新方向为新型产业用地的拆除重建。工业区块线内普通工业用地调整为新型产业用地受到严格管理，不仅需要征求产业主管部门意见，还要受所在区新型产业用地面积总量的限制。南山区区块线内新型产业用地面积原则上不超过辖区区块线中工业用地总面积的 80%，宝安区、龙岗区、龙华区、坪山区和光明区区块线内新型产业用地面积原则上不超过辖区区块线中工业用地总面积的 20%。

③“工改商居”项目，即将旧工业区改造为商业用地及/或居住用地的项目。“工改商居”项目受到严格控制，须在保障制造业用地规模的前提下实施。

④“工改保”项目，即将旧工业区改造为居住用地，且住房类型为人才住房、安居型商品房或公共租赁住房的项目。在城市基础设施和公共服务设施支撑的前提下，规划为工业且符合拆除重建条件的旧工业区，可申请按照简易程序调整法定图则用地功能建设人才住房、安居型商品房或公共租赁住房。在区块线内安排上述用地功能，需同时满足相关环境保护要求，并按程序调整城市规划，如该旧工业区位于工业区块线内，则拆除范围应位于已建成或近期规划建设的轨道站点 500 米范围内，且用地面积原则上不得超过旧工业区所在区块总面积的 10%。拆除范围边界涉及合法用地，且超过 50% 的用地位于地铁站点 500 米范围内的，该合法用地可全部适用有关政策；拆除范围边界涉及其他用地，因规划统筹或技术误差等原因导致拆除范围位于地铁站点 500 米范围外的，超出的用地面积不得大于拆除范围的 10%。

(2) 旧商业区改造

旧商业区改造，多指对业态低端、质量不一的城市老旧商业区升级、改造，以使存量商业物业实现业态升级、设施更新、结构优化，更好地适应城市发展进程。

（3）旧住宅区改造

旧住宅区改造，是指对房屋年久失修、配套设施缺损、环境脏乱差的住宅区进行拆除重建类城市更新，以提升居住品质、增加公共配套。受限于建成年限超过 20 年的拆除重建条件，对于深圳而言，旧住宅区主要是指深圳经济特区成立后建设的第一批住宅小区，如木头龙小区、金钻豪园、南苑新村、鹤塘小区、华泰小区、龙溪花园、海涛花园、鹿丹村、园岭新村、华新村等住宅小区。近年来，这些旧住宅区质量堪忧，建筑本身存在严重的安全隐患，消防设施严重不足，不具备正常的使用状态，实有改造之必要。目前，旧住宅区拆除重建后优先用于公共租赁住房、安居型商品房和人才住房等公共住房建设，即以棚户区改造的方式实施改造。

（4）城中村改造

城中村，是指城市化过程中依照有关规定由原农村集体经济组织的村民及继受单位保留使用的非农建设用地的地域范围内的建成区域。《深圳市城中村（旧村）综合整治总体规划（2019－2025）》将城中村用地定义扩大，包括已划定城中村红线范围内用地、非农建设用地、征地返还用地、旧屋村用地以及原农村集体经济组织继受单位和原村民在上述用地范围外形成的区域。城中村主要采取综合整治的方式进行改造，拆除重建的方式受到一定限制。以深圳市为例，根据《深圳市城中村（旧村）综合整治总体规划（2019－2025）》的规定，综合整治分区划定的对象总用地规模约 99 平方千米，而规划期内已有 55 平方千米被纳入综合整治范围。

对于城中村改造，深圳市各区普遍采取村企合作、半市场化的模式，即土地方在自发改造的基础上，引入实力雄厚的房地产开发企业作为合作方，依托企业的资金实力、技术实力和建设经验，与企业签订合作协议，明确双方的权利义务关系与未来权益分配。2016 年 6 月 4 日，深圳市委、市政府办公厅联合发布《关于建立健全股份合作公司综合监管系统的通知》（深办字〔2016〕55 号），要求各区（含新区）将辖区股份合作公司集体资产交易纳入市、区公共资源交易平台统一实施和监管，并要求相关交易平台应于 2016 年 8 月 31 日前投入实际运行，直接促使深圳市集体用地交易迈入强监管时代。按照现行规定，如计划实施城市更新项目，市场主体须在集体资产交易平台通过公开招标、竞争性谈判或单一来源采购的方式被选定为合作方后，再与土地方签订合作协议。因此，市场主体在拓展城中村改造项目时，还应结合各区集体资产交易程序，确认项目所处的阶段，判断未来根据集体资产交易规定通过公开途径获得项目的可行性。

（二）项目阶段

城市更新项目的核心阶段包括计划立项、土地建筑物信息核查、专项规划编制与申报、形成项目单一主体、实施主体确认、产权注销与房屋拆除、用地审批、开发建设与回迁。

1. 计划立项

主要包括项目范围内权利主体的更新意愿征集，对特殊用地进行处置申报，并准备项目土地权属资料。

2. 土地建筑物信息核查

指由申报主体开展土地、建筑物的信息核查工作，制作项目土地、建筑物测绘报告。

3. 专项规划编制与申报

指计划申报主体编制城市更新单元专项规划，向城市更新主管部门提交土地信息核查复函，并提交城市更新规划成果。

4. 形成项目单一主体

城市更新单元内项目拆除范围存在多个权利主体的，权利主体可通过作价入股、搬迁补偿、收购、与土地方签订改造合作协议的方式将房地产的相关权益移转到同一主体后，形成单一主体。

5. 实施主体确认

实施主体的申报通过主管部门的审查后将会进行公示，公示期内未收到意见或者有关异议经核实不成立的，主管部门与申请人签订项目实施监管协议，并向申请人核发实施主体确认文件并签订项目实施监管协议。

6. 产权注销与房屋拆除

实施主体根据《深圳城市更新条例》及各区城市更新实施办法的要求开展项目范围内建筑物拆除工作。在拆除建筑物前，实施主体需向区住房建设部门办理备案手续。在完成建筑物拆除工作后，实施主体向主管部门申请建筑物拆除确认，之后向不动产登记部门申请办理不动产权属证书注销。

7. 用地审批

建筑物拆除确认完毕且不动产权属证书注销后,实施主体可向主管部门申请用地,审批主管部门在批准项目建设用地后与实施主体签订土地使用权出让合同,并核发建设用地规划许可证。

8. 开发建设及回迁

实施主体向主管部门申请核发建设工程规划许可证、建筑工程施工许可证。取得前述许可后,实施主体开展项目建设,并在建设完成并经主管部门验收后,开展项目回迁工作。

城市更新项目推进过程中存在不少风险,如项目立项障碍,专项规划与预期规划指标不符,项目范围内土地建筑物确权困难,集体资产交易瑕疵,已签署搬迁补偿协议因约定存在瑕疵、被搬迁房屋转移、抵押、查封等原因而无法履行。因此,市场主体在与土地方开展合作时,需要根据前文所述的项目阶段及对应事项对城市更新项目进行可行性研判,判断项目实施可否满足其投资诉求。

(三)项目可行性研判

1. 更新意愿

更新意愿,是指拟拆除范围内物业权利人是否同意将其所有的物业纳入更新单元计划并进行拆除重建的意思表示。意愿征集是申报主体在计划申报阶段对拟拆除范围内所有物业权利人更新意愿的统计。意愿征集比例,指同意参与拆除重建的权利人及权利人所有的物业建筑面积的比例。意愿征集比例是决定项目可否列入更新单元计划的重要条件之一,而意愿征集比例的证明材料也是申报主体提交城市更新单元计划申请需提交的申报材料之一。针对未列入城市更新单元计划的项目,市场主体在研判时需考虑更新意愿是否符合相关规定。

根据《深圳城市更新条例》第25条的规定,申报拆除重建类城市更新单元计划时,拆除范围内物业权利人更新意愿应当符合下列要求:(1)用地为单一地块的,应当经全体共同共有人或者产权份额3/4以上的按份共有人同意,建筑物区分所有权的,应当经专有部分面积占比3/4以上的物业权利人且占总人数3/4以上的物业权利人同意,其中旧住宅区所在地块应当经专有部分面积占比95%以上且占总人数95%以上的物业权利人同意;(2)用地包含两个或者两个以上地块的，每一地块物业权利人更新意愿应当符合前项规定，且物业权利人同意更新的面积不少于总用地面积的 80%；(3)用地属城中村、旧屋村或者原农村集体经济组织和原村民在城中村、旧屋村范围以外形成的建成区域的，应当经原农村集体经济组织继受单位的股东大会表决同意进行城市更新，或者符合前两项规定，经原农村集体经济组织继受单位同意。申请将旧住宅区纳入拆除重建类城市更新单元计划，自发布征集意愿公告之日起 12 个月内未达到前述物业权利人更新意愿要求的，3 年内不得纳入城市更新单元计划。

因此，投资者应征集项目拟拆除范围内权利主体的更新意愿，并根据单一地块或者多个地块的规定，判断更新意愿比例是否符合规定。

2. 合法用地比例

合法用地包括：(1)国有已出让(划拨)用地；(2)城中村用地，即由原农村集体经济组织的村民及继受单位保留使用的非农建设用地、征地返还用地和原农村用地红线用地地域范围内的建成区域；(3)旧屋村用地；(4)农村城市化历史遗留违法建筑处理用地；(5)其他已获得用地权属证明文件的用地等。

根据《深圳市拆除重建类城市更新单元计划管理规定》第 12 条的规定，坪山中心区范围内的更新单元，其合法用地比例应当不低于 50%；重点更新单元的合法用地比例应当不低于 30%；其他更新单元的合法用地比例应当不低于 60%。换言之，拆除重建类项目的合法用地最低要求为 50%，而重点城市更新单元，则进一步放宽到 30%(但需根据合法用地比例分档，无偿移交政府相应比例纳入土地储备)。

同时，《深圳市拆除重建类城市更新单元计划管理规定》第 12 条进一步明确了合法用地比例的计算要求：(1)清退用地不参与合法用地比例的计算；(2)非农建设用地与农村城市化历史遗留违法建筑处理用地重叠的，若非农建设用地划定在前，则重叠部分仅按非农建设用地计入合法用地指标；若非农建设用地调入在后，则非农建设用地可在拆除范围内另行计入合法用地指标；(3)非农建设用地与旧屋村用地重叠的，非农建设用地可在拆除范围内另行计入合法用地指标；(4)涉及城市更新外部移交公共设施用地的，按照《深圳市城市更新外部移交公共设施用地实施管理规定》进行计算。

投资者应根据上述规定并结合项目用地类型、现状，综合判断项目合法用地比例是否符合要求。如不符合要求的，可以根据实际情况选择一种或几种方式解决合法用地比例不足的问题，如非农建设用地指标调入、旧屋村认定、历史遗留违法建筑物用地处理、外部公共利益用地移交、调整更新单元范围及拆除重建范围等。如前述方法仍不能使项目满足合法用地比例，投资者应谨慎决定投资项目。

3. 用地面积

《城市更新实施细则》第 12 条规定："城市更新单元内拆除范围的用地面积应当大于 10000 平方米"。《深圳市拆除重建类城市更新单元计划管理规定》第 11 条规定："拆除范围的用地面积应满足以下要求：（一）拆除范围用地面积应当大于 10000 平方米。（二）福田区、罗湖区、南山区、盐田区的原农村集体经济组织地域范围应当对整村用地进行研究，分别明确是否进行更新以及更新方式，以整村方式划定拆除范围，鼓励其他各区参照执行。（三）重点更新单元位于福田区、罗湖区、南山区、盐田区的，拆除范围用地面积原则上不小于 15 万平方米；位于其他区的，拆除范围用地面积原则上不小于 30 万平方米。具体拆除范围用地面积以市政府审批为准。"

此外，根据深圳市规自局《关于"小地块"城市更新有关工作的通知》的规定，位于原特区内（福田区、罗湖区、南山区、盐田区）拆除范围用地面积不足 10,000 平方米但不小于 3000 平方米的地块同时满足如下条件的，可申报拆除重建类城市更新单元计划：(1) 旧工业区、旧商业区升级改造为市政府鼓励发展产业的或建设企业总部，并取得产业部门意见；(2) 各区政府结合片区改造情况，确认地块周边已无可统筹改造潜力地块，且地块周边公共配套具备可支撑条件；(3) 拆除范围内用地应为完整宗地，土地及地上建筑物产权明晰；(4) 权利主体的城市更新意愿达到 100%。同时，符合前述条件的小地块城市更新项目需在计划申报阶段同时提交城市更新单元规划方案，且保证可供无偿移交给政府的独立用地不小于拆除范围用地面积的 30%。

综合前述规定，城市更新项目用地面积一般要求大于 10,000 平方米，但是符合相关条件的，可以小于 10,000 平方米但不低于 3000 平方米。

4. 建筑物年限

关于建筑物年限如何确定的问题，原深圳市规土委发布的《关于规范城市更新实施工作若干问题的处理意见（一）》第 1 条第 4 项规定"原则上以房地产权证书载明的竣工时间计算建筑物的建成时间；未办理房地产权证登记的、房地产权证书未载明竣工时间的、对房地产权证书载明的竣工时间有异议的，可参考历史地形图等其他佐证资料综合判断建筑物的建成时间。”

根据《深圳城市更新条例》第26条、第27条及《深圳市拆除重建类城市更新单元计划管理规定》第14条的规定，各类城市更新项目的建筑物年限要求并不相同，具体如表3－2所示。

表3－2　各类城市更新项目的建筑物年限要求

项目类型	原则规定	例外情形
旧住宅区	20年以上	根据《危险房屋鉴定标准》鉴定为危房的，不受限制
旧工业区	不得少于15年	建成年限未满15年，但因规划统筹或者社会公共利益需要： (1)拆除范围内建成时间未满15年的建筑物占地面积之和原则上不得大于6000平方米，且不超过拆除范围用地面积的1/3； (2)拆除范围内法定规划确定的公共利益用地面积原则上不小于拆除范围用地面积的40%且不小于6500平方米
		更新改造方向为普通工业用地（M1），放宽至2009年12月31日前
		国有已出让用地在2007年6月30日之前已建设，但建设面积不足合同或有关批准文件确定的建筑面积，不涉及闲置土地或闲置土地处置已完成，因规划实施等原因，整宗地可划入拆除范围，适用城市更新政策
		单一宗地的“工改工”项目，部分建筑物未满15年但满足旧工业区综合整治类更新年限要求，且该部分建筑物建筑面积不超过宗地总建筑面积1/3的，可申请以拆除重建为主、综合整治为辅的城市更新
		根据《危险房屋鉴定标准》鉴定为危房的，不受限制
旧商业区拆除重建	不得少于15年	未满15年，但是规划统筹或者社会公共利益需要； 根据《危险房屋鉴定标准》鉴定为危房的，不受限制

综上所述，旧住宅区拆除重建类项目建筑物的年限原则上要求不少于20年，旧工业区、旧商业区拆除重建类项目建筑物的年限原则上要求不少于15年；如旧工业区、旧商业区范围内建筑物建成年限未满15年，但属于法规政策规定的例外情形的，亦存在纳入城市更新单元拆除范围的可能。

5. 规划情况

在开展城市更新项目合作前，市场主体需对项目的上层次规划、城市控制区域等情况进行详细调查，上层次规划、城市控制区域的情况关系项目可否实施且影响项目的具体经济指标。上层次规划层面，应审查土地利用总体规划、城市总体规划、城市更新五年专项规划、法定图则、海岸带保护规划、工业区块线、城中村综合整治总体规划等。城市控制性区域方面，应审查项目是否涉及基本生态控制线、水源保护区、橙线、黄线、紫线、蓝线等。具体如表 3－3 所示。

表 3－3　规划审查重点内容

类型	名称	内容
上层次规划	土地利用总体规划	《深圳市土地利用总体规划(2006—2020 年)》将土地划分为允许建设区、限制建设区、有条件建设区以及禁止建设区
	城市总体规划	《深圳市城市总体规划(2010—2020)》将城市土地规划为不同用途，包括居住用地、工业用地、商业服务业设施用地、道路广场用地等类型
	法定图则	城市总体规划为分区规划的制定依据，分区规划为法定图则的制定依据。法定图则是深圳市城市总体规划按照片区细分后的法定规划层级，对分区内各片区土地的利用性质、开发强度、配套设施等作出了进一步明确规定。 命名通常为"深圳市××区××片区[××地区]法定图则"
	城市更新五年规划	深圳市各区主管部门会编制区城市更新五年专项规划，如深圳市南山区城市更新"十三五"规划等。专项规划会对辖区范围内的土地进行划分，区别为拆除重建类更新空间范围、综合整治类更新空间范围、已批更新单元计划范围、生态控制线范围。 拟申报计划的更新项目拆除范围原则上应位于各区城市更新五年专项规划确定的拆除重建类空间范围内
	海岸带保护规划	拟申报计划的更新项目如位于海岸带保护区域，将受到《深圳市海岸带综合保护与利用规划(2018—2035)》的限制
	工业区块线	《深圳市工业区块线管理办法》(深府规〔2018〕14 号)划定深圳工业区块线范围，分别对一级区块线、二级区块线范围内工业用地的城市更新进行限制

续表

类型	名称	内容
上层次规划	城中村综合整治规划	《深圳市城中村(旧村)综合整治总体规划(2019－2025)》划定了城中村综合整治分区。综合整治分区空间范围执行刚性管控要求,除法定规划确定的城市基础设施、公共服务设施或其他城市公共利益项目的用地、清退用地及法律法规要求予以拆除的用地外,综合整治分区范围内的用地不得纳入拆除重建类城市更新单元计划、土地整备计划及棚户区改造计划
城市控制性区域	基本生态控制线	《深圳市基本生态控制线管理规定》第10条第1、2款规定:"除下列情形外,禁止在基本生态控制线内进行建设:(一)重大道路交通设施;(二)市政公用设施;(三)旅游设施;(四)公园;(五)与生态环境保护相适宜的农业、教育、科研等设施。前款所列建设项目应作为环境影响重大项目依法进行可行性研究、环境影响评价及规划选址论证。"
	水源保护区	指深圳市饮用水水源保护区。《深圳市城市更新"十三五"规划》第23条规定:"……禁止深圳水库、铁岗水库、石岩水库、西丽水库等27个水库一级水源保护区内的更新行为……"
	橙线	指重大危险设施管理控制区。涉及燃气管道的影响区范围内不得规划建设特定类型的建筑
	黄线	指城市基础设施管理控制区
	紫线	指历史文化遗产保护区。根据广东省人民政府办公厅印发《关于加强历史建筑保护意见的通知》第1条第6款的规定:"及时开展历史建筑抢救性保护。在城乡建设特别是旧城镇、旧村庄改造和新区建设过程中,对列入拆除、改建或改造利用范围的历史建筑,应开展调查统计,并提请历史建筑与传统村落保护专家委员会论证……"
	蓝线	指城市河流水系和水源工程保护与控制区,《深圳市蓝线规划(2007－2020)》标注了蓝线、湿地、水库等信息。根据深圳市原规土委《深圳市蓝线管理规定(草案)》第11条规定:"【行为限制】在蓝线范围内禁止进行下列活动:(一)擅自填埋、占用蓝线范围内土地或水域;破坏水系与原水工程;……"此草稿尚未正式发布实施,相关规定仅供参考

6. 经济测算

关于城市更新项目的经济测算,市场主体需考虑项目前期费用、搬迁成本(用于回迁的建筑面积及/或货币补偿金额)、补缴地价、土地贡献率、容积率、保障性住房与人才住房配建比例、公共配套设施建设成本、建安成本、营销成本、融资成本、审批成本、税费、合作方分成比例等。

7. 政策趋势

在深圳市全面推进城市更新的十余年中，无论是规划统筹、集体资产交易、旧工业区改造、“两房”配建等细分领域，还是拆除重建类城市更新、棚户区改造、土地整备利益统筹等整体改造方式，政策不断更迭并构建起庞大的政策体系。但诸多政策规定，如各区的城市更新实施办法，均存在效力期限，政策期限届满便会陷入无据可依的情况。2020 年 12 月 30 日，深圳市第六届人大常委会第四十六次会议通过了《深圳城市更新条例》，自 2021 年 3 月 1 日起施行。此外，2021 年以来，深圳市先后发布了《关于进一步加大居住用地供应的若干意见（征求意见稿）》《深圳市城市更新未签约部分房屋征收规定（征求意见稿）》《住宅类历史遗留违法建筑交易查处通知》《关于做好城市更新项目历史遗留违法建筑物业权利人核实有关工作的通知》等政策文件。深圳市城市更新相关政策变动频繁，不仅要求市场主体具备把握政策动向的能力，亦对市场主体及时适应城市更新流程变化提出挑战。因此，市场主体需实时关注政策变动，剖析政策变化对拟合作项目的影响，以便合理决策。

8. 合作方资信

在拓展城市更新项目的过程中，无论是合作开发、资产收购、股权收购的方式，还是搬迁补偿、作价入股的方式，合作方（如村股份公司、大业主）的资信状况对于顺利推进项目、实现预期利益目标都至关重要。因此，市场主体应关注合作方的主体资格、股权结构及权属、股东情况、公司主要成员信息、公司治理结构、负债担保等资信状况、经营业务、公司员工劳动关系及保险的缴交情况、重大诉讼或仲裁及其他司法风险等，审慎设计交易架构。

9. 集体资产交易

虽然深圳市于 1989 年、1992 年通过统征统转将深圳市范围内土地全部转为国有土地，但由于历史征转补偿手续不完善、缺乏处理政策等原因，深圳仍有大量的土地尚未真正转化为国有土地，而是由原农村集体经济组织继受单位（即社区股份合作公司）合法持有或占用。狭义的集体用地具体包括非农建设用地、征地返还用地、搬迁安置返还用地、土地整备利益统筹留用土地等类型，土地方在就前述用地开展合作时需履行集体资产交易程序。而广义的集体用地在前述用地类型之外，还包括更广泛存在的未完善征转手续用地。由于深圳特殊的土地历史背景，社区股份合作公司是城市更新项目中最常见的合作方。

从深圳市集体用地合作开发实务来看，集体用地参与城市更新项目的开发交易模式最为常见。为防止集体资产的流失，实现集体资产保值增值，集体用地的开发建设以及交易通常需履行民主决策、审批备案等特定程序，深圳市及各辖区亦出台了大量监管措施。2016 年 6 月 4 日，深圳市委、市政府办公厅联合发布《关于建立健全股份合作公司综合监管系统的通知》（深办字〔2016〕55 号），要求各区（含新区）将辖区股份合作公司集体资产交易纳入市、区公共资源交易平台统一实施和监管，并要求相关交易平台应于 2016 年 8 月 31 日前投入实际运行，直接促使深圳市集体用地交易迈入强监管时代。之后市、区两级政府进一步发布文件，逐渐形成一套成熟、细化的集体资产交易与合作的流程规定：城中村改造需进行项目可行性分析与论证、资产评估、制定招商方案、引进合作方（方式包括公开招标、竞争性谈判、单一来源谈判）、民主决策、街道办事处审查与备案等程序。集体用地开发与交易的政策监管体系庞杂，涉及众多政策文件，各区政策存在差异，且仍在不断更迭变化。在实践中，市场主体需不断更新自身的政策储备，加强对政策的理解与适用，除对城市更新项目中集体资产交易的重要环节进行把控外，还需注意程序上的细节问题。

二、尽职调查

尽职调查是城市更新项目合作最基础、最重要的步骤，对确定项目合作的可行性、合作对价、风险防范等重要交易要素起着决定性的作用，也为交易双方确定收购方式，设计交易结构，合理安排协议各方权利义务提供了基础和依据。

（一）项目许可和行政审批情况调查

（1）核查已经取得的城市更新项目有关的各类申报和审批文件、后续需办理的行政审批文件，以及取得审批可能面临的障碍。

（2）核查相关审批手续是否已经依法办妥，包括城市更新单元计划的申报与审批、单元规划的编制与审批、土地建筑物核查情况、项目实施主体确认、国有土地使用权证书、建设用地规划许可证、建设工程规划许可证、施工许可证等。

(3)核查项目土地使用权是否依法取得、取得方式、土地用途、使用年限、地价是否欠缴、需要无偿移交给政府的独立用地面积是多少。

(4)核查项目规划中保障性住房、人才住房、创新型产业用房、城市基础配套设施建设配建、独立占地的基础设施代建条件如何。

(二)项目搬迁安置补偿情况调查

(1)核查项目搬迁安置的总体情况,包括调查搬迁补偿安置协议的签署进度情况,调查项目内的土地建筑物的核查汇总情况,调查被搬迁房屋权利人、权属性质、用途、面积、年限、权利限制(抵押、查封)、是否属经处理的违法建筑物、是否存在钉子户等相关情况。

(2)核查项目对外公布的搬迁安置补偿标准和搬迁安置补偿协议范本,审查已经签订的搬迁安置补偿协议及其履行状况。

(3)核查搬迁安置工作实施方式,如存在委托搬迁,还需核查搬迁工作的实施方案。

(4)核查未签订安置补偿协议的业主意愿和要求、项目存在"钉子户"情况时的应对方案。

(三)项目涉及协议、或有债务情况调查

项目公司在项目转让时往往存在已经签订的大量的合同文件,涉及的主体繁多,有政府主管部门、土地方、项目合作方、融资银行、监理、勘察、设计、承包商、分包商、材料供应商、搬迁公司、评估机构、测绘机构、预售商品房的小业主等。应当审查这些合同文件的条款内容、合同各方履行的状况、履行合同中相关材料的存档等情况。

在审查项目合同文件时,要特别注意项目公司对外抵押担保、合同违约等或有债务的审查,特别是公司的对外担保情况应重点审查。

(四)合作方情况

调查土地合作方的设立工商登记情况、经营情况、财务情况、资信情况,核查是否涉及重大诉讼、仲裁、纠纷等,以评判其履约能力。

第四章 清租纠纷

城市更新项目中，为拆除纳入城市更新范围的物业，需要物业权利人（被拆迁人）交付被拆迁物业给市场主体。如被拆迁物业已出租给承租人，就需要解除或终止租赁合同，收回物业。城市更新过程中物业权利人或承租人基于各自目的，任何违法违约行为都可能引发纠纷。除此之外，实践中也存在第三方违法侵占租赁物业而产生纠纷的情形。本章将从城市更新清租纠纷的表现形式、城市更新清租纠纷典型案例、实操指引三个方面对城市更新清租纠纷实务展开阐述。

第一节　城市更新清租纠纷的表现形式

城市更新中的清租是为了收回租赁物业。清租原因是物业权利人需要履行城市更新搬迁补偿协议的交付义务。厘清依附于租赁物业上的租赁法律关系,并加以终止或解除,是收回出租的物业根本途径。如租赁合同中的任一方作出违法或违约行为,就会产生纠纷。笔者结合现实城市更新项目中出现的纠纷情况,按照不同角度对清租纠纷的主要表现形式分类如下:

一、租赁合同是否有效背景下的清租纠纷表现形式

该分类方式以物业权利人出租物业所签署的租赁合同是否发生法律效力作为标准。由于租赁合同法律效力的不同,各主体的权利义务也不同,进而采取不同的清租方式。在发生纠纷后,如何及时收回物业的处理方式也是不同的。

(一)租赁合同有效背景下的清租纠纷

租赁合同有效的前提下,合同双方须按租赁合同约定行事。租赁合同中约定了解除或终止条件的,合同双方应按合同约定或者法律规定,解除或终止租赁合同。如不满足约定或法定解除或终止合同条件,双方应协商一致方可解除或终止合同。如协商不成,出租人要收回租赁物业,就可能导致双方发生纠纷。如租赁期届满,承租人应返还租赁物业,但承租人违约拒绝返还的,双方依然会产生纠纷。合同终止,出租人违约拒绝返还押金或扣除部分押金的,也将产生纠纷。当然,租赁合同解除条件、租赁期限约定不明,也将引发纠纷。

因此,在租赁合同有效的背景下,如果按照法律和合同约定解除或终止租赁合同,将会得到法律的支持,如果违反合同或法律规定,不但无法实现清租,收回物业,还可能面临违约损失。

(二)租赁合同无效背景下的清租纠纷

如存在未取得建筑工程规划许可等导致物业租赁合同无效的情形。出

租人有权主张合同无效,要求承租人返还租赁物业。然而,对于承租人而言,出租人是违背诚信之举,不愿自动返还租赁物业,进而产生纠纷。同时,租赁合同无效导致的损失赔偿问题无法达成一致,也会促使承租人拒绝返还物业而产生纠纷。

二、不同主体引发的清租纠纷表现形式

按照引发纠纷主体的不同,清租纠纷表现出不同的形式。清租过程中所涉各主体的利益诉求是不同的,采取的法律行为也将是不同的。不同主体违反不同的法律或约定,就会造成不同的纠纷。

(一)出租人导致的清租纠纷

并非所有情形下出租人都满足合同约定解除条件。如不满足法定或约定的解除条件的情况下,出租人要收回物业,将可能采取违法(违约)方法收回,进而导致纠纷。出租人原因导致的清租纠纷主要体现为强制收回物业引发的纠纷、采取影响承租人租赁目的实现的行为引发的纠纷等。

(二)承租人导致的清租纠纷

在租赁合同租赁期届满,又或其他情形下合法解除或终止租赁合同,出租人想要收回租赁物业,承租人拒绝履行返还租赁物的义务,清租纠纷就表现为承租人违约行为导致的纠纷。承租人拒绝返还物业,有时是想获得补偿,有时是认为出租人未完全履行相关义务等,但主要的过错在承租人。此外,承租人如果转租物业,又违反转租合同,导致次承租人拒绝返还物业的,也视为承租人原因导致的清租纠纷。

(三)次承租人导致的清租纠纷

次承租人也是承租人,次承租人导致的清租纠纷,主要体现为出租人、承租人依法依约收回物业,次承租人违约违法拒绝返还,进而产生纠纷。如转租合同租期届满、被撤销等原因导致次承租人应返还物业,次承租人拒绝返还物业。

(四)侵权人导致的清租纠纷

清租收回物业过程中,除租赁合同的主体外,还有可能出现第三方侵权

导致的清租纠纷。如租赁期满，非承租人持续违法占有租赁物业，拒绝返还被侵占物业。这就是侵权人导致的清租纠纷。

三、收回物业是否存在合法依据的清租纠纷表现形式

该清租纠纷表现形式以收回租赁物业是否有法律和事实依据为标准。如果在清租时有足够的法律和事实依据，支持出租方收回物业，市场主体或物业所有人要充分加以利用。如果没有法律依据，尽量协商解除，否则可能需要承担法律责任。

（一）合法收回物业的清租纠纷

物业所有权人或者其他权利人依照法律规定或者合同约定，主张收回出租的物业，但承租人或占有人拒绝返还而产生的纠纷，即为合法收回物业的清租纠纷。如出租人依法解除租赁合同后，要求承租人返还物业的，承租人交还物业就属于合法收回。

（二）违法收回物业的清租纠纷

出租物业被承租人或第三人占有使用，权利人采取违约或违法方式收回物业，导致各方发生纠纷，即为违法收回物业的清租纠纷。如租赁合同未到期，出租人违法解除，不愿继续履行出租义务，采取违法行为收回出租物业引发纠纷。

第二节　城市更新清租纠纷典型案例

一、依约解除租赁合同引发清租纠纷的典型案例[1]

（一）案情简介

2015 年 6 月 15 日，陆某与 A 公司签订《租赁（承包）合同书》，约定 A 公司将位于深圳市某酒店首层西南面四号商铺出租给陆某使用，租赁期限为

〔1〕 参见广东省深圳市中级人民法院民事判决书，（2018）粤 03 民终 24556 号。

2015 年 6 月 16 日至 2018 年 7 月 31 日。合同第 8 条第 2 款约定:“租赁期间,租赁场地如遇政府或业主拆迁、改造,陆某应无条件服从,本合同自然终止,A 公司对此不作任何经济补偿给陆某,上交租金按实际天数计收。”2017 年 7 月 11 日,A 公司向陆某发出一份书面通知,称:现接 B 公司(市场主体)通知,租赁所属地块所在范围已被深圳市政府列入城市更新规划单元计划,且即将进入拆迁阶段,现 B 公司要求 A 公司在 9 月 30 日前将物业交付 B 公司。根据双方签订的租赁合同之约定,请陆某最迟在 2017 年 9 月 30 日前将租赁场地交还给 A 公司,并结清所有费用。2017 年 12 月 26 日,深圳市某区城市更新局发布《2017 年某区城市更新单元计划第二批计划》,将涉案房产所在地块列入城市更新单元。陆某以 A 公司违约解除为由起诉至法院,要求 A 公司承担违约责任。

(二)处理结果

法院认为:双方租赁合同第 8 条第 2 款明确约定:“租赁期间,租赁场地如遇政府或业主拆迁、改造,陆某应无条件服从,本合同自然终止,A 公司对此不作任何经济补偿给陆某,上交租金按实际天数计收。”现涉案房产所在地块确已列入城市更新计划,A 公司据此向陆某发出搬离通知,符合双方约定的合同解除条件。依据《合同法》第 93 条、第 97 条[1]的规定,事实和合同依据充分,不存在违约情形。不支持陆某的诉求。

(三)律师评析

合同中可以约定合同解除或终止的条件,待条件成就时,双方可以主张解除合同。在上述案例中,法院将租赁物业所在地块列入城市更新计划作为认定租赁合同解除条件成就的标志。出租人依约主张收回租赁物业,承租人遵循合同将会遭受到损失,因此,其不同意搬离,继续占有使用。双方因此而产生清租纠纷。

实际案例中,设置的解除条件应是明确可确定的条件。在设置城市更新作为条件时,明确的体现一般为需要交付物业给市场主体之时。上述案例中,设置的“租赁场地如遇政府或业主拆迁、改造,陆某应无条件服从,本

---

〔1〕 相关规定参见《民法典》第 562 条、第 566 条。

合同自然终止”这一条件其实是不明确的，但是，A 公司提供了 B 公司的通知，A 公司要求陆某在 9 月 30 日前将物业交还给 A 公司有事实和合同依据，那么当然也到了终止合同之时。法院不支持陆某诉求，支持 A 公司的观点，于法有据。

（四）案例延展

（1）出租人有城市更新意愿或租赁物业所在地块有城市更新可能的，出租人可以在合同中将城市更新作为租赁合同解除的条件。将城市更新作为合同解除条件，明确解除后的责任承担，为城市更新清租工作提供了明确的依据。

（2）租赁合同中将“三旧”改造（城市更新）作为合同解除的条件的，出租人按照合同约定提前解除租赁合同没有违约，出租人对于承租人的损失亦不存在其他过错。因此，出租人无须对承租人的损失承担责任。但是，具体的解除时间点需要根据城市更新项目的实际情况来确定。由于城市更新是一个耗时较长的事项，并非涉案房屋纳入城市更新范围就可以解除，也不是城市更新列入计划就可以解除。只有项目履行到实际交付旧有房屋的时间节点，出租人方可解除。否则，法院也可能不予支持。

二、解除条件约定不明引发的清租纠纷典型案例[1]

（一）案情简介

2012 年 4 月 13 日，A 公司（甲方）与焦某签订了《房屋租赁合同》，约定甲方将位于某区的房屋出租给乙方使用。租赁合同第 17 条约定：“本合同有效期内，发生下列情形之一的，允许解除或变更该合同：……（二）政府征用、收回或拆除租赁房屋；……”第 19 条约定：“甲方无正当理由，单方要求提前解除合同（终止）合同的，乙方可就因此造成的损失向甲方请求损害赔偿，请求甲方双倍退还租赁保证金，并可提出变更合同条款或解除合同。”合同附页中约定，“政府行为拆迁（即政府要求更新改造）导致中止合同，乙方无条件撤离”。

〔1〕 参见广东省深圳市福田区人民法院民事判决书，（2019）粤 0304 民初 48141 号。

因为城市更新，城市更新市场主体 B 公司要求 A 公司交付房屋。2016 年 1 月 12 日，A 公司向焦某送达了解除租赁合同的通知。焦某不认可解除条件，起诉至法院。

（二）处理结果

法院认为：焦某在租赁期间内不存在过错，A 公司在合同期限届满前依据房屋租赁合同附页中关于“政府行为拆迁（即政府要求更新改造）导致中止合同，乙方无条件撤离”的约定解除合同，因涉案城市更新项目为拆除重建类更新，更新申报和实施主体均为公司，属于商业行为，并不属于政府行为拆迁，亦不属于政府要求更新，政府的审批行为并不表示其是民事行为的当事人，涉案房屋更新市场主体为 B 公司，不属于政府征用、收回和拆除行为，故 A 公司单方解除租赁合同的行为违反了合同约定，不符合《合同法》第 93 条、第 97 条的规定，应当承担违约责任。

（三）律师评析

（1）该案中，出租人单方解除合同的依据是房屋租赁合同中约定的“政府征用、收回或拆除租赁房屋”“政府行为拆迁（即政府要求更新改造）导致中止合同，乙方无条件撤离”，上述约定的情形为政府征收、征用的拆迁活动，政府与业主之间形成的是行政法律关系。而实际上，城市更新项目在 B 公司与业主之间形成的是民事法律关系，政府部门只是履行其行政审批的职责，并未改变该城市更新项目的性质。

（2）自从“十四五”规划明确实施城市更新行动后，许多城市都已经开始开展城市更新活动，并制定了相应的政策。但各个城市的城市更新政策和模式有所不同。有的城市采取以政府主导和实施的更新改造模式；有的城市采取政府引导和监督，市场主体参与实施的模式；还有城市针对不同的情形采取不同的模式。业主、投资人、出租人、承租人等主体在参与相关城市更新活动时，需要根据各地不同的城市更新政策确认是否为政府拆迁。

（3）深圳市对于城市更新的界定是非政府主导的一种拆迁模式。因此，在设定解除条件时，如果只将政府征收导致的拆迁问题作为解除合同的情形，在发生城市更新需要拆迁时，不能以政府征收作为解除合同的条件。否则，法院无法支持该诉求。当然《深圳城市更新条例》关于征收的规定应纳入政府征收的情形，但并不是所有城市更新都存在征收。

三、不及时行使解除权引发的清租纠纷典型案例[1]

（一）案情简介

2017年6月11日，张某与李某签订《房屋租赁合同书》，租赁期为2年，自2017年6月1日起至2019年5月31日止。张某应于每月1日（节假日顺延）支付租金；如张某逾期支付，每逾期一日，李某有权要求张某以租赁押金为基数按日千分之一的标准支付违约金。李某保证对该物业拥有合法的所有权或出租/转租权。如拖欠租金超过2个月，李某有权终止合同并收回房屋，张某须立即迁出该物业并承担违约责任；若李某违反该合同的约定造成张某未能承租该物业，或单方提前终止或解除该合同，或有其他违反合同约定义务的行为，均属李某违约，李某除应将租赁押金返还给张某外，还须向张某支付与租赁押金等额的违约金。若张某违反该合同的约定不承租该物业或提前退租，张某所支付的租赁押金由李某没收，李某不再追究张某其他责任。

张某于2018年10月、11月，未再向李某支付租金。2018年10月3日，李某通过微信向张某催缴房租。2018年12月1日，次承租人肖某支付了上述2个月的租金，李某没有提出任何异议。2018年11月15日，市场主体A公司通知：小区因旧城改造，小区内房屋租赁合同到2018年12月31日后不再续签，租户于合同到期前自行搬离小区。次承租人肖某不得已在2019年1月搬离租赁房屋。后起诉张某赔偿因其违约无法继续提供房屋导致的损失，获得法院支持。

据此，张某也以同样事由起诉李某要求解除合同，赔偿损失，返还押金。李某以张某违约迟延交付租金，双方租赁合同已解除进行抗辩。

（二）处理结果

法院认为：张某、李某签订的《房屋租赁合同书》系双方真实意思表示，内容未违反法律、行政法规的效力性强制性规定，合法有效。双方当事人均

[1] 参见广东省深圳市中级人民法院民事判决书，（2020）粤03民终18978号。

应依约履行。关于双方合同书的解除时间,李某主张双方的租赁合同在2018年12月1日即已解除,但其提供的其与张某的微信聊天记录显示,双方仅就未交房租后续处理问题进行了沟通,双方均未明确提出解除双方之间的租赁合同。因此,李某主张其与张某之间的租赁合同在2018年12月1日即已解除,没有事实依据。鉴于双方确认李某因城市更新需要交付房屋给市场主体,李某2018年12月31日后无法继续提供房屋,故该案双方当事人之间的租赁合同亦应认定于2018年12月31日因李某无法继续提供涉案房屋而解除。李某主张双方合同是因张某违约而解除,但在2018年12月31日双方合同解除时,张某已实际支付所有租金给李某,未达到双方约定的解除条件。因此,法院采纳张某的主张,认定双方租赁合同于2018年12月31日解除,并要求张某向李某支付2018年12月的租金,李某无权没收张某押金。

提供租赁物并保证租赁物在租赁期限内符合租赁用途系出租人的法定义务,现涉案房屋已列入城市更新项目致使张某无法使用租赁房屋,租赁合同无法继续履行,李某构成根本违约,应当承担违约责任。

（三）律师评析

上述案例中,出租人李某是否有权行使解除权问题成为案件争议的焦点。如李某有权解除,那么李某将可以主张依法解除,而不需要违约解除合同,导致赔偿违约金。该案中,出现了依照合同可以解除合同的事由,即张某未及时支付租金超过两个月。但是,李某未行使解除权。虽然存在迟延交付租金的事实,但在张某补足欠付的租金后,李某未对继续履行提出异议。因此在出现李某因故需要收回房屋时,再主张违约责任,解除合同的约定条件已经不存在,无法再依据存在过的违约行为主张解除合同,其诉求未能得到法院支持。

在城市更新导致租赁合同无法继续履行的案件中,认定出租方违约是一般认定。因此,要想在城市更新中占据主导地位,出租人应在合同中约定面对城市更新情况下如何终止合同,方可以尽量减少损失。同时,对于承租人的违约,要积极地行使合同赋予的权利,若超过时限行使,将陷于无法实现解除合同目的的尴尬境地。

四、转租给次承租人引发的清租纠纷典型案例〔1〕

（一）案情简介

A公司与徐某于2013年11月签订《厂房租赁合同》，租赁期限为3年，自2013年11月20日起至2016年11月19日止；A公司在租赁期间经徐某书面同意有权转租或分租。涉案租赁物已在2011年12月5日经政府公告被列入城市更新单元计划范围。

张某和A公司于2014年10月1日签订《厂房租赁合同》，约定：张某向A公司租赁位于深圳市龙岗区的涉案厂房，用于汽车维修、二手车交易与车辆业务相关用途，租赁期限为10年，自合同签订之日起至2024年9月30日止。但该合同未依法办理备案手续。

2016年11月8日，A公司向张某发出《关于解除〈厂房租赁合同〉暨相关事项的通知》，称因张某自2015年12月起没有支付租金，截至2016年11月30日共拖欠房屋租金396,000元，故A公司通知张某：单方面解除厂房租赁合同，要求张某收到通知后5日内支付租金并搬离租赁房屋。张某以A公司违约为由，向法院起诉A公司，要求A公司赔偿损失。此外，徐某在2017年11月收回涉案房屋，涉案房屋已于2017年12月因城市更新被拆除。

（二）处理结果

法院认为：A公司与徐某合同的有效期仅为3年，至2016年11月19日止，而其与张某却在2014年10月1日订立了有效期为10年的租赁合同。因此根据最高人民法院《关于审理城镇房屋租赁合同纠纷案件具体应用法律若干问题的解释》（2009年）第15条〔2〕的规定，涉案A公司与张某间的合同在2016年11月19日前为有效；之后，由于A公司已无承租权，故其与张某的转租关系已无权租出，即涉案合同自2016年11月20日起为无效合同。涉案租赁物已在2011年12月5日经政府公告被列入拆迁范围，而无论

〔1〕参见广东省深圳市中级人民法院民事判决书，（2019）粤03民终23727号。

〔2〕此解释已于2020年修订，删除了原第15条。《民法典》第717条修改了无效的规定，仅规定超过剩余租赁期的部分对出租人不具有约束力。

是A公司还是徐某均无证据证明己方在出租时已将该情形告知张某。A公司在明知自己与徐某的合同仅余约2年时间，且在2011年已有政府公告拆除的情况下，仍与张某订立10年租约，致张某依10年计划经营投入资金，最终导致该案诉讼的发生，不能排除其存在恶意。A公司在订立合同时未主动披露己方合同期及政府拆除的事实，在履约过程中亦未能协助张某办妥租赁登记备案手续，已构成违约。该违约行为早于张某自2015年12月未交租金的违约行为。因此，A公司就合同解除应承担一定的责任，而张某在订立涉案合同时亦未尽审慎注意义务，在应知A公司非房屋所有人的情形下，未审查其合同租期，签下10年期租约，更未查询政府公告，在已有公告计划拆除的情形下，承租涉案物业，使经营陷入困局，合同目的不能实现，其亦须承担一定责任。

（三）律师评析

承租人对外转租或分租租赁房屋的，与次承租人约定的租赁期限不得超过其与出租人约定的租赁期限。另外，承租人对外转租或分租还需要经过出租人的同意。承租人超出原租赁合同租赁期限转租或分租的，依据《民法典》第717条的规定，超出部分对出租人不具有约束力。该案中，超过2016年11月19日的租赁期限的，转租合同对出租人不具有约束力，出租人徐某有权收回物业。承租人不履行返还物业的义务的，就会承担违约责任。对于次承租人，如果出租人是物业所有权人，也可以要求直接返还物业。此时，无论次承租人是否违反转租合同，都不得对抗出租人要求收回物业的主张。

至于承租人与次承租人因涉案物业被收回产生的责任，则需要按照双方在签署和履行转租合同过程中的过错确定责任承担。该案中，转租合同超过承租人剩余租期，A公司在转租合同约定期限前提前解除合同，为徐某收回房屋提供了极大的便利。现实中存在次承租人守约租赁，但因转租超期的情形，次承租人如果坚决占有涉案房屋使用的，承租人和次承租人都将承担较大的法律责任。

（四）案例延展

实务中，房屋租赁市场上存在大量的“二手”甚至“三手”房东，承租人在签订房屋租赁合同前一定要核实清楚出租方的身份。业主出租的，应查验房产证等产权证书及业主身份证；如系转租的，应查看其与出租方签订的租赁合同中的具体约定，避免转（分）租合同无效或与上一手租赁合同约定内容存在矛盾。如存在转租超过一手租赁合同期限的，需要考虑是否签约，也需要提前做好准备。否则，次承租人的合法权益将无法得到法律保护。

五、无法继续交付租赁房屋引发清租纠纷的典型案例〔1〕

（一）案情简介

荆某从第三人物业管理处承租了位于能源工业小区的涉案房屋，约定了出租人在城市更新需要交付房屋时，第三人有权解除合同，收回房屋。2017 年 6 月 15 日，肖某与荆某签订合同，约定：荆某将两间教室出租给肖某使用，用途为舞蹈室、开办舞蹈培训班。租赁期限自 2017 年 6 月 15 日起至 2019 年 5 月 31 日止。租金为每月 17,000 元，肖某应于每月 5 日前支付；肖某在签订该合同后 3 个工作日内支付租赁保证金 34,000 元，保证金不能抵算房租；荆某应于 2017 年 6 月 15 日前将物业交付肖某使用；荆某保证对物业有合法的出租权及转租权，若荆某违反该合同约定造成肖某未能承租物业，或单方提前终止或解除该合同，或有其他违反合同约定义务的行为，均属荆某违约，荆某应将租赁押金返还肖某，并支付 3 个月的租金 54,000 元作为违约金。签订合同后，肖某向荆某支付了租赁保证金 34,000 元。

2017 年 10 月 12 日，物业管理处向能源工业小区的租户作出温馨提示，表示小区因旧城改造，按照约定，物业管理处通知 1 ~ 2 栋所有合同在 2017 年 12 月 31 日解除，租户于该期限前自行搬离小区。荆某认可需要按照约定返还涉案房屋。

肖某在收到物业管理处作出的温馨提示后，认为涉案物业被列入城市更新范围，导致合同无法履行，荆某应承担违约责任。交涉无果后，肖某起诉至法院，要求荆某赔偿装修损失和经营损失。

（二）处理结果

法院认为：合同约定的租赁期限内，物业管理处于 2017 年 10 月 12 日向

〔1〕 参见广东省深圳市中级人民法院民事判决书，(2018)粤 03 民终 13230 号。

涉案物业小区租户作出温馨提示，明确告知各租户合同签到2017年12月31日解除，并要求租户于合同到期前自行搬离小区。其后，深圳市南山区城市更新局亦于2017年11月3日发布《关于城市更新项目实施主体的公示》，就涉案小区纳入城市更新项目事宜予以告知。综上，双方租赁合同系因第三方原因导致无法继续履行，不属于不可抗力的情形，承租人肖某按照温馨提示要求荆某承担违约责任有事实依据：荆某无法继续提供房屋。根据《合同法》第94条、第96条、第107条[1]的规定荆某应赔偿肖某的装修损失，该损失按照装修残值计算。因肖某无法提供其经营损失的证据，故对经营损失赔偿的请求法院不予支持。

（三）律师评析

所谓“不可抗力”，是指合同订立时不能预见、不能避免并不能克服的客观情况，包括自然灾害、如台风、地震、洪水、冰雹；政府行为，如征收、征用；社会异常事件，如罢工、骚乱等。城市更新是由政府引导、市场主体参与的项目，并不属于政府征收的具体行政行为，因此租赁房屋被纳入城市更新范围不属于“不可抗力”的范畴，合同当事人若违反合同约定不履行民事义务的，需承担相应的民事责任。

上述案例中，出租人是依约解除租赁合同，承租人有义务返还房屋，进而导致荆某签署的转租合同无法继续提供房屋，那么次承租人肖某要求承租人承担违约责任有事实和法律依据。

（四）案例延展

（1）实务中，租赁期间房屋被纳入城市更新项目范围的情形较为普遍，租赁双方应当在签订租赁合同时对发生上述情形时双方权利义务及合同是否继续履行进行明确约定，切忌将城市更新作为不可抗力，作为导致合同目的无法实现的理由，单方解除合同。

（2）在出租人明知出租物业已经纳入城市更新项目范围，并在短期内可能面临拆迁的情形下，仍与承租人签订房屋租赁合同的，应当及时向承租人说明情况，并在租赁合同中约定如遇拆迁时合同效力的问题及各自的权利

---

〔1〕 相关规定参见《民法典》第563条、第565条、第577条。

义务，由承租人评估是否仍然继续承租该房屋。若出租人未履行披露义务，在房屋拆迁时单方终止房屋租赁合同的，可能构成单方违约，如合同约定定金罚则的，其则会面临双倍返还定金及支付违约金的风险。

（3）出租人无法继续提供房屋的，应承担违约责任。违约责任的赔偿损失是否包括搬迁费用、停产停业损失？在陈某州与深圳市宝深宝实业有限公司、中粮地产集团深圳房地产开发有限公司房屋租赁合同纠纷案[1]中，审理法院明确：关于营业损失和征收引起的停产停业补偿费，因原告的经营行为本身存在经营风险，且该营业损失和征收引起的停产停业补偿费已经超过了订立合同时应当预见到的因违反合同可能造成的损失，法院对该补偿费请求不予支持。因此，除非合同有约定，否则租赁合同的违约损失不能包括房屋拆迁补偿项目的搬迁费、停产停业损失。

六、租赁物业产权变动引发清租纠纷的典型案例[2]

（一）案情简介

2010 年李某（原告）与叶某（被告）签订了《厂房租赁合同》，第 13 条第 1 款约定，租赁期间，如遇甲方转让或抵押出租房，甲方应确保乙方继续履行该合同，若无法继续履行该合同，甲方应提前 3 个月告知，并给乙方 3 个月的时间搬迁，如乙方不同意，乙方有权向法院提出诉讼协商解决；第 2 款约定，因不可抗力或者国家证明征用致使合同不能正常履行而终止的，双方互不负补偿责任。《厂房租赁合同》签订后原告、被告双方按照合同约定履行了各自义务。

2016 年 3 月 29 日，被告与市场主体 A 公司的关联公司 B 公司签署买卖协议，约定协议签署之日起 1 个月内交付厂房。被告于 2016 年 4 月 9 日以发布告知函的方式提出与原告解除《厂房租赁合同》。告知函载明：根据甲（被告）乙（原告）双方于 2015 年 7 月 7 日签订的深圳市龙岗区南约菠萝山工业区 2 号厂房一栋、宿舍一栋出租给乙方使用的租赁合同第 13 条第 1 款约定，甲方因经济原因将该物业转让他人，现提前 3 个月告知乙方，并给乙方 3 个月的搬迁时间。原告不认可被告解除合同的事由，提起诉讼。

---

[1] 参见广东省深圳市宝安区人民法院民事判决书，（2013）深宝法民三初字第 804 号。

[2] 参见广东省深圳市龙岗区人民法院民事判决书，（2016）粤 0307 民初 12080 号。

（二）处理结果

法院认为：按照《厂房租赁合同》第13条第1款的规定，租赁期间，若遇被告转让或抵押出租房时，出租方应确保继续履行本合同。若无法继续履行本合同，被告应提前3个月告知，并给原告3个月内的时间搬迁。所以，转让行为不属于法律规定的不可抗力情形，故被告在租赁合同未到期前不能单方解除该合同。另外，根据《合同法》第229条[1]关于买卖不破租赁原则的制度规定，承租人签订的租赁合同履行期间，房屋产权发生变化，承租人可以要求继续履行原租赁合同。

（三）律师评析

在租赁期间涉案物业所有权发生变动的，原租赁合同的效力不受影响，这是买卖不破租赁的具体体现。在实践中，出租人因城市更新需要将物业出卖给市场主体的，若原租赁期间尚未届至，则承租人仍然可以向买受人主张继续履行原租赁合同，原租赁合同不因物业所有权发生变动而自动终止。

该案中，买受人是市场主体的关联公司，因此，在B公司取得厂房所有权后，即使叶某解除合同的目的未能实现，也将因厂房所有权的变更，导致清租义务的转移。B公司将承担无法解除租赁合同收回物业的结果。

（四）案例延展

租赁期间租赁物业所有权发生变动的情形常有发生，在原租赁合同合法有效且租赁期限未到期的情况下，承租人可以适用“买卖不破租赁”原则切实维护自身利益，按照原租赁合同的约定继续承租相关物业。原出租人或新权利人不能因发生产权变动而主张解除合同。只能依法协商解除合同，否则将造成更多的纠纷。市场主体采取买卖方式解决的是原物业所有权人不配合物业交付的问题，却将清租义务转移给了自身。市场主体应谨慎采用该方式解决清租问题。

---

[1] 相关规定参见《民法典》第725条。

七、疫情背景下违约解除的清租纠纷典型案例[1]

(一)案情简介

侯某(原告)长期承租A公司(第三人)位于深圳市罗湖区店铺(建筑面积158.56平方米),双方最后一次所签房屋租赁合同的租期为2019年12月1日至2021年11月30日。

2019年5月,原告与李某(被告)签订房屋租赁协议,约定原告将教育新村2060号的一部分(即2060-2)出租给被告,租期自2019年5月15日起至2020年10月15日止;租金为每月5100元,押金5100元;每月1~2日交房租,如被告逾期支付,每迟延一日加收房租的5‰的滞纳金。迟延超过一个月的,原告有权解除合同。2019年12月14日,A公司与原告协商收回房屋,并承诺给予原告6个月赔偿金。

受新冠疫情影响,被告2020年2月、3月停止经营。A公司给予原告3个月租金减免。被告自2020年4月起开始拖延支付租金,后陆续每月租金支付都迟延一个月以上,直至2020年8月,其中8月的租金被告仅支付了2000元。原告以被告违约,迟延支付房租超过一个月为由,于2020年8月14日提起诉讼,要求解除合同,赔偿损失。被告答辩称,因新冠疫情影响,被告经营收入明显减少,租赁物业无法实现租赁目的,原告也无给予任何房租减免或延期,不得已迟延交付租金。

(二)处理结果

法院认为:2020年1月的新冠疫情,导致被告经营受到影响,门店处于停业和半停业状态,给被告经营造成了重大影响。由此导致被告迟延支付租金,构成不可抗力。原告作为出租人不能再以被告违约为由追究被告的违约责任,解除租赁合同。因A公司减免了原告3个月租金,根据公平原则,法院支持被告要求原告应相应减免被告租金的请求。

(三)律师评析

民事主体从事民事活动,不可抗力是重要的免责条款。依据最高人民

---

[1] 参见广东省深圳市罗湖区人民法院民事判决书,(2020)粤0303民初42027号。

法院《关于依法妥善审理涉新冠肺炎疫情民事案件若干问题的指导意见（二）》第5条第1款的规定[1]，因疫情导致承租人资金周转困难而违约，出租人不得以此为由要求承租人承担违约责任。上述案例中，原告以被告未及时支付租金为由，要求追究被告的违约责任，解除合同，偿还欠付的租金和滞纳金。因法院认为违约是疫情导致的经营困难引起的，故未支持原告的滞纳金诉求，仅支持了欠付的租金。同时，对待减免，也应当遵循公平原则，合理确定各方的权利和义务。在承租人转租的情况下，若受疫情影响出租人给予承租人相应优惠的，承租人应给予次承租人同样优惠，否则将有违公平原则。

（四）案例延展

国内受新冠疫情影响时，各地均出台了相应的扶持政策以帮助困难企业及个人渡过难关，及时纾困以化解财务危机。尤其是针对租金方面的减免、迟延支付等，不同省市根据疫情情况均作出了相应的规定。实践中，存在转租关系时，出租人给予承租人的优惠同样适用于次承租人，次承租人可以向承租人主张出租人给予承租人同样的优惠。若承租人拒绝给予优惠的，次承租人可诉诸法院以维护自身合法权益。在清租过程中，涉及疫情减免请求的，如果存在合理性，法院会支持。出现此类情况时，出租人不要拒绝减免租金，以免造成不必要的纠纷，也不要违背对疫情作为不可抗力部分免责的规定，强行追究承租人的违约责任。

八、违约收回物业引发的清租纠纷典型案例[2]

（一）案情简介

2014年3月，刘某与黄某签订租赁合同，租赁黄某位于深圳某区物业的4~7楼，押金51,400元，刘某于当日向黄某支付装修押金30,000元，随即

---

〔1〕 最高人民法院《关于依法妥善审理涉新冠肺炎疫情民事案件若干问题的指导意见（二）》第5条第1款规定："承租房屋用于经营，疫情或者疫情防控措施导致承租人资金周转困难或者营业收入明显减少，出租人以承租人没有按照约定的期限支付租金为由请求解除租赁合同，由承租人承担违约责任的，人民法院不予支持。"

〔2〕 参见广东省深圳市福田区人民法院民事判决书，（2020）粤0304民初35835号。

进场装修。每月的租金为28,000元。

在上述租赁合同履行过程中,2016年6月,包括涉案房产在内的部分房产被纳入某城市更新单元二期改造范围。被告A公司向二期改造范围内各业主发出通告,要求自公告发布之日起,任何单位和个人未经批准不得在改造范围内新建、扩建、改建房屋和变更、新签房屋租赁协议等,违反规定实施的将不予补偿。

2019年开始,纳入更新范围的房屋周边搭设了围挡。刘某主张,因为限制进出,且周边陆续开始施工,旅馆的客人进出受限,不愿意住在工地旁边的旅馆。之后,黄某采取口头通知的方式多次向刘某表达提前解除合同并要求刘某搬离的意思,但刘某认为合同在有效期内,黄某还未给刘某安置补偿款项,所以拒绝搬离。2020年4月3日,黄某与B公司及A公司签订《搬迁补偿安置协议》,其中装修补偿条款约定:回迁房不带装修的,按照每平方米600元的标准支付装修补偿款;回迁房带装修的,由被告B公司委托第三人对回迁房屋进行装修,补偿标准按照每平方米不低于600元计算。

此后,刘某确认黄某采取口头或短信的方式通知其搬离,但刘某没有搬离。黄某于2020年5月1日向B公司移交包括该涉案房屋在内的C13A、C13B栋房屋。2020年5月16日,在社区工作站相关工作人员见证下,清点了涉案物业内某旅馆的物品。2020年5月21日,黄某向刘某发出取回物品的通知,要求刘某于2020年5月28日前至消防办旁边的公园领取物品。2020年6月30日,黄某再次向刘某发出通知,要求刘某2020年7月3日前搬离物品。刘某收到上述通知后未予以搬离,后刘某在庭审中主张因物品搬出后实际价值贬损,且黄某未向其给予安置补偿,所以没有搬离。

2020年4月期间,刘某与黄某分别委托评估公司对涉案物业内的室内装修及物品价值进行评估。其中,黄某委托的G评估有限公司报告书载明,装修及物品咨询总价为414,077元(其中室内装修价值265,042元、室内物品价值149,035元)。刘某委托的Z评估有限公司出具的评估报告载明的评估值为1,814,571元。刘某向法院起诉黄某、A公司、B公司,要求赔偿装修、搬迁费和其他物品损失。

(二)处理结果

法院认为:根据最高人民法院《关于审理城镇房屋租赁合同纠纷案件具

体应用法律若干问题的解释》第2条的规定，涉案房产未取得建设工程规划许可证的，租赁合同无效。因涉案房屋纳入城市更新计划导致双方的合同事实上无法继续履行，黄某应向刘某返还收取的押金及装修保证金。

至于刘某要求黄某赔偿其旅馆装修、设备、设施损失的诉讼请求，如前所述，合同未能继续履行，双方均存过错。因涉案房屋目前已不具装修评估条件，对于刘某自行委托鉴定机构出具的鉴定报告的金额，黄某不予确认，但黄某自行委托鉴定机构作出的鉴定报告中装修残值的金额为265,042元，该金额属于黄某的自认，法院予以确认。综合考虑刘某在得知涉案房屋已纳入城市更新计划、拆迁日期无法确定的情况下，仍选择签订租房合同，续租涉案房产，对于合同最终无法履行至合同期限届满存在过错；黄某作为出租人应确保房产为取得规划许可的合法建筑，其作为权利人较刘某更清楚涉案房屋纳入城市更新计划，随时可能面临拆迁，应及时提醒并告知刘某续签合同的风险，对于合同无法履行存在较大的过错；再结合就装修部分黄某已获得B公司支付的补偿的情况，根据公平原则，法院酌情确定黄某应向刘某支付装修损失185,529.4元（265,042元×70%）。

至于物品的损失，黄某在向B公司交房之前及物品搬出后多次告知刘某，要求其搬离，但刘某拒绝搬离，导致物品毁损的责任应由刘某自行承担。刘某要求B公司及A公司承担连带赔偿责任，但B公司及A公司系基于与房屋原权利人黄某签订的拆迁安置补偿协议履行相关的收房手续，并不存在过错，且该案为房屋租赁合同纠纷，B公司及A公司并非合同相对方。对于刘某要求B公司及A公司承担赔偿责任的诉讼请求，法院不予支持。

（三）律师评析

1. 押金返还问题

在实践中，签订租赁合同时出租人一般会要求承租人预先缴纳两个月租金作为押金，以确保出租人在承租人不履行交付租金义务或者有其他违约行为导致其遭受损失时可以用该押金折抵损失。但若因涉案房屋纳入城市更新计划导致双方合同事实上无法继续履行，出租人应向承租人返还收取的押金。需要注意的是，如果承租人可能会通过“接盘”的方式从前任承租人处受让承租物业，此时若前任承租人已经向出租人支付过押金的，一般情况下该押金的返还请求权也会因为新承租人向前任承租人支付转让费而转移给新任承租人。此时出租人若向新任承租人主张押金,需要保留好已将押金退回原承租人的相关证据,并将押金收据收回。若新任承租人持有押金收据并且出租人无法提供证据证明已向原承租人返还押金,法院会根据常理及日常生活经验法则判断新承租人享有该押金的返还请求权。若装修押金是在新任承租人完成工商变更登记后才支付的,基于常理,涉案物业的经营权已经发生变更,原租客不可能再向承租人支付装修押金,法院会据此认定该装修押金是新任承租人实际支付,在合同因城市更新无法继续履行的情况下,法院会判决出租人向新任承租人返还。

2. 装修损失赔偿问题

装修损失赔偿应根据合同无效过错程度来承担。法院在上述案例中认定黄某作为出租人应确保房产为取得规划许可的合法建筑,其作为权利人较刘某更清楚涉案房屋纳入城市更新计划,随时可能面临拆迁,应及时提醒并告知刘某续签合同的风险,对于合同无法履行存在较大的过错。因此,黄某在该案中承担了70%的责任。实践中,责任比例属于法院裁量范围,具体案件要具体分析。

关于损失赔偿问题,最重要的是固定损失金额。对于装修费的鉴定问题,若出租人对承租人自行委托鉴定机构出具的鉴定报告不予认可而另行委托鉴定机构进行鉴定,并对金额没有异议的,出租人自行委托鉴定机构作出的鉴定报告中装修残值的金额属于出租人的自认,承租人对该金额无须承担举证责任,法院可以直接确认该金额。再根据双方过错的大小,相应分担各自应承担的装修损失。上述案例中最终就赔偿问题采信了出租人的评估结果。因双方对对方的评估不予认可,出租人的评估结果为其自认的结果。可见,评估和保存证据以及诉讼的时间节点都会影响损失赔偿的结果。

3. 拆迁补偿问题

承租人是否为拆迁补偿的对象是存在争议的。被拆迁房屋的实际使用人、装修人都是承租人,而不是出租人。拆迁人赔偿的依据是现有房屋的状况。上述案例中,按照租赁合同的相对性,法院认为承租人的诉求没有合同依据,也就未支持搬迁损失、临时安置损失、停产停业损失,更不支持连带责任。

承租人要求市场主体或村集体股份公司对强行收房并拆除房屋所造成

的损失承担连带赔偿责任的，若市场主体与村集体股份公司系基于与房屋原权利人签订的拆迁安置补偿协议履行相关的收房手续，并不存过错，且根据合同相对性原则，即在房屋租赁合同纠纷中，市场主体与村集体股份公司并非租赁合同的相对方。因此在市场主体或村集体股份有限公司按照拆迁补偿安置协议及收楼确认书的约定进行收楼或对租赁房屋进行拆除时，对于承租人要求市场主体或村集体股份有限公司承担赔偿责任的诉讼请求，法院可能会不予支持。

（四）案例延展

在签订房屋租赁合同之前，作为承租一方，应做好尽职调查工作，如涉案物业是否办理了建设工程规划许可证，其建设是否符合建设工程的规划，涉案物业是否已经纳入或者将要纳入城市更新单元、是否有被政府征收的可能，是否有面临拆迁的风险等。作为出租一方，应履行充分的提示义务，即合理提示承租方涉案物业的产权情况，是否取得建设工程规划许可证，是否有被纳入城市更新单元或者政府征收范围的可能。如果承租人未尽合理调查义务，出租人未尽合理提示义务的，当房屋租赁合同被认定无效时，法院将根据双方的过错程度确定双方的责任。

同时，保留好相关证据至关重要。民事诉讼奉行“谁主张，谁举证”原则，若在诉讼中无法提供相应证据证明自己诉讼主张，可能会承担举证不能的不利后果。当然，法官也会根据日常生活经验法则、公平原则等进行判断。

对于承租人的屋内物品，若因发生纠纷出租人直接将屋内物品集中转移到某处暂存的，在出租人提示承租人领取该物品时，承租人应当及时领取，不能放任不管，意图让出租人承担屋内物品的损失。因为此时出租人已经履行了提示的义务，如果承租人仍然置之不理，对造成扩大的损失部分无权请求赔偿。但若出租人直接将屋内物品转移并没有通知承租人的，在租赁合同中没有特别约定的情况下，则需承担相应的赔偿责任。

市场主体按照与出租人签订的拆迁安置协议之约定对涉案房屋进行收楼或拆除时，由于市场主体有拆迁补偿协议作为依据，并且根据合同的相对性原则，承租人往往很难向市场主体主张损害赔偿。但在拆迁补偿协议约定的收楼条件未成就的前提下市场主体即径行收楼造成承租人财产损失的，承租人有权主张市场主体承担侵权责任。

九、承租人拒绝返还房屋引发清租纠纷的典型案例〔1〕

（一）案情简介

2012 年 6 月 7 日，A 公司（该案原告）与 B 公司（该案被告）签订《租赁（承包）合同书》，后续签订补充协议，约定 A 公司将位于深圳市某区整层的场地出租给 B 公司、B 公司八卦岭店用于经营餐饮，租赁期限至 2014 年 11 月 30 日。租赁合同约定，B 公司应交纳租赁保证金。B 公司不按时支付租金、水电费等费用，须向 A 公司支付滞纳金，若超过一个月未支付租金和其他费用，A 公司有权随时停止水电供应，单方面终止合同，没收全部保证金并进入租赁场地对 B 公司资产进行单方处置，用以抵扣 B 公司拖欠 A 公司的费用。租赁期间，租赁场地如遇政府或业主拆迁、改造，B 公司应无条件服从，该合同自然终止，A 公司对此不作任何经济补偿，上交租金按实际天数计算，A 公司提前 3 个月通知 B 公司搬离租赁场地。

上述租赁合同及两份补充协议签订后，A 公司将租赁场地交付给 B 公司经营使用，B 公司亦向 A 公司支付租赁保证金并承担支付租金的义务。

2017 年 7 月 12 日，A 公司向 B 公司发出一份书面通知，因租赁物业所属地块已被深圳市政府列入城市更新规划范围，且即将动工，依据双方签订的租赁合同之约定，要求 B 公司在 2017 年 9 月 30 日前将租赁场地交还给 A 公司，并结清所有费用。

A 公司主张该通知发出之日为租赁合同解除之日。B 公司确认双方之间的租赁合同于 2017 年 7 月 12 日解除，但因 A 公司未向 B 公司支付赔偿款项，所以租赁场地至诉讼发生时尚未移交，但 B 公司实际经营至 2017 年 9 月 30 日，之后 A 公司对 B 公司进行断水断电，B 公司无法经营。

2017 年 6 月开始，B 公司开始拖欠 A 公司租金，经 A 公司多次催缴后，B 公司支付了 2017 年 6 月的租金及 2017 年 8 月和 9 月的水电费等费用，至诉讼发生时 B 公司仍拖欠 A 公司 2017 年 7 月之后的租金及部分月份的水

〔1〕 参见广东省深圳市中级人民法院民事判决书，（2018）粤 03 民终 21923 号。

电费用和管理费用。A 公司主张 B 公司拖欠 2017 年 7 ~ 12 月租金、2017 年 9 ~ 12 月的管理费、水电费;B 公司确认拖欠 A 公司 2017 年 7 ~ 9 月的租金、管理费和水电费,但对 A 公司主张 2017 年 10 月之后的租金、管理费和水电费,B 公司不予确认。

(二)处理结果

法院认为:双方签订的《租赁(承包)合同书》中约定,租赁期间,租赁场地如遇政府或业主拆迁、改造,B 公司应无条件服从,合同自然终止。该案中,A 公司已于 2017 年 7 月 12 日以涉案租赁物所属地块列入城市更新规划即将动工,书面通知 A 公司终止合同,并要求 A 公司于 2017 年 9 月 30 日前交还租赁物。B 公司、B 公司八卦岭店也确认此后政府部门就涉案租赁物所属地块纳入城市更新范围发布了公告。因此,A 公司 2017 年 7 月 12 日以同样理由要求 B 公司交还租赁物符合双方合同中约定的 A 公司可以单方解除合同的条件。法院认可双方租赁合同于 2017 年 7 月 12 日解除。但由于 2017 年 11 月 ~2018 年 7 月 4 日,B 餐饮公司、B 餐饮公司八卦岭店在合同解除后,未将租赁物交还给 A 公司,应支付相应的占有使用费,但是该期间涉案租赁物停水电已不具备使用功能,并且涉案租赁物所在地块即将拆迁改造,因此,法院酌定 B 餐饮公司、B 餐饮公司八卦岭店按照合同约定 2017 年 6 月 10 日后租金标准的 50% 支付上述期间的占有使用费。

(三)律师评析

(1)在租赁合同中明确约定了出租人有权解除合同的,解除权人可以按照合同约定解除合同。合同解除前,租赁合同双方按照合同约定履行各自的义务。合同解除后,承租人应返还物业给出租人。

(2)在租赁合同解除后,承租人继续占有租赁物业的,承租人应按照合同约定赔偿出租人的损失,包括占用费等损失。占用费的损失参照租金计算。除此之外,如果依约解除租赁合同,出租人无须承担赔偿责任,但出租方应给予承租人一定的宽限期。

十、土地租赁期满引发的清租纠纷典型案例[1]

（一）案情简介

2017年7月13日，原告A公司（出租方）为甲方，被告B公司（承租方）为乙方，签订《租赁合同书》，约定甲方将位于深圳市宝安区空地出租予乙方使用，相关条款包括：（1）租赁空地用途：用于堆放物品。如乙方须搭建临时建筑物，必须按照法律法规、政府规定办理相关手续，且租赁期届满或租赁合同提前解除后乙方须在30日内将临时建筑物全部拆除，如逾期未拆除的，则该临时建筑按现状随出租空地一并移交给甲方，由甲方取得该临时建筑的所有权。（2）租赁期限6年。甲方给予乙方2个月的免租期限。（3）2017年9月18日~2020年9月17日月租1,210,000元，2020年9月18日~2023年7月17日月租1,390,000元；乙方应在每月15日前将当月租金及相关费用一次性支付。（4）乙方应于签订合同之日支付租赁保证金200万元。租赁期限届满后，在乙方将所租赁之空地腾空，并清洁、完好地交运给甲方，乙方交清了全部应付的租金和其他费用，且无其他违约行为的前提下，甲方在7日内将租赁保证金不计息返还给乙方，若乙方违法或违约造成甲方损失，则甲方有权将该租赁保证金用于抵付乙方应承担的违约金或赔偿损失的部分，如乙方已支付的保证金不足以抵扣相关费用和损失的，甲方有权向乙方继续追偿。（5）该合同签订后，甲方在没有法定或该合同约定的可以解除合同的情形下，无故中途毁约的，应双倍返还租赁保证金；乙方在没有法定或该合同约定的可以解除合同的情形下，无故中途毁约的，应付清合同终止前所欠的租金等费用，甲方有权不退还租赁保证金，并要求乙方赔偿2个月租金。但甲方因对租赁空地进行城市更新或其他发展需要，需收回租赁空地，解除该合同的除外。（6）乙方应按时足额向甲方支付租金，逾期未交的，每逾期1日乙方应按逾期付款部分3%的标准向甲方支付逾期违约金。（7）乙方出现下列情形之一的，甲方有权单方面解除合同，不予退还乙方缴纳的租赁保证金，且乙方还应向甲方支付相当于2个月租金的违约金，如造成甲方损失的，乙方还应承担赔偿责任：①乙方连续拖欠租金或者其他费用超过1

[1] 参见广东省深圳市宝安区人民法院民事判决书，（2021）粤0306民初17295号。

个月,或者累计拖欠租金或其他相关费用相当于 1 个月租金的费用;……(8)合同期满或者合同提前解除、终止后 30 日内,乙方应将租赁空地清扫干净,搬迁完毕,将临时建筑物全部拆除,并将租赁空地交还给甲方,如乙方逾期未拆除临时建筑物的,乙方还需将该临时建筑按现状随租赁空地一并移交甲方,由甲方取得该临时建筑的所有权。如乙方归还租赁空地时不清理杂物,则甲方清理该杂物所产生的费用由乙方负责。租赁空地返还时,甲、乙双方应各指派人员负责租赁空地返还,返还时双方应办理书面移交手续,否则视为乙方未移交租赁空地。如乙方不按期返还租赁空地,需按月向甲方支付空地占用费,占用费的数额为每月租金的 2 倍。乙方交还租赁空地应当保持空地的平整完好状态,不得留存物品或影响空地的正常使用。对未经同意留存的物品,甲方有权处置。

涉案土地已于 2019 年 7 月纳入城市更新单元。A 公司已同意参与城市更新。2020 年 1 月起,被告 B 公司停止缴纳租金。2020 年 3 月,经被告 B 公司申请,原告 A 公司函复同意减免被告疫情防控期间 2020 年 2 月 50% 租金,同时催促被告尽快缴纳其余月份的租金。此后,B 公司多次以未能按计划使用地块和疫情影响经营业务为由,要求原告 A 公司减免租金,但双方协商未果。2020 年 12 月,土地监察部门出具限期改正通知书,以物流园"超过批准期限临时建筑未拆除"为由责令限期 7 天改正。2021 年 7 月 2 日,B 公司向 A 公司发出通知书,要求 A 公司准予 B 公司搬离和处理物流园内的物品,包括拆迁遗留的大量金属材料。2021 年 7 月 16 日,被告 B 公司再次书面通知原告 A 公司,要求配合办理搬离事宜,准许被告 B 公司出售拆迁遗留的大量金属材料。收悉上述催告文书,原告 A 公司则要求被告补缴租金,双方协商无果。被告 B 公司至诉讼时仍未补缴拖欠的租金,拆迁遗留的大量金属材料仍堆放于空地。

(二)处理结果

法院认为:涉案《租赁合同书》及其补充协议合法有效。根据《民法典》第 509 条、第 577 条、第 579 条、第 585 条的规定,B 公司长期拖欠租金,逾期履行程度已达合同约定的根本违约情形,法院支持原告 A 公司解除合同诉求,以起诉状送达之日为解除合同的时间。被告 B 公司抗辩称已于 2021 年 7 月 2 日解除合同,但被告 B 公司向原告 A 公司出具的通知书并未明确表示停止履行合同,且被告B公司关于合同目的无法实现的事由并不符合合同关于租赁用途的约定,法院不支持被告B公司主张。

被告B公司应承担违约之责任,按解除合同时的2个月租金的标准计算违约金为2,559,037.50元。关于租赁保证金,租赁保证金条款约定"甲方有权将该租赁保证金用于抵付乙方应承担的违约金或赔偿损失的部分",但违约责任条款约定"不予退还乙方缴纳的租赁保证金,且乙方还应向甲方支付相当于2个月租金的违约金",两条款约定有冲突,综合考虑后法院按有利于承租方的原则处理,即优先抵付违约金,故违约金余额为559,037.50元。

合同解除后,被告B公司应当向原告A公司返还租赁物。按合同约定"返还时双方应办理书面移交手续,否则视为乙方未移交租赁空地",因双方尚未办理书面移交手续,视为未完成移交,被告B公司仍需履行返还义务,原告A公司应当配合办理交接手续。据查明事实,该租赁空地基本空置(除了部分堆放金属材料),双方均未使用该地块,应当及时完成交接手续,以免扩大经济损失。2022年1月17日庭审中,被告B公司明确表示未控制该地块,且同意向原告A公司返还空地,故原告A公司随时可以接收、控制涉案地块。鉴于上述考虑,涉案租金及占有使用费应当足额计至庭审之日;此后,由于双方未积极办理交接手续,以及被告B公司若干金属材料未搬离,产生纠纷而导致地块空置的经济损失,应由原告、被告各承担一半。

原告A公司诉求逾期缴租违约金,由于合同已解除,被告B公司已承担根本违约之责任,足以弥补原告A公司该部分损失,根据公平原则,法院未支持原告A公司该部分诉求。

(三)律师评析

1.土地类租赁涉及地上建筑处置问题

上述案例中对此进行了明确约定:乙方应将租赁空地清扫干净,搬迁完毕,将临时建筑物全部拆除,并将租赁空地交还给甲方,如乙方逾期未拆除临时建筑物的,乙方还需将该临时建筑按现状随租赁空地一并移交给甲方,由甲方取得该临时建筑的所有权。这样的约定减少了因建筑物未约定处置方式导致纠纷的问题。

2. 因不可抗力或情势变更要求变更或解除合同的举证责任

上述案例中，承租人因新冠疫情，经营获益受到影响，申请减租，但是并未提供足够的证据证明其使用土地受到了影响。因此，出租人减免半个月的租金，承租人并不能以此不交或缓交租金。如果要求解除合同，则需要更充分的证据。上述案例中，承租人以涉案土地上临时建筑物被处罚，要求拆除，主张解除合同。该事由不属于不可抗力；相反，属于情势变更。承租人仅举证政府部门要求拆除临时建筑，是不足以支持承租人拥有解除权的。除非证明租赁土地的目的就是建设临时建筑并使用。现再次申请建设临时建筑或者临时使用延期得不到许可才是情势变更的重大事由，也是证明拥有解除权的最大因由。

3. 租赁合同解除后的返还问题

租赁合同发生纠纷被解除后，承租人怠于返还租赁物，放任租赁物处于无管理状态，进而引发租赁物是否已经返还的争议。租赁合同中约定返还租赁物的方式要件是必要的。上述案例中，正是由于在合同中对返还约定了必须双方签署的交接文件，可以明确判断是否完成交接，出租人方可进一步主张占用费。

4. 违反公平原则设置的违约责任

租赁合同中，如果设置了违约责任条款违反公平原则的，法院并不会支持。上述案例中，租赁合同中约定合同解除后未返还土地应支付双倍租金额度的占用费，并未得到法院支持。

十一、租赁期约定不明引发清租纠纷的典型案例[1]

（一）案情简介

2017 年 5 月 20 日，A 公司与 B 公司签订租赁合同，约定：A 公司将位于深圳市某区的 302 栋房产（以下简称涉案物业）出租给 B 公司使用，建筑物总层数为 5 层，月租金总额为 294, 793. 60 元。B 公司租用租赁房屋的期限自 2017 年 5 月 20 日起至 2018 年 5 月 19 日止。

同日，A 公司（甲方）与 B 公司（乙方）签订补充协议，约定：B 公司应在

〔1〕 参见广东省深圳市中级人民法院民事判决书，(2021)粤 03 民终 5670 号。

每月10日前缴交当月租金。经催缴若仍逾期拖欠租金达1个月或因B公司原因给A公司带来直接经济损失达294,783.60元以上的,A公司有权单方终止该租赁合同并无条件收回房屋,租赁保证金不予退还。如保证金不足以补偿A公司的经济损失时,依法进行追偿;B公司已知和确信A公司出租该协议项下的物业已纳入更新改造项目,将随时有拆迁行为,该物业出租属于短期临时出租。在合同期内当A公司更新改造需拆除该物业时,A公司可提前3个月书面通知B公司终止合同,3个月到期时,该物业租赁合同自行终止。B公司应在接到通知之日起自行清场撤离,在终止合同之日将物业交还甲方,无论B公司承租物业后进行装修或其他设备设施的投入,乙方都不得以此为理由向甲方提出任何补偿要求。补充协议第8条约定,结合该租赁物业已被纳入更新改造项目的实际情况,双方就租赁期限约定如下:(1)如深圳市房屋租赁合同书约定的租赁期限届满前租赁物业更新改造需拆除的,按该协议第6条约定执行;(2)如租赁合同约定的租赁期限届满后租赁物业暂未更新改造拆除的,租赁合同约定的租赁期限届满日自动顺延至租赁物业更新改造需拆除之日止,顺延时间、租金、支付方式双方按租赁合同的约定执行。

2018年2月27日,A公司发出302栋终止合同通知书签收单。2018年3月22日,B公司向A公司致函称:B公司于2018年2月28日收到终止合同通知书。B公司认为终止合同通知书严重违反了双方2017年5月20日签订的房屋租赁合同及补充协议的约定,A公司无权单方面终止合同,否则由此产生的一切法律责任由A公司承担。

2018年5月19日,A公司再次向B公司发出终止合同通知书,通知B公司在2018年5月19日合同到期时解除合同,请B公司在2018年5月19日前结清租金及水电等一切费用并搬离该房屋。逾期未搬离,A公司将按合同条款处理。

2019年1月9日,案外人深圳更新部门与案外人城市更新的市场主体就调整更新范围进行了沟通,并未最终确定更新范围。一审庭审时,A公司称目前仍无法确定涉案物业更新进度及改造拆除时间。

(二)处理结果

法院认为:租赁合同合法有效。而对于涉案房屋租赁合同是否构成不定期租赁合同的问题,法院认为,首先,依据涉案补充协议第8条的约定,如涉案租赁合同所约定的租赁期限届满后,租赁物业暂未更新改造拆除的,则涉案租赁合同约定的租赁期限届满日自动顺延至租赁物业更新改造需拆除之日止。该租赁合同约定的合同到期日为2018年5月19日。A公司在一审期间确认该期限届满后截至一审庭审之日,涉案物业仍未确定更新改造拆除的具体时间。且补充协议中约定,如与双方其他约定合同条款有冲突,应以补充协议条款为准。因此,涉案租赁合同的租赁期限应按补充协议的约定自动顺延至租赁物业更新改造拆除之日止。其次,A公司与B公司在签订租赁合同时,将租赁合同届满期约定为租赁物业更新改造需拆除之日,意味着当事各方对于涉案物业的更新拆除可能晚于2018年5月19日均有相应心理预期。因此,对于A公司合同到期解除合同的请求,法院不予支持。

(三)律师评析

1. 该案争议焦点是出租人是否有约定的解除权

租赁合同关于转租的约定是要求承租人备案,这说明出租人对于承租人转租是认可的,但要求纳入备案管理。这无法成为合同解除的条件,法院未予以认可。另外,法律并未规定以低于市场价租赁房屋的法律行为显失公平,相反,只要是合同主体真实的意思表示,都是受法律保护的。上述案例中,出租人基于自身考虑,以低于市场价水平出租房屋,并未基于误解、胁迫等法定行为导致的法定解除权的成就,也就无权解除合同,出租人解除租赁合同就属于违法解除,应承担违约责任。

2. 租赁期限既可以约定明确的日期,也可以以一定条件成就作为开始和解除的节点

上述案例中,租赁期满自动顺延至租赁物业更新改造需拆除之日的约定导致法院不认可该合同在租赁期满成为不定期租赁,也就不能依法终止租赁合同。但此种约定最终是否可以被认定为租赁期限约定清楚明确,可能存在裁量权上的偏差。

(四)案例延展

如果所涉出租物业可能纳入城市更新,在租赁合同中既可以设置解除

条件，也可以对租赁合同特别约定，使得租赁合同成为不定期租赁合同，方便出租人解除。当然，这样的约定也方便承租人解除。对于清租而言，设置不定期合同比较有利。另外，在签订合同时，建议不要设定这种有一个模糊时间节点的租赁合同，特别是租赁期限节点存在不确定性的既不利于确定合同终止时间，更不利于清租执行。

十二、承租人违约占有租赁物业引发的清租纠纷典型案例[1]

（一）案情简介

乔某为A单位员工，自1998年入住涉案房屋以来，间断性向A单位支付租金。1999年2月22日，乔某被辞退。2017年7月14日，A单位向乔某发出停电停水的告知函，后A单位分别在2017年7月20日和21日对涉案房屋停电、停水。2017年7月27日，A单位以乔某已被辞退及拖欠租金、水电费，以及涉案房屋所在楼宇属于严重损坏房，须参与城市更新，进行拆除为由向法院提起诉讼，要求确认其与乔某的房屋租赁合同关系已于2017年7月19日解除；乔某搬离涉案房屋及支付拖欠从1998年10月1日起的租金及水电费等。一审庭审中，在审两个案件的经办人已责令A单位在限期内先行恢复乔某居住房屋的用水用电，但A单位一直未予配合。

在上述诉讼审理期间，乔某在2017年9月8日对A单位提起诉讼。一审诉讼中，乔某称是A单位停水停电的行为侵害了其权利。

（二）处理结果

一审法院认为：水、电是人们生活必需品，任何单位及个人都不得擅自停水停电，剥夺公民使用水电的权利。A单位就涉案房屋使用问题的纠纷已向法院提起诉讼，其间当事人应当以正确态度对待纠纷，而不能采取过激不当的行为使得矛盾激化，并造成他人损失。A单位对涉案房屋的停水停电行为必须立即停止并恢复房屋的供水供电。乔某已是年迈老人，虽然所患疾病有其自己身体原因，但长时间的停水停电必然会影响当事人正常生活及引致焦虑等精神刺激，且诉讼期间法院多次责令被告先行恢复水电，被告均

---

〔1〕　参见广东省广州市中级人民法院民事判决书，(2018)粤01民终8607号。

不予配合,鉴于此,被告应酌情对乔某予以赔偿。

A 单位对一审判决不服,提起上诉。二审审理期间,A 单位解除租赁合同的诉讼法院支持了 A 单位的诉求,但是二审法院依然认为,对涉案房屋进行持续断水断电,拒不恢复,危及乔某的基本生活需要,以此迫使乔某及其同住人搬离涉案房屋,缺乏合法性、合理性依据,明显超出了自力救济的范畴、方式及限度,构成权利滥用。

(三)律师评析

在城市更新涉及住宅的清租纠纷中,采取断水断电的措施逼迫承租人离开,可能危害承租人的基本生活需要。在法院的价值判断中,人的生存权利当然高于经济价值,因此,即使存在租赁合同被解除,出租人有权要求承租人返还房屋的情况下,断水断电依然被认定为滥用权利。

(四)案例延展

上述案例中涉及住宅租赁中停水停电行为的侵权。那么在商业物业中的标准是否一致呢?上海市高级人民法院的已有案例[1]显示:在商业物业租赁合同终止或解除的过程中,出租人采取断水、停电的行为,要求承租人返还物业的,如是根据租赁合同约定而采取的行为,且事先告知了违约承租人,并给予了合理时间处置,出租人的行为不属于侵权行为,不应承担损失赔偿责任。

第三节　实 操 指 引

一、清租主体

在租赁合同中,出租人与承租人是合同主体。终止或解除合同,收回物业的清租工作本应是被搬迁人(出租人)的责任。然而,在城市更新过程中,搬迁人(市场主体)才是主导方,也是收回物业的最终利益相关方。所以搬

---

〔1〕 参见上海市高级人民法院民事裁定书,(2016)沪民申 940 号。

迁人一定不能置身事外。为了保障顺利清租,应主动而为,提前布局,做好应对措施,与被搬迁人一道完成清租问题,避免问题扩大化,促进签约。

二、清租工作一般步骤

搬迁人(市场主体)需要引导和配合被搬迁人提前做好布局,一般情况下,可以采用以下方式推进:

(1)协调好搬迁人与被搬迁人的关系,确定双方的职责,取得被搬迁人的相关授权,为清租工作做好准备。

(2)书面通知,保留证据。在城市更新进入实际执行阶段后,出租方和承租方的合同履行就进入了谨慎的阶段,任何承租人的违约行为,出租人均应严谨应对,书面通知、书面催缴、书面解除合同等行使权利的方式要到位,并形成证据,妥善保存。

(3)做好外部环境引导,建立纠纷调解机制。大部分清租纠纷是因承租人认为合同终止,让其遭受了损失却未获得补偿引发的。因此,在清租过程中,做好外部环境引导,让承租人合理合法提出诉求,并根据实际,对承租人提出的诉求做好分层级、分类别地调解。不能让部分人夸大损失赔偿数额,提高承租人不切实际的期望。

(4)以诉促清。诉讼是法律解决租赁合同纠纷的重要方式。在无法和解或调解的情况下,及时对符合法律规定的违法违约的承租人提起诉讼,也可以达到清租的目的。当然,诉讼程序可能导致时间的拖延,无法及时交付房屋,延误城市更新进程,也是需要考虑的重要问题。

三、搬迁人负责清租注意事项

若搬迁人(市场主体)负责清租事宜,由搬迁人、被搬迁人、承租人三方共同签订清租协议,清租协议的安排与履行需注意以下几点:

(1)应在协议中明确清租费用包含在搬迁人应支付给被搬迁人(出租人)的货币补偿款项内,搬迁人向承租人支付完毕后即视为被搬迁人已经收到该笔补偿款。

(2)清租的各项补偿金额及支付节点需约定清楚,建议部分补偿款在房屋搬迁移交完成后再进行支付,督促承租人完善搬迁移交工作。

(3)应注意签署清租协议的承租人与房屋租赁合同的承租人保持一致,

核验房屋租赁合同原件并在签署清租协议后将房屋租赁合同原件收回。

(4)需注意支付款项的收款人与承租人一致,并要求承租人、被搬迁人在每次收款后出具相应的票据。

(5)在清租协议中明确租赁关系解除的时间及搬迁移交的期限和标准,并设置相应的违约责任条款。

(6)由专业的财务、税务人员核实款项支付手续和收款票据,保障清租费用纳入项目开发成本。

(7)对于合同约定或者法律规定的应对承租人赔偿的事项,应在合理范围内与承租人协商解决,并给予合理赔偿。

四、被搬迁人负责清租注意事项

若被搬迁人(出租人)负责清租事宜,清租事宜的安排与履行需注意:

(1)完善租赁合同。清租的前提是租赁合同的存在。因此,在出租房屋时,出租人与承租人签订的租赁合同要特别关注如下几点:第一,将合同签订的背景予以明确,特别是租赁物业是否已经纳入城市更新、是否可能被拆除等信息。第二,设定明确的解除租赁合同的情形及责任承担,明确解除租赁合同的方式,以便在必要时可以解除租赁合同。第三,要明确约定违约和争议解决条款,以便在租赁合同发生违约和争议时采取措施。

(2)开始清租前,预先梳理租赁合同的效力、履行情况,对于解除或终止租赁合同进行法律上的论证。

(3)开始清租后,先通过搭建调解平台,分别约谈承租人,了解其诉求,包括搬离租赁房产存在什么困难、希望的补偿等。

(4)在充分了解租赁双方各自的问题和诉求后,需要先行判断双方就协商一致搬离的差异有多大,如果双方诉求基本一致或差异较小,建议尽快通过调解平台约谈租赁双方共同在现场达成协商一致解除租赁关系的方案,并签订协议书。

(5)如果在多次调解后仍不能达到解除租赁关系之目的,建议通过合法、合规的司法诉讼方式解决,以此促使承租人搬离租赁房屋,这也是拆迁清租过程中的一个重要的解决方式。

第五章 搬迁纠纷

本章讨论的搬迁纠纷，是指签订搬迁补偿协议后，市场主体履行搬迁补偿协议过程中产生的纠纷。由于城市更新会受各种因素影响，市场主体可能主动或被动违反搬迁补偿协议约定。本章将从城市更新搬迁纠纷表现形式、城市更新搬迁纠纷典型案例、实操指引三个方面对城市更新搬迁纠纷实务展开阐述。

第一节　城市更新搬迁纠纷表现形式

一、城市更新中搬迁纠纷的性质

城市更新搬迁补偿协议是多个物业权利主体转变为单一权利主体的主要方式。根据《深圳城市更新条例》第 28 条第 1 款、第 29 条第 1 款的规定[1]，搬迁补偿协议由市场主体双方平等自愿、协商一致订立，合同主体之间地位平等，并不具有强制性。因此，城市更新中的搬迁补偿协议是民事协议，城市更新搬迁纠纷是民事纠纷。搬迁人就是市场主体，被搬迁人也是物业权利人，都是民事主体。

二、城市更新搬迁纠纷表现形式

城市更新中的搬迁纠纷由市场主体原因或第三方原因引发。市场主体原因主要体现为市场主体拒绝接收旧有物业，迟延办理手续，延期竣工、交房和办证，未支付过渡安置费等行为的违约纠纷；第三方原因则表现为主张其合法权利或侵权行为导致的纠纷。

下文笔者将结合现实城市更新项目中出现的搬迁纠纷情况，对市场主体和第三方引发的搬迁纠纷的主要表现形式进行说明。

（一）因被搬迁物业移交引发的搬迁纠纷

如果说城市更新项目最大的投入是前期搬迁补偿费用，那么搬迁补偿协议签订后的最大痛点就是被搬迁物业的移交。市场主体与第三方引发的纠纷主要体现为以下两种：

1. 市场主体拒绝接收被搬迁物业引发的纠纷

可能不少人认为搬迁补偿协议签订后就可以高枕无忧了，被搬迁物业

[1] 《深圳城市更新条例》第 28 条第 1 款规定："拆除重建类城市更新单元规划经批准后，物业权利人可以通过签订搬迁补偿协议、房地产作价入股或者房地产收购等方式将房地产相关权益转移到同一主体，形成单一权利主体。"第 29 条第 1 款规定："拆除重建类城市更新项目的市场主体与物业权利人应当遵循平等、公平的原则签订搬迁补偿协议。"

的移交只是时间问题，但现实是，“关关难过关关过”。过了签约关，还有移交关在等着推进。按照搬迁补偿协议的一般规定，市场主体需要在一定期间接收物业，并支付过渡期安置费用。如果城市更新项目未能按预期推进，市场主体未能取得实施主体资格，那么接收了被搬迁物业不能完成拆迁工作，就会支付更多的过渡期安置费，造成市场主体改造成本的增加。市场主体就有动机在搬迁补偿协议约定的接收被拆迁物业时点拒绝接收。如果被拆迁物业交付不能达成新的约定，就可能发生纠纷。

2. 第三方原因导致无法移交被搬迁物业引发的纠纷

被搬迁物业的处分权虽然是由被搬迁人享有，但是如果被搬迁物业已经出租、抵押或设立居住权等，被搬迁物业可能由相应的承租人、抵押权人、居住权人等实际控制。此时，如被搬迁人无法自行厘清相应的经济利益关系，收回对物业的控制的，市场主体就面临被搬迁物业因第三方原因无法交付的问题。

（二）因为搬迁补偿标准不一引起的搬迁纠纷

在一个城市更新项目中，搬迁补偿标准需要做到“一把尺子量到底”。对相同类型的被搬迁物业按照统一的搬迁补偿标准进行补偿，否则容易引起补偿标准较低的被搬迁人的心态失衡。如若无法满足该部分被搬迁人的利益诉求，更新项目的推进度将受阻，甚至项目可能被迫流产。根据《民法典》第 151 条[1]的规定，如签署搬迁补偿协议标准显失公平的，被搬迁人有权撤销合同。现实纠纷体现为以下两方面：一方面，市场主体为取得更多利益，补偿标准高低不一致；另一方面，被搬迁人获知了该不公平补偿标准的事实后，认为显失公平，拒绝履行合同，要求撤销原搬迁补偿协议。

（三）因搬迁补偿协议约定不明或不合理引发的搬迁纠纷

1. 回迁物业的面积、用途不明确引发的纠纷

实践中，搬迁补偿协议约定的回迁物业面积与实际交付的回迁物业面积多少会存在一些偏差。不少市场主体对面积差异结算如何处理并未作约

[1] 《民法典》第 151 条规定：“一方利用对方处于危困状态、缺乏判断能力等情形，致使民事法律行为成立时显失公平的，受损害方有权请求人民法院或者仲裁机构予以撤销。”

定，或者约定为“按公允价值多退少补”。然而，该公允价值如何认定就见仁见智了。因此，在市场主体与被搬迁人就公允价值的认定存在不一致时，纠纷就出现了。另外，如果约定的返迁物业未明确用途，也可能导致后续无法达成一致，引起纠纷。

2. 回迁物业装修标准约定不明等引发的纠纷

回迁物业装修标准约定不明或者低于同项目其他销售物业的，就会引发纠纷。根据深圳关于装配式建筑发展的相关规定，到2025年，全市装配式建筑占新建建筑面积的比例将达到50%以上。因此，回迁物业装修交付的城市更新项目会越来越多。因装修标准约定不明或不一，被搬迁人拒绝配合办理回迁物业交付涉及的相关手续，进而产生纠纷。

3. 回迁物业涉及的税费承担约定不明引发的纠纷

不少人可能存在回迁物业过户登记至被搬迁人名下无须缴纳税费的错误观念，这导致搬迁补偿协议对于回迁物业税费承担未约定或约定不明时有发生。实际案例中，被搬迁人仍需缴纳回迁物业办证涉及的手续费、超面积部分（实际回迁物业面积大于约定回迁物业面积）涉及的契税、印花税等。因此，如后续回迁物业办理不动产权证需要缴纳的税费金额较大，但搬迁补偿协议却未约定税费承担，被搬迁人与市场主体极易发生争执，发生纠纷。

（四）因市场主体未履行搬迁补偿协议导致的搬迁纠纷

1. 政策原因或政府审批原因导致搬迁补偿协议履行不能引发的纠纷

城市更新是一个漫长的过程，需要经历立项、专项规划、实施主体确认、用地审批等阶段。一旦项目因政府审批或政策变动等原因在某一个节点停滞，市场主体无法推进搬迁补偿协议的履行，而被搬迁人长时间无法取得回迁物业。协议双方因合同无法履行产生纠纷，被搬迁人可能基于合同履行不能主张解除合同。

2. 市场主体无法与所有的被搬迁人签订搬迁补偿协议引发的纠纷

根据相关政策规定，市场主体获得项目开发权益的前提是与项目范围内的所有被搬迁人签订了搬迁补偿协议、厘清经济关系；如市场主体无法与项目范围内的所有被搬迁人签订搬迁补偿协议，则市场主体无法取得实施主体资格，进行房地产开发。以取得回迁物业为目的的被搬迁人，可能以合同履行不能主张解除合同，引发纠纷。

3. 市场主体不履行搬迁补偿协议的约定引发的纠纷

市场主体不履行协议的原因很多，既有主动性违约，也有被动性违约，主要体现为不完全履行支付过渡安置费、补偿费等费用，不按约定交付回迁物业。如果市场主体违约的行为没有免责事由，将会承担违约责任，引发纠纷。

第二节　城市更新搬迁纠纷典型案例

一、城市更新项目推进迟延导致搬迁协议解除的典型案例[1]

（一）案情简介

在 A 公司与胡某房屋拆迁安置补偿合同纠纷案件中，胡某是深圳市某小区别墅房屋的所有权人。2016 年 8 月 30 日，胡某就涉案房屋与 A 公司签署了《产权置换补偿协议》和《补充协议》，约定胡某以现有房屋的面积为基础，按一定比例置换 A 公司在政府批复的城市更新单元规划范围内新建的房屋，A 公司不提供周转房，但支付过渡期租金补偿费，以及搬迁补偿费、装修补偿费等费用。

2018 年 4 月，深圳市某城市更新单元计划公示，某小区被列入城市更新单元计划范围，但《某小区城市更新单元拟拆除重建范围示意图》并未将涉案别墅纳入城市更新单元计划范围之中，而是作为 A 公司接下来拟增补地块增补进更新计划范围。胡某遂向法院起诉，请求解除与 A 公司签署的《产权置换补偿协议》。

（二）处理结果

一审法院认为：该案为房屋拆迁安置补偿合同纠纷，争议焦点系胡某是否有权解除双方之间签订的《产权置换补偿协议》。首先，前述协议并未约定 A 公司履行义务的期限；其次，涉案协议限制了胡某对涉案房屋的买卖、抵押等物权的行使，且 A 公司直至通知胡某搬离涉案房屋无须支付任何对

---

〔1〕 参见广东省深圳市中级人民法院民事判决书，(2020) 粤 03 民终 12948 号。

价；最后，截至判决作出之日，前述协议已签订3年半有余，涉案房产并未被列入深圳市城市更新单元计划，被拆迁人成为搬迁补偿安置的权利主体更无从谈起，A公司亦未提交任何证据证明前述协议中可以得到履行。综上所述，胡某签订涉案合同时，对涉案房屋拆除重建具有合理期待，但从涉案合同的实际履行情况看，胡某并不能实现前述合同目的，其主张解除涉案《产权置换补偿协议书》，有事实和法律依据，一审法院予以支持。

二审法院认为：本案中，涉案《产权置换补偿协议书》未约定履行期限，但协议签订至今已近4年，A公司未能提交证据证明涉案的某小区别墅区纳入城市更新单元计划，导致胡某的合同目的不能实现，亦影响了胡某对涉案房产行使处分权，胡某要求解除协议的请求具有事实和法律依据，应予以支持。

（三）律师评析

城市更新是一个漫长的过程，需经历立项、专项规划、实施主体确认、用地审批等阶段。市场主体如按城市更新正常流程推进，专项规划获得审批后再行签订搬迁补偿协议，无疑会拉长整个项目开发时间。因此，实践中出现了市场主体在更新单元纳入城市更新计划之前，就与被拆迁人签订搬迁补偿协议的情形。市场主体与被拆迁人就被拆迁房屋签订搬迁补偿协议之后，被拆迁房屋未被纳入城市更新单元计划，被拆迁人请求解除协议的，能否得到法院支持？该案中，A公司与胡某之间的搬迁补偿协议之所以能解除，就是因为A公司未能秉持诚信推进涉案项目。至于涉案项目推进延迟的原因是否为A公司过错，都与胡某无关，风险当然只能由A公司承担。

（四）案例延展

笔者认为，在签订和履行搬迁补偿协议过程中，市场主体可能面临多种阻碍城市更新项目推进的风险。

1. 项目立项风险

项目立项过程中可能出现的问题主要包括合法比例不足、历史遗留违法建筑物业权利人核实、政府审批尺度，以及项目相关规划不符合规定需调整等。这些问题会导致立项困难。市场主体为了节省成本，在签约完成后往往仅会给予签约奖励，而不会支付诸如临时性建筑物及构筑物补偿、空地补偿等货币补偿。如签约完项目长时间不能立项，将可能导致被搬迁人解除搬迁补偿协议的风险。

2. 项目专项规划申报过程中的风险

项目专项规划申报过程中，土地用途是有改变可能的。土地用途不同，将会导致市场主体获取的利益不同。2021年7月9日，深圳市规自局发布的关于公开征求《关于进一步加大居住用地供应的若干措施》（暂未生效）意见的通告第6条规定："加大新增用地保障力度的规定：科学合理、分类分批将储备土地中的发展备用地、商业用地等调整为居住用地"。如果落实，商用地调整为居住用地更加有操作性。市场主体就会在专项规划通过审批的城市更新项目中，考虑调整更新方向的可能，就可能导致搬迁补偿协议履行遥遥无期。

深圳市前海合作区人民法院审理的Z公司等（搬迁人）与Y公司房屋拆迁安置补偿合同纠纷案[1]中，Y公司诉Z公司要求解除双方签署的搬迁补偿协议，而Z公司答辩称：项目的更新改造出现延误不是被告的原因导致，目前项目经过被告Z公司的努力已经基本符合申报条件，项目的更新申报除了时间问题，没有别的障碍，并不是原告Y公司所说的无法履行。该案的发生系因政策变化：政府将DY08控制单元的城市更新政策由原来的整体规划、整体申报变更为六个子单元的规划，每个子单元单独申报，该变更导致了被告Z公司签订搬迁补偿协议时无法预见的后果，根据搬迁补偿协议书的约定，被告Z公司无法按照协议原约定的时间交付回迁安置房并不属于原告Y公司可追究被告Z公司违约责任的合理事由，被告Z公司并不存在违约行为。但因Z公司无法举证，导致法院并不支持Z公司的观点。上述专规的不确定性，有可能是市场主体有意为之，也有可能是政府审批问题，这些都可能造成整个城市更新时长的增加，从而增加被搬迁人解除搬迁补偿协议的风险。

3. 其他业主不签订搬迁补偿协议的风险

根据《深圳城市更新条例》第28条的规定，城市更新需取得实施主体确认，必须就该项目范围内与100%的被拆迁人签订搬迁补偿协议。但拆赔难问题、"钉子户"问题，是每个城市更新项目均会遇到的问题，也势必将导致

---

〔1〕 参见广东省深圳市前海合作区人民法院民事判决书，(2019)粤0391民初2905号。

搬迁补偿协议的履行困难。

二、市场主体主动解除搬迁补偿协议的搬迁纠纷典型案例[1]

（一）案情简介

2017 年 3 月，A 公司与邓某签署了《城市更新单元改造拆迁补偿安置协议书》，约定：(1) A 公司（拆迁人、甲方）拟拆迁邓某（被拆迁人、乙方）房屋总面积 214.8 平方米；甲方对乙方拟拆迁房屋采用产权置换与现金补偿相结合的方式进行补偿。现金补偿方式为临时建筑及附属物现金补偿 4253.7 元、搬家补助 17,184 元、过渡费 5370 元/月，过渡期为乙方将拟拆迁房屋及权属证明原件交付给甲方且甲乙双方签署《房屋移交确认书》之日起，至甲方将回迁安置房交付给乙方之日止。过渡期暂定 40 个月，从第 41 个月起，过渡费上浮 50% 支付至甲方将回迁房屋交付给乙方之日，回迁安置房交付期限为项目取得施工许可证后 40 个月，届时仍未交付，则过渡费上浮 100% 支付。(2) 乙方保证其民事行为能力没有受到限制，乙方保证对被拆迁房屋拥有明确、完整的房屋产所有权，不存在任何产权纠纷，若因上述事项造成甲方损失的，乙方应赔偿甲方全部经济损失。(3) 甲、乙双方不得违反本协议约定。如因任意一方违约造成对方遭受损失的，违约方须承担相关赔偿责任并赔偿损失。甲方未按协议约定向乙方支付相应补偿补助款项的，每逾期一日，甲方应按应付而未付金额的 1‰ 向乙方支付违约金。乙方违反该协议之约定，自行拆除加建拟拆迁房屋的对应改变现状而增加的部分或增加的费用，甲方不予补偿，给甲方造成损失的，乙方应予赔偿；乙方将房屋转让或新设抵押、查封的，应双倍返还甲方支付的所有现金补偿款项，并承担全部的经济和法律责任。(4) 若第三方对拟拆迁房屋提出权利主张的，乙方应负责解决和处理与第三方的权属争议。在权属争议未妥善及完全解决之前，甲方有权暂停支付现金补偿款项，由此造成甲方损失的，乙方应当负责赔偿。

协议签订后，邓某与 A 公司签署了《房屋移交确认书》，由 A 公司向邓某支付附属物补偿、搬家补助、首期过渡费、签约奖励金等 75,137.7 元，半年

[1] 参见广东省深圳市中级人民法院民事判决书，(2020) 粤 03 民终 11678 号。

过渡费32,220元,上述款项支付至邓某在中国工商银行平湖支行尾号某账户中。2017年3月,A公司向邓某支付了附属物补偿、搬家补助、首期过渡费、签约奖励金等共计75,137.7元。2017年7月,A公司向邓某支付了2017年7月到12月的过渡费32,220元。案件审理时涉案房屋已被拆除。

A公司提供了涉案房屋的村镇住宅建筑许可证、《镇建设项目报建表》、《宝安县[1]居民(私人)兴建住宅用地批准通知书》,显示涉案地块房屋报建人为案外人刘某。涉案房屋在《某区城市更新拆除范围内无产权登记记录的土地房屋权利人申报认定核查表》中载明的权利人为邓某。深圳市股份合作公司于2019年12月向A公司出具的核查结果显示,涉案协议的申报人与该村留档历史资料记载权利人不一致。邓某称,涉案房屋所在土地是其向刘某家庭购买并以刘某名义办理报建手续,邓某支付了购地款后实际出资兴建了涉案房屋。邓某提供了深圳市某区某村民委员会于2003年2月出具的《区镇历史遗留违法私房资料报送回执》,该回执显示的提供人为邓某;并提供了深圳市国土资源和房产管理局出具的《深圳市区国土基金缴款通知单》,该单显示的缴款人为邓某。邓某确认未按照规定缴纳罚款和补缴地价款,也未办理房屋登记手续。

A公司认为,邓某并非涉案被拆迁房屋的权利人,邓某系以欺诈的手段使A公司在违背真实意思的情况下与其订立合同,请求法院撤销邓某与A公司签订的《深圳市城市更新单元改造拆迁补偿安置协议书》,并偿还已支付的房屋拆迁补偿款及过渡费。

(二)处理结果

一审法院认为:该案的争议焦点是邓某与A公司签订的《城市更新单元改造拆迁补偿安置协议书》是否合法有效。

A公司主张邓某并非涉案被拆迁房屋的权利人,认为邓某以欺诈的手段使A公司在违背真实意思的情况下与其订立合同。A公司提供的涉案房屋的建设许可证和建设项目报建表虽显示申报人为案外人刘某,但邓某亦提供了其作为权利人的历史遗留违法私房资料报送回执及国土部门出具的土

[1] 现为深圳市宝安区。

地补缴通知,并对涉案房屋产权来源进行了说明。A 公司在签订协议书后与邓某办理了房屋移交确认书,并将涉案房屋拆除。邓某与 A 公司经协商一致,签订涉案《城市更新单元改造拆迁补偿安置协议书》。该协议书是双方真实意思表示,不违反法律法规的禁止性规定,应为合法有效。现涉案房屋并无案外人对房屋产权提出争议,也无证据证明邓某与 A 公司签订拆迁补偿安置协议书时存在欺诈行为。A 公司以此为由要求撤销与邓某签订的协议书并要求邓某返还已支付的拆迁补偿款及过渡费,缺乏事实和法律依据,法院不予支持。

邓某已将涉案房屋交付 A 公司进行拆除,已按照协议履行了相关的义务,A 公司应按照约定向邓某支付补偿款。A 公司已向邓某支付了 2017 年 12 月的房屋拆迁补偿款及过渡费,之后的房屋拆迁补偿款及过渡费未支付,按照双方的约定,A 公司应当向邓某支付。

二审法院认为:该案为房屋拆迁安置补偿合同纠纷。根据 A 公司的上诉请求和理由,二审争议的焦点在于,邓某与 A 公司签订的《城市更新单元改造拆迁补偿安置协议书》是否为可撤销合同。

A 公司认为,邓某以欺诈的手段使 A 公司在违背真实意思的情况下与其订立协议书。虽然 A 公司提供了涉案房屋的村镇住宅建筑许可证、《平湖镇建设项目报建表》、《宝安县居民(私人)兴建住宅用地批准通知书》,显示涉案地块房屋报建人为案外人刘某。但涉案房屋在《某区城市更新拆除范围内无产权登记记录的土地房屋权利人申报认定核查表》中载明的权利人为邓某,邓某亦提供了其作为权利人的历史遗留违法私房资料报送回执及国土部门出具的土地补缴通知,并对涉案房屋产权来源进行了说明。且根据法院二审查明的情况,生效判决已经驳回了刘某的全部诉讼请求,确认邓某是涉案被拆迁房屋权利人。此外,A 公司并未提供证据证明邓某存在欺诈行为,应当承担证明不能的不利后果,其关于邓某以欺诈的手段使其在违背真实意思的情况下与邓某订立协议书的主张,二审法院不予采信。一审法院认定 A 公司以此为由要求撤销与邓某签订的协议书并要求邓某返还已支付的拆迁补偿款,缺乏事实和法律依据,不予支持,处理正确,并无不当。A 公司在签订协议书后与邓某办理了房屋移交确认书,邓某已将涉案房屋交付 A 公司进行拆除,已按照协议履行了相关的义务,A 公司应按照约定向邓某支付补偿款及违约金。一审法院对补偿款及违约金的具体金额核算正确,二审法院予以确认。

(三)律师评析

该案中,A公司以邓某使用欺诈的手段使A公司在违背真实意思的情况下与其订立协议书为名,要求撤销与邓某签订的《城市更新单元改造拆迁补偿安置协议书》。A公司主要担心邓某并非涉案被拆迁房屋的权利人,而该案中,邓某所持的被拆迁房屋为无证物业。A公司基于权利人身份的不安而主动引发纠纷,这种方式有一定的合理之处,但实践中,并非所有的市场主体都会采取此种行为来解决该问题。一方面,搬迁补偿协议的签署不易;另一方面,并非所有的证据都指向签约主体不适格。市场主体只需暂停履行协议,要求异议人与签约主体就权属协商一致,或者待异议人的异议获得司法确认后,再行解除搬迁补偿协议,才是较为合适的处理方式。

(四)案例延展

在城市更新项目中,由于项目历史遗留问题诸多,产权多次流转且不规范,产权登记不完善,房屋价值不断提高等因素影响,与城市更新项目有关的补偿安置主体纠纷频繁发生。目前在司法实践中大多采取"先行政后司法"的纠纷解决策略,充分发挥行政机关的专业优势,有利于查清事实、解决纠纷。但是对市场主体来说,权利纠纷涉及行政机关介入,往往对城市更新进展产生较大的阻力和影响,极大地拖延了确权时间和成本。这不利于更新进度的推进。

因此,对市场主体来说,在搬迁补偿安置中通过合理方法进行真实确权,就显得尤为重要。与正确的权利人签订规范的搬迁补偿协议,完善权利手续,能大大提高城市更新项目的进展速度和工作效率。

另外,市场主体在发现被搬迁人存在任何可能损害搬迁补偿协议履行或者损害自身利益时积极主动采取不安抗辩,甚至提起诉讼,都是引发纠纷的事由。

三、第三方对物业权属提出异议引发纠纷的典型案例[1]

（一）案情简介

张某甲为深圳市某物业（以下简称涉案房屋）的产权申报权利人，于2011年与A公司签订了搬迁补偿协议。张某主张，涉案房屋是张某和张某甲的祖屋，张某持有土地改革时的土地证，载有张某母亲何某甲的名字，张某是何某甲的女儿，是涉案房屋的共有权利人之一，其于2017年才看到深圳经济特区回迁房入伙公告内容："××花园一期1、2、3、4号楼已竣工验收合格，要求黄贝岭旧村改造回迁业主在2017年12月办理入伙手续"，才发现其父母张某光、何某甲留在黄贝岭旧村的涉案房屋也属拆迁之列，遂与负责拆迁的A公司、C股份公司交涉，认为A公司、C股份公司签订的拆迁补偿安置协议遗漏了产权所有人，该协议当属无效。为此，张某诉至法院，请求判令张某甲与A公司、B公司、C股份公司就涉案房屋订立的搬迁补偿协议无效。

（二）处理结果

一审法院查明，涉案房屋并非市场商品房，经有关部门确认该房屋的权利人为张某甲后，A公司与张某甲于2011年7月签订涉案拆迁补偿安置协议。

一审法院认为，张某要求确认涉案房屋所订立的拆迁补偿安置协议无效，实际为要求确认张某为涉案房屋的共同权利人。张某的诉讼请求所涉及的纠纷不属于法院受理民事诉讼的范围，当事人应当另循法律途径解决。故裁定驳回张某的起诉。

张某不服一审裁定，提起上诉。

二审法院认为，上诉人张某请求确认张某甲与A公司签订的拆迁补偿安置协议无效，依据是张某为涉案房产的权利人。因涉案房产未办理产权登记，如果当事人对涉案房产及其所处的宅基地主张权利，其应根据《土地管理法》第16条的规定，先行向政府主管部门申请对涉案房产及宅基地的

---

〔1〕 参见广东省深圳市中级人民法院民事判决书，(2019)粤03民终8536号之一。

权属进行认定，之后各方当事人之间如就涉案房产存在纠纷，可再向法院起诉。在行政机关作出相应处理前，该案纠纷不属于法院的受案范围，原审法院驳回起诉的处理正确，二审法院予以维持。

（三）律师评析

搬迁补偿协议的签约方之外的第三方对于搬迁补偿协议存在利益的，都有可能对搬迁补偿协议提出利益主张。上述案例中，张某自认是物业的共有权利人。那么其当然有权获得搬迁补偿协议所获得利益。因此，其以该协议无效提起诉讼，进而引发纠纷。但是由于涉案违法建筑的权属问题不属于法院管辖范围，以此为由提出的诉讼，深圳已有的司法案例中一般都会被驳回。而且，该类第三方引发的，以权属争议为由的搬迁纠纷，存在于城市更新的整个过程中，是市场主体和权利人都需面对的问题。

（四）案例延展

实务中，第三人可能通过请求物权确认、拆迁补偿、排除妨害、财产损害赔偿等案由请求法院维护其权利。但是，很多情形因涉及对房地产权利的确权主张而被驳回起诉。以下笔者将列举几种案例情形：

情形一，提起的诉讼案由为所有权纠纷，诉请将房产确认归其所有，但涉案房屋至今尚未取得产权证明，属于未取得建设工程规划许可证或未按照建设工程规划许可证的规定建设的房屋。根据《城乡规划法》第 64 条的规定，未取得建设工程规划许可证或者未按照建设工程规划许可证的规定进行建设的，由行政主管部门先行处理。最高人民法院发布的 2011 年《全国民事审判工作会议纪要》（法办〔2011〕442 号）、《第八次全国法院民事商事审判工作会议（民事部分）纪要》（法〔2016〕399 号）第 21 条等司法政策文件亦多次强调，对于未取得建设工程规划许可证或者未按照建设工程规划许可证规定内容建设的违法建筑的认定和处理，属于国家有关行政机关的职权范围。因此，在行政机关对涉案房产作出处理前，法院不应当对涉案房屋的权属以及内容进行判决，此种情形下法院会裁定驳回起诉。待行政机关作出处理后，当事人如就涉案房屋仍有民事争议，可另行提出诉讼。

情形二，提起的诉讼案由为排除妨害，但实则为对房地产权利的确权主张。因有关土地的使用审批权力由政府行政机构行使，涉案权利应先向政府有关行政机构申报、确认，而不应向法院提起民事诉讼。此种情形下法院依然会裁定驳回起诉。

情形三，提起的诉讼案由为房屋拆迁安置补偿合同纠纷，诉请对加建部分房产进行拆迁安置补偿，但实则为对加建部分房地产的权属确认。由于涉案房产加建部分的权属应由行政主管部门根据房产的权属状况确定，不属于法院诉讼受案范围，此种情形下法院依然会裁定驳回起诉。

情形四，提起的诉讼案由为财产损害赔偿纠纷，原告主张其是涉案土地的合法使用权人，并据此主张损害赔偿。因涉案土地属于集体土地，根据《土地管理法》第 10 条的规定，国有土地和农民集体所有的土地，可以依法确定给单位或者个人使用。根据《土地管理法》第 14 条的规定，土地所有权和使用权争议，由当事人协商解决。协商不成的，由人民政府处理。原告若未提供证据证明其是涉案土地的合法使用权人，在未被确认为涉案土地的合法使用权人前，其不具有起诉的主体资格。此种情形下法院依然会裁定驳回起诉。

四、原物业被出售给第三人引发的搬迁纠纷典型案例〔1〕

（一）案情简介

2003 年，林某作为物业权利人对涉案房产进行了深圳市某区处理历史遗留违法私房的申报。2006 年，位于深圳市某区西乡街道号的私宅 1 栋经核准登记在林某名下，房地产证号为深房地字第 × × 号，不动产权资料电脑查询结果表载明土地所有权来源为集体所有。

2013 年，林某与李某签订《房屋转让协议》，约定：林某自愿将位于某区西乡街道号房产转让给李某，建筑面积为 × × × 平方米，房屋转让金额为 × × × 万元，办理相关手续所需费用均由李某负责，李某必须在签订该协议当日一次性支付购房款，林某收款后必须开具收据；如果遇到政府或有关部门征收，所有赔偿款全归李某所有，与林某无关，但林某应协助李某办理有关手续；如果以后能够办理产权过户手续，林某应无条件协助办理，但所需费用全由李某负担；该协议签订后，任何一方不得悔约，如果李某悔约，悔约方

〔1〕 参见广东省深圳市中级人民法院民事判决书，（2018）粤 03 民终 1718 号。

应支付守约方违约金 10 万元。李某已经于 2013 年支付了全部房屋转让款，且林某当日将涉案房产交付李某，交付后一直由李某使用。

2014 年，林某隐瞒已出售房屋的事实，与 A 公司签署搬迁补偿协议，约定了采取物业安置和货币补偿两种补偿方式。2016 年 3 月 A 公司确认为实施主体，2016 年 4 月，李某对林某的搬迁补偿协议提出异议，A 公司停止履行搬迁补偿协议，要求林某处理相关纠纷。林某在 2016 年 6 月向法院提起诉讼，请求确认《房屋转让协议》无效。

根据原深圳市规土委宝安管理局出具的《市规划国土委宝安管理局关于 A107 - 宗地业务咨询的复函》称："根据《深圳市宝安龙岗两区城市化土地管理办法》[2004]102 号第二条，根据《中华人民共和国土地管理法实施条例》的相关规定，两区农村集体经济组织全部成员转为城镇居民后，原属于其成员集体所有的土地属于国家所有"，"根据《关于进一步加快宝安区处理历史遗留违法私房及生产经营性违法建筑处理工作的意见》（深宝府[2006]19 号）第 12 条第（5）款，对原村民一户一栋私房的土地性质，变更为国有，土地来源为划拨，不确定使用年限。"以上事实，有《深圳市宝安区处理历史遗留违法私房申报表》、房地产证、《不动产权资料电脑查询结果表》、《房屋转让协议》、收条、银行支付结算业务委托凭条、客户回单、《市规划国土委宝安管理局关于 A107 - 宗地业务咨询的复函》等证据和庭审笔录予以证实。

（二）处理结果

一审法院认为：本案属于房屋买卖合同纠纷。本案中，虽然《不动产权资料电脑查询结果表》载明土地所有权来源为集体所有，但根据《市规划国土委宝安管理局关于 A107 - 0932 宗地业务咨询的复函》可知，深府〔2004〕102 号文第 2 条规定，"根据《中华人民共和国土地管理法实施条例》的相关规定，两区农村集体经济组织全部成员转为城镇居民后，原属于其成员集体所有的土地属于国家所有"，《关于进一步加快宝安区处理历史遗留违法私房及生产经营性违法建筑处理工作的意见》第 12 条第 5 款规定，原村民私房土地变更为国有的，土地来源为划拨，不确定使用年限。由此可见，涉案土地涉案房屋的转让按上述规定从土地的性质角度看并不违反法律和行政法规的强制性规定。虽然涉案房产目前尚不符合立即办理过户条件，但原告、被告关于办理过户手续的约定是以符合过户条件为前提，即虽然房产现阶段无法通过办理过户手续的方式进行物权转移，但并不影响涉案《房屋转让协议》本身的合同效力。综上所述，现林某以涉案《房屋转让协议》违反法律规定为由主张确认协议无效，缺乏事实和法律依据，一审法院不予支持。另林某于2013年4月将涉案房屋转让给被告，现房产市场价值已经发生了较大变化，李某基于对林某以及双方合同行为的合理信赖，对涉案房产进行了装修等投入，并将对涉案房产的使用作为其购置房产需求的重要指标，作为合同的签订方和履行方，原告、被告在行使权利、履行义务方面均应当遵循诚实信用原则。

一审判决作出后，林某提起上诉。二审法院判决驳回上诉，维持原判。

（三）律师评析

笔者针对上述案例，提出以下两点简单分析意见：

1. 原农村宅基地经过“两规”处理后，其性质已由农村集体所有土地转为国有土地

《土地管理法》第5条规定：“国务院自然资源主管部门统一负责全国土地的管理和监督工作。县级以上地方人民政府自然资源主管部门的设置及其职责，由省、自治区、直辖市人民政府根据国务院有关规定确定。”第16条第1款规定：“下级土地利用总体规划应当依据上一级土地利用总体规划编制。”即土地的所有权归属应由政府自然资源管理部门认定。

原深圳市规土委宝安管理局在上述案例中明确，宝安区原农村私宅通过“两规”处理，根据《关于进一步加快宝安区处理历史遗留违法私房及生产经营性违法建筑工作的意见》的规定，原村民一户一栋私房的土地性质已经变更为国有。

2. 非市场商品房的房屋买卖合同虽然不能办理物权变更登记手续，但并不当然无效

根据《民法典》第215条的规定[1]，非市场商品房在转让时受到限制，

---

〔1〕《民法典》第215条规定：“当事人之间订立有关设立、变更、转让和消灭不动产物权的合同，除法律另有规定或者当事人另有约定外，自合同成立时生效；未办理物权登记的，不影响合同效力。”

在限制条件取消前，无法办理房屋所有权转移登记。如果不能办理房屋所有权转移登记，房屋买卖合同约定的过户手续无法办理，可能会影响合同的全面履行，但并不影响房屋买卖合同的效力。

五、搬迁补偿权益转让第三方引发的搬迁纠纷典型案例[1]

（一）案情简介

2010年3月，郭某甲（丙方）与A公司（乙方）、B公司（甲方）签订了合同编号为C3－080的《安置补偿协议》。合同中载明丙方可获得回迁自住区A区的住宅建筑面积共计1430平方米。2014年9月，秦某甲（受让人、乙方）与郭某甲（转让人、甲方）、刘某甲（见证人、丙方）签订了《某区某旧村村民物业拆迁安置补偿收益转让协议》，合同约定：

甲方向乙方转让甲方所有的某区某旧村村民物业，坐落位置为某村，合同编号为C3－080号，转让其中建筑面积为175平方米的物业；甲方现将其按深圳市某区某旧村整体改造项目公示的搬迁补偿协议标准所取得的上述该物业面积175平方米拆迁补偿收益转让给乙方，但该物业的搬迁补助费、按时签约奖励仍归原业主所有，转让价格按该协议第1条该物业的转让建筑面积计算，转让总价为600万元；在该协议签订后，乙方向丙方账户支付600万元。甲方保证该房屋不存在抵押、产权纠纷等权利瑕疵，如有此类纠纷情形，导致乙方经济损失的，甲方应该承担全部赔偿责任和违约责任。在甲方办理完房产手续后，甲方应无条件协助过户到乙方或乙方指定人名下（办理过程一切费用由乙方负责）。丙方组织协调甲乙双方签约和履行合同过程中的一些问题，同时为甲方因履行该合同而产生的法律责任承担连带责任。在产权确权以后，任何一方不得单方违约，否则除赔偿对方所遭受的全部损失外还应支付给对方违约金。乙方所获得的175平方米补偿物业为毛坯房，位于回迁自住A区，具体房号及位置由甲方代表双方按规定选房，该补偿物业按规定仍只能登记至甲方名下，税费则由A公司承担，甲方可按照乙方要求将该物业代为出售并将房款全部交给乙方；若乙方提出物业登记至乙方或第三人名下，则过户税费由乙方全部承担。

---

〔1〕 参见广东省深圳市中级人民法院民事判决书，(2018)粤03民终10838号。

秦某甲提交了其招商银行尾号为0088的银行卡交易流水，显示秦某甲已经按约付清房款共计600万元。2015年1月，郭某甲以业主身份签署位于深圳市某区某花园某室（涉案房产）的承诺书，确认遵守A公司制定的《某城市花园临时管理规约》。秦某甲提交了涉案房产的物业管理公司即C公司出具的涉案房产2015年3月至5月的物业管理费的收款收据，并提交秦某甲尾号为1374的银行卡交易流水，显示其每月向该物业管理公司支付物业管理费、电费。秦某甲提交了物业管理公司印发的涉案房产2015年12月至2016年11月的某花园收费通知单，显示涉案房产的业主姓名为郭某甲，托收扣款的银行账号为上述秦某甲的尾号1374银行账号。2016年11月，C公司出具居住证明，证明现有秦某甲为涉案房产业主，与其家人入住某城市花园3栋B座4层A室。某城市花园物业服务中心可证明以上情况属实，该证明仅供业主办理深圳居住证使用。

一审庭审中，秦某甲确认涉案房产至今由其占有使用；郭某甲、刘某甲表示不清楚谁在使用涉案房产。秦某甲提交了深圳市某区城市更新局盖章的《分户汇总表》，显示涉案房产的权利人为刘某甲。刘某乙提交了其户口簿及结婚证，证明其与郭某甲系夫妻关系。

对于2010年3月郭某甲（丙方）与A公司（乙方）、B公司（甲方）签订的合同编号为C3－080的《安置补偿协议》，各方当事人均对协议的真实性予以确认。一审庭审中，郭某甲和刘某甲确认，郭某甲与刘某甲系母子关系，刘某乙系郭某甲丈夫，即刘某甲父亲。另查，中国法律服务（香港）有限公司转递司法部委托相关律师办理内地使用的公证文书显示，秦某甲的家庭成员为秦某甲及其配偶葛某甲、女儿葛某乙；深圳市不动产权登记中心出具了以上三人的《不动产信息查询结果单》，载明秦某甲三位家庭成员在深圳均无有效房产登记。

（二）处理结果

一审法院认为：秦某甲与郭某甲、刘某甲签订的《某区某旧村村民物业拆迁安置补偿收益转让协议》系各方当事人的真实意思表示，没有违反法律、行政法规的强制性规定。对上述协议的效力，法院予以确认。各方当事人均应按照协议约定，诚实信用地履行各自的义务。本案的争议焦点为涉案房产是否应过户至秦某甲名下。对此，一审法院分析如下：

首先,从本案各方当事人签订的转让协议的内容和本意来看,郭某甲、刘某甲(见证人)对于以600万元对价向秦某甲转让涉案175平方米旧改拆迁补偿物业系自愿同意;而郭某甲在签署转让协议后又将涉案房产权利人在《分户汇总表》中登记为刘某甲,可见郭某甲、刘某甲已违反转让协议约定。其次,从各方当事人的关系来看,郭某甲与刘某甲系母子关系,而刘某乙系郭某甲配偶,亦为刘某甲父亲;在涉案转让协议于2014年已签署的情况下,刘某乙作为郭某甲、刘某甲家庭成员,从未对于涉案房产的转让协议提出异议,现其主张反对涉案房产转让,应承担举证不能的法律后果。最后,从涉案协议的履行及房产实际占有使用情况来看,秦某甲已按时支付购房款600万元,郭某甲已足额收取该款项;且秦某甲提交了充分有效的证据证明其一直占有使用涉案房产。

综上所述,秦某甲与郭某甲之间形成购买涉案房产的买卖合同关系,在郭某甲已将房屋交由秦某甲使用的情况下,秦某甲已支付全部购房款且具备购房资格,秦某甲有权要求郭某甲将涉案房产过户登记至秦某甲名下(过户登记的相关税费应由秦某甲自行承担)。鉴于郭某甲还未办理涉案房产的房产证书,而涉案房产已具备办证条件,故应先由A公司按其与郭某甲签订的《深圳市某区某旧村改造项目村民物业搬迁补偿协议》(合同号:C3-080)的约定为郭某甲办理涉案房产的房地产证书,再由郭某甲将涉案房产过户登记至秦某甲名下。秦某甲提出的其他诉请无事实或法律依据,一审法院对此依法不予支持。

二审法院认为:秦某甲在二审中提交了一份刘某甲签署的确认书,确认涉案房屋系秦某甲所有,并愿意协助将涉案房产过户给秦某甲。二审法院认为,秦某甲(受让人、乙方)与郭某甲(转让人、甲方)、刘某甲(见证人、丙方)签订的《某区某旧村村民物业拆迁安置补偿收益转让协议》合法有效,各方应当依约履行。秦某甲上诉称涉案房产在土地管理部门的备案材料中预登记在刘某甲名下,请求在判决中确定刘某甲的义务。对此,二审法院认为,虽然深圳市某区城市更新局盖章的《分户汇总表》中,刘某甲是涉案房产的分户登记权利人,但该登记并不产生权利公示的法律效力,也不构成涉案房产产权由市场主体转移登记至郭某甲名下的障碍,因此,一审判决首先将涉案房产由A公司过户至郭某甲名下并无不当。二审中,刘某甲出具确认书同意协助将涉案房产过户至秦某甲名下,在秦某甲需要刘某甲协助时,刘某甲应当予以配合。秦某甲在二审中自愿撤回第二项、第三项上诉请求,并自愿承担一审、二审案件受理费和保全费,该行为不损害国家、集体或者他人的合法利益,二审法院予以准许。综上所述,秦某甲的上诉理由不能成立,二审法院不予支持。原审判决认定事实清楚,适用法律正确,二审法院予以维持。

(三)律师评析

上述案例中,主要涉及搬迁补偿权益转让合同是否有效,以及搬迁补偿权益涉及的房产过户登记如何处理的问题,笔者做如下两点分析:

(1)关于搬迁补偿权益转让合同是否有效问题。拆迁补偿权益转让合同如属双方真实意思表示,且并未违反法律、行政法规的强制性规定,在不存在其他导致合同无效的事由的情况下,该合同应为合法有效。在审判案件中,有案例以搬迁补偿权益转让行为违反了《城市房地产管理法》第38条第6项的规定,未依法登记领取权属证书的房地产不得转让为由,认为搬迁补偿权益转让合同应为无效。但是,法院认为,虽然《城市房地产管理法》第38条第6项规定了未依法登记领取权属证书的房地产不得转让,但未明确规定违反该条款的行为即无效,故该条款的规定并非效力性强制性规定。

(2)关于搬迁补偿权益涉及房产过户登记问题。首先,搬迁补偿权益是由市场主体与被搬迁人先行订立的,市场主体将搬迁补偿回迁安置协议办证至被搬迁人名下,履行其合同权利义务。其次,被搬迁人将其搬迁补偿回迁安置物业转让给第三方,实则是提前处分其回迁物业,被搬迁人甚至其受让方均无权利要求市场主体直接将该物业直接登记至受让方名下。根据合同相对性原则,被搬迁人对受让方负有履行过户更名的义务。

基于上述几点问题,笔者就搬迁补偿权益转让过程中合同相对方,以及搬迁补偿权益的市场主体等各方主体可能存在的风险,提出如下几点建议:

(1)关于搬迁补偿权益转让方的风险提示

对于无产权物业,以往实践过程中,有部分转让方愿意协调市场主体,将原无产权物业通过确权方式直接确权至受让方名下,以回避交易双方后续过户更名产生的税费问题,并以此抬高交易价格。如此,不仅涉及搬迁补偿安置权益的转让,实则是原无产权物业的交易,而此类相关交易行为一直以来是严令禁止的。为进一步加强深圳市规划和房地产市场秩序管理,加大打击住宅类历史遗留违法建筑交易行为的力度，遏制住宅类历史遗留违法建筑投机炒作，《住宅类历史遗留违法建筑交易查处通知》明确规定："……三、城市更新项目纳入更新单元计划前，各区政府应按规定组织开展住宅类历史遗留违法建筑物业权利人核实工作；对未开展物业权利人核实且尚未确认实施主体的更新项目，由各区政府在本通知发布之日起6个月组织补充开展物业权利人核实，防范城市更新过程中回迁房炒作。城市更新市场主体与未经核实确认的物业权利人签订的搬迁补偿协议不予备案。……"因此，如确实进行搬迁补偿权益转让的，也不得约定规避税费和回迁房炒作的相关条款，否则可能面临行政处罚风险。

(2)关于搬迁补偿权益受让方的风险提示

①明确知悉搬迁补偿权益所涉及的搬迁补偿安置协议的全部内容。了解搬迁补偿安置协议中约定的回迁物业面积、回迁时间、办证期限、是否有限制搬迁补偿权益转让等条款，避免搬迁补偿权益无法实现的风险。

②核实搬迁补偿权益转让方的权利主体。如是否涉及夫妻共同财产、是否涉及家庭共有财产、转让方是否在世等。如属继承人转让被继承人的搬迁补偿权益，还涉及的继承人是否齐全的问题，避免有所遗漏导致合同签约主体不适格的风险。

③明确搬迁补偿权益所涉及物业过户登记的时间。一般搬迁补偿安置物业需先登记至转让方名下，再由转让方过户登记至受让方名下，因此，应约定登记至转让方名下后具体多少天内办理过户登记手续，以避免因登记期限约定不明导致的迟延履行过户登记手续的风险。

④明确搬迁补偿权益合同履行过程中的其他违约条款。鉴于搬迁补偿权益的实现一般所涉时间可能长达数年，在此期间，如果涉及回迁物业升值或者因被搬迁人个人债务原因搬迁补偿权益无法实现，可能导致受让方难以实现搬迁补偿权益的风险，因此，在搬迁补偿权益合同中应明确相关违约条款，提高被搬迁人的违约成本，约束其诚实信用、全面地履行合同义务、责任，以避免或降低被搬迁人轻易违约而导致的风险。

(3)关于搬迁补偿权益中所涉及市场主体的风险提示

对于市场主体而言，签订搬迁补偿安置协议，交付回迁物业是其约定义务，但是，被搬迁人转让搬迁补偿权益的行为可能会引发被搬迁人与受让方之间的诉讼风险，如将市场主体列为被告或第三人，市场主体也将产生诉讼成本,因此,市场主体可在搬迁补偿协议中约定在未将房地产证办至被搬迁人名下之前限制被搬迁人转让的条款;或者约定如被搬迁人出现转让等行为,相关权利义务责任由其自行处理,导致市场主体损失的,要求其赔偿全部损失(包括但不限于因诉讼、仲裁产生的诉讼费、仲裁费、律师费、交通费、担保费等损失),以避免或降低市场主体在被搬迁人转让被搬迁权益过程中产生的风险。

六、市场主体未按约定交房引发搬迁纠纷的典型案例[1]

(一)案情简介

2014年12月17日,温某甲、温某乙作为乙方,A公司作为甲方,双方签订《拆迁补偿协议》,约定乙方拥有位于深圳市某区的房地产及构筑物,乙方同意对建筑面积701.59平方米的住宅采取产权调换和货币补偿相结合的方式进行补偿。

2014年12月24日,温某甲与A公司人员叶某权签订移交书,陈述自该移交书出具之日起,温某甲、温某乙放弃位于深圳市某区地产及构筑物的所有权,并将该标的物移交给A公司,标的物的占有、使用、收益、处分等权利均归A公司所有,同时温某甲、温某乙承诺结清该移交时点之前产生的水电、物管、煤气等费用,并保证未拖欠政府相关税费。A公司按期向温某甲、温某乙支付临时安置补助费,直至2019年12月31日。

2019年12月27日,温某甲、温某乙向A公司发出《房屋交付催告函》,陈述2018年8月29日A公司指定温某甲、温某乙在项目一期B地块进行选房,温某甲、温某乙挑选了5套房屋,合计489.96平方米,按约定A公司应当在2019年12月24日前交付上述产权置换的房屋,但A公司未交房,温某甲、温某乙要求A公司在收到此函后3个月内交付房屋;若A公司在上述期限内仍拒绝交房,则温某甲、温某乙将依法解除协议书。该函件于次日送达A公司。2020年4月8日,A公司作出《关于对〈房屋交付催告函〉的回复》,告知温某甲、温某乙安置房的交付时间在2021年9月30日前,对于延长交付安置房期间,A公司会按高于补偿协议书约定的临时安置费标准支付

---

〔1〕 参见广东省深圳市中级人民法院民事判决书,(2021)粤03民终17807号。

临时安置费直至安置房交付之日止。该份回复于2020年4月30日送达温某甲、温某乙。

2020年4月12日,温某甲、温某乙向A公司发出《解除合同通知书》,以A公司仍未交付安置房的义务为由,通知A公司解除双方于2014年12月17日签署的《拆迁补偿协议》,要求A公司返还已经移交的房地产及构筑物和房地产证,将水电账户重新过户给温某甲、温某乙,并承担温某甲、温某乙的可得利益损失。该份通知于次日送达A公司。随后,温某甲、温某乙诉至一审法院。在该案审理过程中,A公司于2020年4月14日作出《关于对〈解除合同通知书〉的回复》,称双方签订《拆迁补偿协议》后A公司已履行货币给付义务,安置房已建成封顶,在完善工程检测、消防验收、主体验收等行政报备手续后可以交付,A公司愿意与温某甲、温某乙协商后续临时安置费支付问题,并签订补充协议予以明确,温某甲、温某乙要求解除合同不符合法律规定。该回复于2020年4月30日送达温某甲、温某乙。

2020年6月13日,温某甲、温某乙又向A公司发出《解除补充协议通知书》,陈述双方在签订《拆迁补偿协议》的同日签署了《补充协议》,因《拆迁补偿协议》已于2020年4月13日经温某甲、温某乙通知解除,《补充协议》也应同时解除,故通知A公司解除《补充协议》。

2020年8月10日,A公司向温某甲、温某乙发出《有关回迁安置房建设工程项目发生不可抗力事件的通知函》,陈述其在安置房实际施工过程中发现施工现场的地下溶洞情况比预计要复杂,土石方量也比预计增加,导致工期延误了8个月左右,而自2020年1月以来,因新冠疫情原因,A公司直到2020年3月16日才被允许复工,但复工后因疫情影响,安置房建设工程现场的参建工人数量、建筑原材料供应等均无法恢复正常,以上因素导致回迁安置房无法在预定时间内完成竣工验收手续,故通知温某甲、温某乙其选定的5套回迁安置房将延期至2020年10月30日前交付,顺延期间A公司愿意继续支付临时安置补助费。该份通知函于2020年8月13日送达温某甲、温某乙。

2020年12月2日,A公司取得龙园大观花园二期1栋、2栋项目的竣工验收备案收文回执。2020年12月12日,A公司向温某甲、温某乙发出《入伙暨结算通知书》,告知温某甲、温某乙选定的5套回迁安置房已经可以交付使用,要求温某甲、温某乙于2020年12月14日到指定地点办理回迁结算和入伙手续。该份通知书于2020年12月13日送达温某甲、温某乙。

（二）处理结果

一审法院认为：温某甲、温某乙与A公司于2014年12月17日签订的《拆迁补偿协议》和《补充协议》系双方的真实意思表示，内容未违反法律、行政法规的强制性规定，合法有效，双方均应全面履行合同义务。根据上述《拆迁补偿协议》的约定，A公司应于温某甲、温某乙腾空并移交被拆迁物业之日起5年内交付安置房，温某甲、温某乙已于2014年12月24日将被拆迁物业交付A公司，且温某甲、温某乙也于2018年8月29日选定了5套安置房的房号，故A公司应在2019年12月24日将温某甲、温某乙已选定的安置房交付温某甲、温某乙使用。A公司未按约定履行如期交房义务，其行为构成违约，理应承担相应的违约责任。本案关键问题在于温某甲、温某乙能否以A公司延期交房为由解除双方签订的《拆迁补偿协议》和《补充协议》。

依据《合同法》第5条、第6条的规定[1]，在城市更新项目的实施过程中，涉及诸多被拆迁物业权利人与市场主体签订的搬迁补偿协议的履行问题，关系到全体被拆迁物业权利人的整体利益，故为有利于城市更新项目的整体推进和所有权利人利益的实现，其中某一被拆迁物业权利人单个行使权利必须符合其他权利人的整体意志。

涉案《拆迁补偿协议》和《补充协议》签订后，A公司已按约定向温某甲、温某乙支付了全部货币补偿款和截至2019年12月31日的临时安置补助费，即温某甲、温某乙已实际获得了部分补偿权益，虽然安置房的交付时间有所延迟，但现今A公司也已取得了竣工验收备案收文回执，温某甲、温某乙选定的5套安置房具备了交付使用条件，且未有证据显示该更新项目中多数被拆迁物业权利人均因延迟交房而主张解除与A公司的《拆迁补偿协议》，故虽然温某甲、温某乙作为守约方有权选择A公司承担违约责任的方式，但若解除温某甲、温某乙签订的《拆迁补偿协议》，将导致已进入实施阶段的涉案城市更新项目出现履行障碍，不仅扩大了损失，也使其他继续履行协议的被拆迁物业权利人的利益受损。

---

〔1〕 相关规定参见《民法典》第6条、第7条。

由《合同法》第107条的规定[1]可见，当违约情况发生时，继续履行是令违约方承担责任的首选方式，法律之所以这样规定，是因为继续履行相比其他违约责任承担方式更有利于实现合同目的。因此，从平衡双方当事人当前利益受损状况和今后长远利益出发，依据公平和诚实信用原则，一审法院认定温某甲、温某乙分别于2020年4月12日、6月13日向A公司发出的《解除合同通知书》《解除补充协议通知书》不发生解除合同的效力，双方之间的《拆迁补偿协议》《补充协议》继续履行。鉴于A公司确存在延迟交付安置房的违约行为，且A公司在于2020年4月8日作出的《关于对〈房屋交付催告函〉的回复》中明确表示同意按高于《拆迁补偿协议书》约定的临时安置费标准支付延迟交房期间的临时安置费，一审法院在综合考虑A公司的违约程度、温某甲和温某乙因此造成的损失大小等因素的基础上，酌情确定A公司按《拆迁补偿协议书》约定的3倍标准即15,840元/月（5280元/月×3）支付延迟交房期间即2019年12月25日至2020年12月14日的临时安置补助费。因A公司实际已支付临时安置补助费至2019年12月31日，故A公司还应向温某甲、温某乙支付临时安置补助费184,096元（15,840元/月×11个月+15,840元/月÷30天×21天-5280元/月÷30天×7天）。

综上所述，一审法院判决A公司向温某甲、温某乙支付延迟交房期间的临时安置补助费184,096元；温某甲、温某乙在该判决生效之日起10日内接收共5套安置房，并在办理入伙手续时结清房屋建筑面积差价，温某甲、温某乙配合A公司注销位于深圳市某区房屋的房地产证等。

二审法院认为：本案是房屋拆迁安置补偿合同纠纷，本案争议的焦点为温某甲和温某乙是否享有合同解除权。温某甲和温某乙主张，A公司未按照合同约定的时间交房，属于迟延履行主要债务，经催告后在合理期间仍未履行，温某甲和温某乙享有合同解除权并请求A公司承担违约责任以及赔偿相应的损失。二审法院认为，《拆迁补偿协议》《补充协议》是双方真实意思表示，内容不违反法律法规的强制性规定，合法有效。根据上述协议，A公司的合同主要义务包括房屋产权调换、货币补偿、支付临时安置补助费等。从双方履行合同的情况来看，A公司对于货币补偿和支付临时安置补助费等均依照约定履行，仅对于房屋产权调换存在延期，案件审理时龙园大观花园二

---

[1] 相关规定参见《民法典》第577条。

期1栋、2栋项目已经取得竣工验收备案收文回执，且A公司也向温某甲和温某乙发出《入伙暨结算结算书》，在合同履行过程和庭审过程中，A公司也愿意承担因延期交房对温某甲和温某乙造成的损失，因此，综合考虑，二审法院认为，A公司的行为属于违约，但不构成根本违约，其延期履行的义务并非合同全部义务。因此，温某甲和温某乙不享有法定解除权。而在双方签订的上述协议中，对于合同解除并无进行约定，因此，温某甲和温某乙也不享有约定解除权。另外，根据温某甲庭审的陈述，其解除合同的目的是重新签订《拆迁补偿协议》，该行为的本质是为了获得更高的收益，其本身也有违诚实信用原则。因此，从诚实信用和公平公正的角度出发，二审法院对温某甲和温某乙的主张不予支持。二审法院判决驳回上诉，维持原判。

（三）律师评析

城市更新涉及的周期一般较长，历经立项、专项规划、实施主体确认、用地审批等各个阶段。搬迁人与被搬迁人签订搬迁补偿安置协议后，对于双方而言，都将是一个漫长的过程，因此搬迁补偿安置协议的订立、履行对双方都至关重要。上述案例中，搬迁人与被搬迁人前期都在积极履行搬迁补偿协议，虽然后期市场主体因为施工实际过程中产生的问题以及疫情原因延误交房，但其也主动与被搬迁人进行了协商沟通。至于温某甲和温某乙认为A公司已构成根本违约，主张合同解除权，因并无法律法规或合同约定等相关依据，综合案件中A公司已安排温某甲和温某乙选房等具体细节，两审法院均认为继续履行合同更符合双方利益，未支持温某甲和温某乙的诉请。

（四）案例延展

搬迁补偿协议签订后，因市场主体的过错导致违约的，要区分不同阶段的违约。如果发生在前期，使得合同无法履行，那么解除搬迁补偿协议是一个常用的承担责任的方式。如果是在后期违约，如延迟交房、办证等，由于市场主体支付了过渡安置费，建设了返还的房屋，其并非根本违约，违约责任承担的方式基本上都是针对实际造成的损失。加之搬迁安置补偿协议不是一个购房合同，而是一个置换合同，并且是以原有房屋消灭为前提的一种置换合同，还涉及行政审批流程。因此，很多适用于买卖合同的违约责任承担规则并不当然适用于搬迁补偿协议中搬迁纠纷的处理。

七、其他物业权利人未及时签约引发搬迁纠纷的典型案例[1]

（一）案情简介

2012 年，叶某甲与 A 公司签订搬迁补偿协议，就叶某甲在上步片区第三单元中 B211－05、B211－09 宗地更新项目所涉房地产搬迁补偿安置事宜达成如下协议：

叶某甲被搬迁改造的房地产搬迁补偿安置方式为产权调换；回迁房的建设周期（回迁期限）为自该项目主体工程取得《施工许可证》之日起 60 个月，如该项目提前竣工，A 公司可根据实际情况提前交付，若 A 公司逾期交付回迁房，A 公司应按协议第 4.3 款的约定，继续向叶某甲发放临时安置补助费，叶某甲不就逾期交付的情形单独/另行追究 A 公司的违约责任；根据叶某甲签约的时间，A 公司奖励叶某甲 6 万元或不给予奖励，叶某甲有权第一批次或第二批次或第三批次选房；A 公司在叶某甲已履行全部搬迁义务之日起 10 个工作日内支付搬迁补助费 5000 元；临时安置补助费，从叶某甲已依照协议第 6 条的约定履行完毕全部搬迁义务之日起支付至叶某甲入伙之日或 A 公司通知的回迁房入伙期限届满之日（以时间在先者为准）止，A 公司在叶某甲搬迁完毕之日起 10 个工作日内支付首期临时安置补助费并预付 12 个月临时安置补助费，剩余的安置补助费每半年支付一次，于每年的 1 月 15 日、7 月 15 日之前支付半年度的安置补助费，自叶某甲搬迁完毕之日起至该项目主体工程取得施工许可证之日止为 80 元/（平方米·月），自该项目主体工程取得施工许可证之次日起 3 年为 80 元/（平方米·月），该项目主体工程取得施工许可证之次日起第四年的第一个月至第三个月为 120 元/（平方米·月），此后至叶某甲入伙之日或 A 公司通知的回迁房入伙期限届满之日为 160 元/（平方米·月）；叶某甲应在收款的同时出具收款收据，如叶某甲未依约出具收据，A 公司有权顺延支付其余款项；该项目初步确定统一搬迁时间为 2013 年 1 月 1 日至 2013 年 3 月 31 日，具体搬迁时间最终以 A 公司另行书面通知或公告的期限为准；叶某甲在约定的搬迁期限内应配合

[1] 参见广东省深圳市中级人民法院民事判决书，（2018）粤 03 民终 3522 号。

A 公司办理《授权委托书》的公证手续；在叶某甲签署《乙方物业交付证明书》时或叶某甲应搬迁之日，叶某甲物业的房地产权益由 A 公司承受，A 公司应根据该协议的约定向叶某甲提供回迁房；若 A 公司于 2015 年 12 月 31 日前仍未按协议约定的方式通知叶某甲统一搬迁，则双方有权解除该协议。

2013 年 3 月 25 日，A 公司向叶某甲发出《城市更新项目统一搬迁通知书》，定于 2013 年 4 月 1 日至 6 月 30 日进行统一搬迁。叶某甲按约进行了搬迁，将房地产证交给了 A 公司，并于同年到公证处作了委托公证，委托 A 公司全权办理涉案房产的房地产证注销手续，期限为 3 年，即至 2016 年 7 月之前。此后，A 公司向叶某甲每半年支付一次安置补助费至 2016 年 6 月 30 日。由于部分业主未先向 A 公司出具收据，A 公司未再向该部分业主支付 2016 年 7 月以后的安置补助费。A 公司从 2016 年 7 月起，不断发短信催促叶某甲签收收据并领取补偿款，并决定从 2016 年 7 月 1 日起将安置补助款由 80 元/（平方米·月）上调至 90 元/（平方米·月），但要叶某甲签订补充协议。大部分的业主未与 A 公司签订补充协议。

叶某甲的房屋位于 B211－05 宗地。更新单元于 2010 年 4 月 19 日被市政府列入《2010 年深圳市城市更新单元规划制定计划第一批计划》，共分为三个拆除改造项目，分别为 03－04－1 地块、03－04－2 地块、03－04－6 地块。03－04－1 地块在 B211－0009 宗地，面积为 14,948.98 平方米，政府已于 2014 年 4 月 24 日确认 B 公司为该地块项目实施主体；03－04－2 地块在 B211－0025 宗地，面积为 9263.52 平方米，案件审理时该地块项目仍处于拆迁谈判阶段，尚未确认实施主体，被搬迁人共 96 户，已签搬迁补偿安置协议 52 户，签约率不足 2/3，尚未签订搬迁补偿安置协议 44 户。

根据《深圳市城市更新办法》第 32 条、第 33 条的规定和深圳市城市更新政策，拆除重建类城市更新的推进顺序为，业主和市场主体签订搬迁补偿协议后，由政府审批明确单一改造主体，发放房屋拆迁许可证，改造主体拆除旧建筑物，业主注销房地产证。改造主体申请建设用地报批、建设用地规划许可证，签订土地使用合同及补缴地价，申请建设工程规划许可证，申请施工许可证。截至案件审理时，A 公司尚未成为涉案项目的改造主体。叶某甲以 A 公司未履行约定义务，无法实现合同目的为由，向法院起诉解除搬迁补偿协议。

（二）处理结果

一审法院认为：叶某甲与A公司签订的搬迁补偿协议是双方的真实意思表示，内容合法有效。目前涉案地块范围内与A公司签订了拆迁补偿安置协议的住户不足2/3，还有44户将近一半的住户未与A公司达成搬迁补偿安置协议，A公司也未能提供证据证明其已尽力和该部分住户沟通。A公司能否与该部分住户达成一致协议，尚不确定，A公司取得项目的施工许可证的时间也无法预见，叶某甲何时能迁入新居更是遥遥无期。双方签订的搬迁补偿协议虽然没有明确约定合同解除期限，但叶某甲给A公司出具的委托书明确授权委托期限为3年，可视为双方约定了A公司应在3年内注销房地产证，以便顺利推进城市更新进度。现3年期限已届满，A公司仍未取得该项目的城市更新主体资格，还未能注销房地产证，A公司已逾期履行义务，该逾期行为何时能终止，无法预见，叶某甲的合同目的已无法实现。因此，叶某甲主张解除合同，返还房地产证，符合双方的约定，一审法院予以支持。一审法院判决解除叶某甲与A公司之间的搬迁补偿协议；A公司应在判决发生法律效力之日起10日内向叶某甲返还房地产证。

二审法院经审理查明：A公司确认，合同约定的“本项目初步确定统一搬迁时间为2013年1月1日至2013年3月31日”中的“统一搬迁”指的是拆迁范围内的所有业主在指定的时间段内搬迁。叶某甲对A公司的该项陈述予以确认。A公司确认，A公司仅向已经签约的业主发放了搬迁通知书，对于未签约业主，则没有发放。A公司认为，涉案地块内除96户自然人外，尚有9家公司，A公司已经同该9家公司签约。叶某甲不认可A公司的该项陈述。

二审法院认为：本案为房屋拆迁安置补偿合同纠纷案件。争议焦点为叶某甲是否有合同解除权。根据合同约定和双方的确认，涉案地块上所有业主的统一搬迁时间为2013年1月1日至2013年3月31日，A公司最迟发出搬迁通知的时间为2015年12月31日，逾期则叶某甲有权解除协议。涉案地块上尚有44户没有与A公司签订安置补偿协议，A公司在2015年12月31日前也没有向该部分业主发出搬迁通知，因此，按照协议约定，叶某甲可以解除与A公司签订的安置补偿协议。同时，目前涉案地块签约率尚不足2/3，A公司取得项目的施工许可证的时间也无法预见，叶某甲何时能迁入新居亦不能确定。双方签订的搬迁补偿协议虽然没有明确约定合同解除期限，但叶某甲给A公司出具的委托书明确授权委托期限为3年，可推定A公司应在3年内注销房地产证，以便顺利推进城市更新进度。现3年期限已届满，A公司仍未取得该项目的城市更新主体资格，亦未能注销房地产证，A公司已逾期履行义务，该逾期行为何时能终止，无法预见，叶某甲的合同目的已无法实现。因此，叶某甲主张解除合同，返还房地产证，符合双方的约定，二审法院对一审判决予以维持。

（三）律师评析

上述案例中，市场主体与被搬迁人签订的搬迁补偿协议虽然没有明确约定合同解除期限，但叶某甲给A公司出具的委托书明确授权委托期限为3年，法院认为双方约定了A公司应在3年内注销房地产证，以便顺利推进城市更新进度。现3年期限已届满，A公司仍未取得该项目的城市更新主体资格，还未能注销房地产证，A公司已逾期履行义务，该逾期行为何时能终止，无法预见，叶某甲的合同目的已无法实现。因此，叶某甲主张解除合同，返还房地产证，符合双方的约定。

根据《深圳城市更新条例》第28条第1款的规定，签订搬迁补偿协议对市场主体和被搬迁人都至关重要。

对于被搬迁人而言，搬迁补偿安置协议的主要目的是取得搬迁补偿权益，一般为搬迁补偿回迁安置物业、搬迁补偿安置费等。因此，对搬迁主体而言，最主要的义务是完成开发，向被搬迁人交付回迁安置物业、搬迁补偿安置费用等。而在城市更新项目中，为达成交付回迁安置物业的目的，需要经历项目立项、专项规划制定与审批、实施主体确认、施工建设等环节，每个环节环环相扣，任一环节期限延长，都会影响回迁安置物业交付时点。

与股份合作公司产权有关的城市更新合作开发，一般会涉及村股份合作公司广大村民（股东）的切身利益，也涉及合作开发方动辄数亿元甚至几十亿元、上百亿元的资金投入。由于利益巨大，合同的解除往往标志着双方的法律关系恢复至合同签订前，也就是双方有关城市更新的利益归零，因此解除合同一定是万不得已的事情。

为了避免未能按照约定如期交房时被搬迁人主张合同解除权事件发生，市场主体在谈判时往往不明确具体的开发期限和交房期限，也避免在搬迁补偿安置协议中约定开发期限、交房期限。然而,即使搬迁补偿安置协议未约定明确的合同解除期限,但是因为市场主体未能在较长的一段时间内取得城市更新实施主体资格,也未依据授权期限办理房地产证注销的有关手续,被搬迁人据以解除搬迁补偿安置协议的情形在实际司法案例中也不少。

根据法律及实际操作规定,合同的解除可分为约定解除和法定解除。即便当事人未约定解除条件,但是符合法定解除情形,当事人也可以解除合同。

《民法典》第563条[1]规定了可以解除合同的情形,由于现实实践情况的复杂、合同双方利益的冲突、法律法规的规定过于原则,为明确双方的权利义务,建议对解除的条件和程序作详细的约定,以保障双方的合法权益。具体包括:(1)签订合同时应对合同解除的条件及程序作详细约定;(2)订立合同时,应约定满足法定解除的条件,并明确解除条件及程序;(3)双方对对方履行合同应约定各个阶段的履约期限和相应成果,并以此作为是否违约的衡量标准以及守约方单方解除合同的条件;(4)一方拒不履行合同时的违约后果。

第三节 实 操 指 引

搬迁补偿协议的签订与履行是一个长期的过程,从市场主体防范自身违约和第三方原因导致的纠纷角度,需要对如下几个方面作重点关注。

一、第三方原因导致纠纷的风险分析

引发搬迁纠纷的第三方,既有对房屋权属持有异议的第三方,也有导致

---

[1] 《民法典》第563条规定:"有下列情形之一的,当事人可以解除合同:(一)因不可抗力致使不能实现合同目的;(二)在履行期限届满前,当事人一方明确表示或者以自己的行为表明不履行主要债务;(三)当事人一方迟延履行主要债务,经催告后在合理期限内仍未履行;(四)当事人一方迟延履行债务或者有其他违约行为致使不能实现合同目的;(五)法律规定的其他情形。以持续履行的债务为内容的不定期合同,当事人可以随时解除合同,但是应当在合理期限之前通知对方。"

整个项目无法推进的其他物业权利人、股份合作公司和政府相关部门等。引发搬迁纠纷的第三方通常都不直接作用于搬迁补偿协议本身,而是因其对其他权利的主张或限制,进而引发搬迁补偿协议发生纠纷。例如,医权属异议人对房屋的权利主张引发的搬迁纠纷;股份合作公司的配合与否,决定了市场主体是否可以成为集体资产合作方,进而影响搬迁补偿协议是否可以履行;政府部门的审批进度、政策变更影响城市更新推进,进而对搬迁协议是否可以及时、完全履行造成影响;施工单位违约导致工程延期竣工,进而导致搬迁补偿协议延迟交付。第三方的影响是多方面的,出现的可能性也是较多的。因此,在防范第三方原因导致纠纷的风险方面,搬迁补偿协议要进行充分的考虑,设置相关合理的免责条款,宽容条款,避免由此导致市场主体承担过大的责任。

二、搬迁协议中市场主体与被搬迁人的风险分析

搬迁补偿协议的签订主要涉及市场主体及被搬迁人两方,以下从市场主体及被搬迁人两个不同维度提出如下实操建议:

(一)针对市场主体而言

1. 根据项目情况判断签订搬迁补偿协议的时间

首先,搬迁补偿协议需要在市场主体对项目的各项数据全面摸底的基础上制定拆赔方案后方可签订。其次,市场主体需根据项目权利人数量判断搬迁补偿协议签订的时间。权利人少,可先行签订,从而使项目推进速度加快。最后,可针对项目范围内持有面积较多的物业业主先行签订搬迁补偿协议,达到促进其他被搬迁人搬迁补偿协议的可能。

2. 巧妙设定搬迁补偿协议中的时间

如被搬迁人强烈要求在搬迁补偿协议中对特定时间做出约定的,市场主体可以对被搬迁人要求确定的具体时间做灵活约定:

(1)立项时间。一般被搬迁人会要求立项时间为该协议签订之日起2年内或者3年内,这样会让市场主体较为被动,那么可以做如此约定:“自该项目具备城市更新立项条件之日起2年内完成该项目的立项”,或者“乙方应在准备好城市更新计划申报有关资料后两年内将该项目列入城市更新单元计划(以政府相关部门公告或批复为准)”,还可以约定为“自该协议签订

之日起2年内,该项目具备城市更新立项条件(因政府审批、政策原因等的除外)”。

(2)专项规划时间。一般专项规划的时间比较固定,通常约定为:城市更新项目立项之日起2年内完成。

(3)实施主体确定时间。因为每个项目中难免会出现“钉子户”,导致项目签订拆赔的时间无法确定,故通常不约定实施主体确定的时间。

(4)回迁物业回迁时间。一般被搬迁人会要求在该协议签订之日起5年内或者8年内交付回迁物业,因签订搬迁补偿协议的不确定性,建议约定为:“补偿物业当栋的主体工程取得建筑工程施工许可证之日起48个月内向乙方交付该协议约定的补偿物业”或“市场主体应于被搬迁人所属地块及物业拆除完毕且补偿物业当栋的主体工程取得建筑工程施工许可证之日起48个月内将该协议约定的补偿物业交付给被搬迁人”。

(5)房产证办理的时间。通常会有几种时间的约定:市场主体负责在补偿物业交付之日起180日或240日或360日内将补偿物业的不动产权证书办至被搬迁人名下。

3. 合理设置市场主体的违约责任

就市场主体违约责任的设定,建议针对市场主体主要的义务进行设定:(1)付款责任,仅针对迟延付款设定违约责任;(2)逾期交付回迁物业的违约责任,一般按搬迁补偿款(过渡租金补偿)标准的1.2倍向乙方支付逾期期间的搬迁补偿款(过渡租金补偿);(3)办证的违约责任,约定延迟办证的违约责任;(4)解除合同违约责任,一般不约定解除合同的违约条款并不代表被搬迁人不能解除合同,此种情况下市场主体需保存好履行搬迁补偿协议的证据。

(二)针对被搬迁人而言

1. 合理评判市场主体实力以及该项目开发难度

城市更新需投入大量的资金,对市场主体的实力要求较高,合理评判市场主体实力需从资金、专业、现有在售城市更新项目、业界口碑等多维度去判断,就项目开发难度而言,应从现状权利人数量(如旧村、厂房)、现状容积率以及现在建筑物业态等方面进行判断。

2. 尽可能约束市场主体推进项目时间

对立项时间、专项规划时间、实施主体取得时间、回迁物业回迁时间以及房产证办理时间均进行约定为最佳，但就搬迁补偿协议的签订，立项时间、回迁物业回迁时间以及房产证办理时间对被搬迁人的影响较大，建议做清晰的时间约定，并就未于约定时间内完成明确相关的违约责任。

3. 完善相关合同条款

被搬迁人需从以下几个方面完善合同条款：(1)回迁安置物业类型需明确；(2)过渡期租金支付条件需明确；(3)搬迁标的交付以及拆除时间需明确；(4)回迁物业交付时间、交付标准、选房安排、面积差异处理、办证时间等均需明确；(5)如对回迁物业有特定建筑设计需求的，需特别明确；(6)甲乙双方的权利义务需明确；(7)违约责任需明确，特别是涉及市场主体付款、交付物业、过渡期租金支付、无法交付物业的担保等条款的。

三、搬迁补偿安置协议示范文本

(一)搬迁补偿安置协议示范文本的制定目的

根据《深圳城市更新条例》第29条第2款[1]的限制因此，为进一步规范城市更新项目搬迁补偿协议的签订工作，更好地保护市场主体和物业权利人的合法权益，根据《深圳城市更新条例》等有关规定，深圳市规自局研究起草了《深圳市城市更新项目搬迁补偿协议》(示范文本)(以下简称《搬迁补偿协议示范文本》)。

(二)搬迁补偿安置协议示范文本的主要内容评析

1. 合同主体

《搬迁补偿协议示范文本》中将合同主体明确为“甲方(市场主体)”“乙方(物业权利人)”，并在第一章第2条中明确了物业权利人身份确认条款，有利于市场主体对物业权利人的主体核实。

---

〔1〕《深圳城市更新条例》第29条第2款规定：“市城市更新部门应当制定并发布搬迁补偿协议示范文本，包括协议生效时间、生效条件、搬迁补偿标准和方式、协议有效期、权利义务、预告登记约定、不得加改扩建、违约责任等内容。”

2. 被搬迁物业基本情况

被搬迁物业基本情况的概述明晰了被搬迁物业的权属证明文件、面积、性质、权利限制状况，并可视情况增补其他情况，有利于双方对被搬迁物业状态进行确认，避免日后产生争议。

3. 搬迁补偿方式及标准

搬迁补偿方式一般分为三种：货币补偿、产权置换补偿、产权置换与货币补偿结合。搬迁补偿方式由合同主体双方协商确定，但是，为遵循项目搬迁补偿标准的一致性，市场主体一般会提前结合周边项目标准，拟定搬迁补偿标准并予以公示。明晰补偿方式及补偿标准，有利于市场主体公开、公平地与物业权利人进行搬迁补偿谈判，促成协议的尽快订立。

4. 预告登记

《民法典》第221条[1]的规定明确了当事人申请预告登记的权利。《搬迁补偿协议示范文本》载入预告登记相关条款，使之变为规范性格式文本之一，提示当事人预告登记的权利，有利于保障后续搬迁补偿权益的实现。

5. 被搬迁物业的移交与权属注销

被搬迁物业的移交是物业权利人的一项主要义务。一般情况下，市场主体会结合项目进度，在满足移交条件时向物业权利人发出限时移交的通知，由物业权利人在移交前结清水电、物业管理等相关费用，并移交被搬迁物业的权属证书原件（如有）。并且，自物业移交之日起，如有约定过渡期租金补偿的，一般会开始进行过渡期租金的支付。至于被搬迁物业的权属注销，一般会要求物业权利人自行选择自行注销或者出具公证委托书，委托市场主体代为办理注销物业权属证书。

6. 置换物业的开发建设

项目开发期限、规划设计、建设标准等将直接影响物业权利人可获得的置换物业期限、质量问题，但是，因城市更新涉及的整体规划和报批报建问题，市场主体一般不设计过于限制自身的条款，如开发期限，一般从取得项目施工许可证之日起算，但是这一标准对于物业权利人而言相对不利，实践

---

〔1〕《民法典》第221条规定："当事人签订买卖房屋的协议或者签订其他不动产物权的协议，为保障将来实现物权，按照约定可以向登记机构申请预告登记。预告登记后，未经预告登记的权利人同意，处分该不动产的，不发生物权效力。预告登记后，债权消灭或者自能够进行不动产登记之日起九十日内未申请登记的，预告登记失效。"

中往往通过增加过渡期租金补偿来加大市场主体的压力，保障物业权利人的回迁租金收益。

7. 置换物业的选择与交付

一般情况下，搬迁补偿安置协议前期仅能明确置换物业的整体位置，如在项目建设范围内，并约定置换物业的建筑面积、选房原则、规则，置换物业面积差异的处理方案等。为后续置换物业的选择与交付制定规则与标准，以约束双方当事人。

8. 置换物业的产权登记

要求市场主体办理置换物业的产权登记，是物业权利人的重要权利之一，什么时候完成置换物业的产权登记、办证所涉相关税费由谁承担的问题应在协议中明确约定，有利于降低日后双方纷争。因此，《搬迁补偿协议示范文本》将置换物业产权登记期限、税费承担相关条款载入，能起到基本示范作用。

9. 双方的权利义务

双方的权利义务条款主要包括市场主体与物业权利人在搬迁补偿及置换物业过程中的主要权利及义务。

10. 违约责任条款

违约条款并不旨在惩罚违约一方的当事人，而在于约束当事人严格按照协议主要义务条款，落实其主要义务、责任。

对于市场主体而言，其主要义务为落实城市更新项目开发建设，以实现回迁目的，支付应付款项、按协议约定查验及接收物业权利人移交的被搬迁物业、按协议约定期限交付符合质量标准及交楼标准的置换物业、按协议约定期限办理置换物业产权登记等。违约后果的设置，一般是为了促进市场主体依约完成各项义务，一旦出现违约情形，违约责任也依程度不一而有所差别。同时，建议约定合同解除的情形及条件，对于可能导致合同解除的严重情形予以明确约定，从而达到约束双方主体，不擅自解除合同的目的，从公平、合理的角度出发，维护市场交易安全及稳定。

对于物业权利人而言，其主要义务为移交被搬迁物业、配合办理产权（如有）注销手续、被搬迁物业不因物业权利人原因存在权利限制、按协议约定期限等待收楼、按协议约定接收置换物业等。相关违约责任也是与其义务相对应的，并且与市场主体的违约责任相对等，而不应单方严格约束物业权利人,却对市场主体没有相应约束。这也体现了公平、合理、平等的原则。

11. **其他条款**

如通知及送达、不可抗力、争议解决、生效条款等,虽然并非主要义务条款,但是作为格式条款,日后发生相关情形时有依可循,有助于减少纠纷。

第六章　物业权利人违约纠纷

城市更新项目中，市场主体与物业权利人的良好协作与配合往往对项目推进有着举足轻重的作用。本章将在梳理物业权利人权利义务的基础上，对实践中物业权利人的违约行为进行类型化总结，以案为例，逐案分析，以期为市场主体更好地规避相关风险、更高效地推动项目实施提供可供参考的经验指引。

第一节　城市更新物业权利人违约纠纷表现形式

一、物业权利人的权利与义务

一般认为，城市更新物业权利人主要包括以下三种：（1）不动产的所有权人，即作为更新对象的建筑物、构造物等不动产的所有权人。如在老旧小区改造中，实施改造小区的房屋所有权人即物业权利人；（2）合法建造或者依法取得不动产但尚未办理不动产登记的单位和个人，主要是指已依法取得不动产，但因手续办理或历史原因等暂未取得不动产登记证书的单位和个人，是对不动产所有权人的补充；（3）承担城市公共空间和设施建设管理责任的单位，如根据授权承担市政基础设施管理责任的专业机构等。

城市更新项目中，厘清物业权利人的权利义务及责任即是界定"义"与"利"的关系，唯有厘清相关内容，才能解决"我要更新"和"要我更新"的问题，才能进一步调动"我要更新"的内生动力，提升物业权利人的责任意识，推动项目良性进行。那么，在城市更新项目中，物业权利人享有哪些权利、承担哪些义务呢？

（一）物业权利人的权利

一般认为，物业权利人在城市更新活动中享有以下权利：（1）向本市各级人民政府及其有关部门提出更新需求和建议；（2）自行或者委托进行更新，也可以与市场主体合作进行更新；（3）更新后依法享有经营权和收益权；（4）城市更新项目涉及多个物业权利人的，依法享有相应的表决权，对共用部位、共用设施设备在更新后依实施方案享有收益权；（5）对城市更新实施过程享有知情权、监督权和建议权；（6）对侵害自己合法权益的行为，有权请求承担民事责任；（7）法律法规规定的其他权利。

（二）物业权利人的义务

按照权责对等的原则，城市更新物业权利人在享有合法权益的同时，也应当履行相应的义务：（1）遵守国家和本市城市更新有关法律法规的规定和制度要求;(2)配合有关部门组织开展的城市更新相关现状调查、意愿调查等工作,提供相关资料;(3)履行业主义务,参与共有部分的管理,对共同决定事项进行协商,执行业主依法作出的共同决定;(4)执行经本人同意或者业主共同决定报有关部门依法审查通过的实施方案,履行相应的出资义务,做好配合工作。

二、物业权利人违约的表现形式

城市更新项目往往伴随周期长、利益主体众多、法律关系复杂的特征,过程中,物业权利人容易受到主观、客观多重因素影响,出现故意或过失违约情形,从而对项目进程造成重大影响。项目开展过程中,物业权利人违约纠纷的常见表现形式如下。

(一)物业存在权利瑕疵

在通常情况下,市场主体需要与物业的证载权利人或其他证明所载权利人签署书面协议确认产权现状、拆补计划、权证变更及注销等细节。但实践中,证载权利人或相关资料所示权利人由于存在共有、代持、继承、转让(无法过户)等复杂情形,权利瑕疵引发纠纷甚至影响项目进程的情况并不少见。例如,物业权利人未经其他共有人同意,私自处分共有产权;或者权属证明上载明的物业权利人并非实际权利人,已签署的合作协议的效力很可能存在瑕疵。对于市场主体而言,一般会在合作协议中明确签约主体的权利瑕疵担保责任或是在合同中设置附条件生效或解除的条款,然而一旦出现权属争议,在无法协商解决达成一致方案的情况下,也只能通过诉讼手段解决争议。但由于诉讼周期较长且时间不可控,对项目开展的负面影响较大。

(二)物业新增权利限制

签署合作协议后,因项目推进的进度问题,可能项目物业的拆除、注销还需要很长一段时间。在此期间,权利人很可能因自身履约能力或负债情况的变化而为标的物业增设权利负担,例如,因债务问题将物业标的抵押给第三方、因涉及债务纠纷被查封等。如本章第二节"二、物业权利人提供物业存在司法查封的典型案例"中所介绍的案例,涉案房屋因被某法院依法以执行裁定书予以强制执行,并被拍卖给第三人,法院认为,鉴于涉案房屋所有权人的行为造成其与市场主体之间的协议目的不能实现,构成根本违约,故相关安置协议应予解除。上述增设的权利限制,一方面,可能影响项目后期注销手续的办理;另一方面,可能需要重新谈判并签署新的合作协议,导致项目进展严重滞后。

(三)物业权利人不配合移交物业

合作协议签订后,按约向市场主体移交标的物业为物业权利人的主要义务之一。实践中,不乏部分权利人有意违约,拒绝向市场主体履行义务的情形。如本章第二节"三、物业权利人未主动履行按期搬离、交付物业义务的典型案例"中所介绍的案例,涉案房屋所有权人以市场主体未书面通知其为由,未按时将涉案房屋移交市场主体,市场主体起诉要求涉案房屋所有权人承担违约责任并赔偿损失。从该案的审判观点来看,此类案件中,由于物业权利人一般都会寻找合同及法律依据来对抗市场主体的主张,故需要充分关注市场主体是否履行己方义务,包括是否按照约定先支付了相应的补偿款、是否履行了通知义务。同时,市场主体如认为权利人违约造成己方损失的,还应进行举证。然而,在合同没有明确约定违约责任的情形下,市场主体实际是很难量化单个权利人逾期移交物业给其所造成的损失的。

(四)物业权利人不配合注销产权登记

产权注销作为城市更新中前期工作的最后一步,对时效性要求很高。在实践中,不乏物业权利人把它作为维护己方利益或是争取更多权益的最后机会,拒绝配合注销产权登记并产生争议纠纷,严重阻碍项目推进。如本章第二节"四、物业权利人不配合注销产权登记的典型案例"中所介绍的案例,虽然市场主体将涉案房屋拆除,但涉案房屋所有权人因为合同条款未能达成一致意见并没有将房地产权证及土地使用证交给市场主体,也没有办理注销手续,市场主体起诉要求涉案房屋所有权人履行配合注销义务。一般而言,在未出现合同无效或是市场主体已经履行在先合同义务的情形下,物业权利人应该协助办理注销不动产权登记手续。

第二节　城市更新物业权利人违约纠纷典型案例

城市更新项目中,因物业权利人违约而导致市场主体遭受巨额损失、项目进展严重滞后的情况屡见不鲜,包括不动产权属证书缺失、产权不清晰或者共有产权房屋未取得其他共有人同意导致市场主体无法正常取得产权;原业主违反搬迁补偿协议的约定,未履行按期搬离、交付物业的义务,导致市场主体无法拆除房屋;原业主违反约定,未能配合办理不动产权属证书注销或因原业主债务问题使得房屋处于抵押、查封状态,导致市场主体无法按协议约定对房屋进行搬迁、拆除等。本节笔者将以案为引,对城市更新项目中物业权利人违约纠纷的类型及争议焦点进行剖析,以期为实务中防范相关纠纷风险提供指引。

一、物业权利人私自处分共有产权房屋的典型案例[1]

(一)案情简介

涉案房屋由母亲朱某及兄弟四人杜甲、杜乙、杜丙、杜丁按份共有。朱某去世后,并未订立书面遗嘱对其所享有的产权份额进行分配。2013 年 7 月 24 日,杜甲与杜乙签订承诺函,内容概括为:由于朱某已去世,兄弟四人共有房屋,杜甲已经电话通知其他兄弟,但其他人没有答复也没有提出反对意见,暂时由杜甲、杜乙与搬迁人 A 公司签订搬迁补偿合同,一切法律责任由杜甲与杜乙承担。2013 年 9 月 24 日,杜甲与杜乙与 A 公司签订了《搬迁补偿安置合同》及补充协议,约定以产权调换的方式进行补偿,拆迁补偿款及每月拆迁临时安置补偿款由杜甲收取。

事后,杜丙、杜丁认为杜甲、杜乙二人未经其同意或授权委托,私下与搬迁人签订《房屋拆迁补偿安置合同》,侵犯了其他共有人的合法权利。为此,杜丙、杜丁将杜甲、杜乙及 A 公司起诉至法院,请求确认涉案《房屋拆迁补偿安置合同》无效。

〔1〕 参见广东省深圳市中级人民法院民事判决书,(2014)粤 03 民终 28646 号。

（二）处理结果

一审法院认为：涉案房屋是由朱某及兄弟四人杜甲、杜乙、杜丙、杜丁按份共有，朱某去世后未订立遗嘱，其产权份额应按照法定继承处理。本案中，搬迁人已收取了涉案房屋全部产权证及土地证，可证实杜甲、杜乙与搬迁人A公司明确知悉涉案房屋的产权情况，均应对拆迁补偿合同的签订负有审慎注意义务，即使杜甲、杜乙二人向A公司出具了承诺书，该承诺书仅是内部约定，对外并不产生对抗合同无效的法律效力，A公司不能因此而主张免责。另外，虽然杜甲、杜乙抗辩认为其二人已告知其他共有人，但其不能以其他共有人无回复为由主张授权委托行为成立。而且，其他共有人均向法院陈述自己未授权亦不同意产权调换方式补偿，而是要求货币补偿，故应视为其他共有人明确拒绝对拆迁补偿合同进行追认。因此，依据《合同法》第52条第2款[1]“恶意串通，损害国家、集体或者第三人利益”的规定，应认定拆迁补偿合同无效。二审法院对一审判决予以维持。

（三）律师评析

在原《合同法》第52条第2款、《民法典》第154条中，均规定了恶意串通情况下损害他人合法权益的民事法律行为无效。该条款在房屋拆迁安置补偿合同纠纷中也是其他共有人经常提出的、法院裁判合同无效的理由。

实践中，法院在认定合同效力时，会重点基于案件证据或已查明事实，判断能否推定出“搬迁人明知或应知涉案房屋可能存在共有权人，仍未尽审查义务，在明知仅与一方共有人签订《搬迁补偿协议》会损害其他共有人合法利益的情况下，仍签订合同”的事实。如上述案例中，搬迁人已收取了涉案房屋的产权证书资料，且承诺函中也载明了房屋共有情况，可证实一方共有人与搬迁人明知涉案房屋产权的共有情况，但仍未尽到审慎注意义务，签订的合同损害了其他共有人的利益，合同无效。

（四）案例延展

对于市场主体而言，在房产确权阶段，搬迁人应严格审查涉案房屋的权

---

〔1〕 相关规定参见《民法典》第154条。

属状况，对于未做产权登记的房屋，应注重调查清楚原房屋的建设者及其去世后的继承关系；对于夫妻共有房屋，注重考察一方提供的材料能否证明为夫妻双方的共同意思表示；同时，做好权利公示并提供广泛、便捷的异议渠道。在《搬迁补偿协议》签订阶段，搬迁人应做好签约人的签约资格审查，对于其提供的产权证明文件、房屋使用人资料上所记载内容进一步核实；对于授权委托书的真实性进行审慎判断；对于一方共有人提供的承诺书等文件的效力不予轻信，不作为判定签约资格、排除其他权利人及自身免责的判断依据。

二、物业权利人提供物业存在司法查封的典型案例〔1〕

（一）案情简介

陈某原为涉案房屋的所有权人，2017 年 8 月 24 日，A 公司与陈某签订《城市更新项目房屋搬迁补偿安置协议》《城市更新项目〈房屋搬迁补偿安置协议〉之补充协议（一）》《城市更新项目关于权利人实际使用非产权面积有关事项的补充协议》，其中房屋搬迁安置协议约定：陈某同意选择并确定 A 公司作为涉案城市更新项目单一的市场实施主体；陈某与 A 公司成功签订本协议，A 公司给予陈某签约现金奖励；本协议生效后，被搬迁房屋所有权人变更或实际控制人变更的，或陈某拒不履行本协议的，陈某应无条件立即返还 A 公司已支付的本协议项下的签约现金奖励、搬迁奖励、搬迁安置补偿费、搬迁补助费、入伙补助费等款项，同时 A 公司有权单方面终止本协议；如陈某未返还 A 公司已支付的上述款项，除每日应按未返还款项总额的 5‰向 A 公司计付违约金外，还须赔偿 A 公司的损失。

2017 年 9 月 5 日，A 公司向陈某指定的林某（林某系陈某的母亲）账户转账支付了签约奖励金 50,000 元。

2020 年 4 月 22 日，某法院出具执行裁定书，裁定对陈某名下的涉案房屋予以拍卖、变卖，用于偿还其所欠某银行的借款。

2020 年 10 月 27 日，涉案房产在阿里司法拍卖平台成交。

A 公司认为，陈某的行为造成其与 A 公司之间的协议目的不能实现，构

---

〔1〕 参见广东省深圳市罗湖区人民法院民事判决书，（2021）粤 0303 民初 25 号。

成根本违约，相关安置协议应予解除，故提起诉讼。

（二）处理结果

本案为房屋拆迁安置补偿合同纠纷，庭审中，A 公司主张，涉案房屋被某法院依法以执行裁定书予以强制执行，并于 2020 年 10 月 27 日拍卖成交。鉴于陈某的行为造成其与 A 公司之间的协议目的不能实现，构成根本违约，故相关安置协议应予解除。同时，陈某应向 A 公司返还相关奖励金及利息。而林某主张无法继续履行合同是因法院将两套房产进行拍卖，并非因其自身的原因无法履行，因此不同意退回相关奖励金和利息。

法院认为，本案中，A 公司与陈某签署的合同是当事人真实意思表示，不违反法律、法规的强制性规定，为有效合同，双方应按照协议的约定严格履行自己的义务。A 公司按照上述协议的约定向陈某支付了签约奖励金，但陈某名下的涉案房屋已于 2020 年 10 月 27 日被司法拍卖，该房屋的所有人及实际控制人已发生变更。在此情况下，陈某已构成违约，应根据合同约定承担相应的违约责任。因此，对于 A 公司要求解除上述房屋搬迁补偿安置协议及补充协议、退还已付奖励金并承担利息的诉求，法院予以支持。

（三）律师评析

签署合作协议后，因项目推进的进度问题，可能项目物业的拆除注销还需要很长一段时间。在此期间，项目标的物业可能因权利人自身情况的变化，包括因债务问题将物业标的抵押给第三方、因涉及债务纠纷被查封等而增设了权利限制。上述增设的权利限制，一方面，可能影响项目后期注销手续的办理；另一方面，可能导致项目标的物业的权利人发生了变化，需要重新谈判并签署新的合作协议。

笔者认为，在与物业权利人的合作中，需要注意以下几点：

1. 事前尽调

通说认为，拆迁人在确定拆迁房屋状况时，应当对房屋是否设定抵押以及拆迁是否会损害抵押权人利益负有必要的注意和审查义务，包括通过房产交易机构查询房屋权属及是否设定抵押，并在此基础上根据产权人提交的产权证进一步核实，由此得以避免因房屋产权证未能反映抵押设定情况而所有权人故意不告知抵押权人所带来的利益受损的风险。

2. 履约持续动态管理

城市更新的周期长、利益关系复杂，即使事前对于权利主体及物业进行过充分的尽职调查，在事中履约环节，交易主体还是有可能出现各类违约行为。例如，物业权利人因自身负债增多的原因，将物业增设抵押、租赁或转卖给他人，导致后续注销手续无法办理或市场主体需要重新锁定权利主体，延长了履约周期、增加了履约成本。因此，市场主体有必要建立完整的台账管理体系，定人定时对物业权利人的履约能力及履约意愿进行动态追踪，预判风险，便于提前设法化解潜在矛盾及纠纷。

3. 及时寻求权利救济

在识别到物业权利人存在违约风险或事实时，市场主体应充分调动现有资源，通过协商、调解、发函、仲裁、诉讼等多种路径寻求权利救济，可根据实际情况请求物业权利人继续履行合同并承担违约责任，也可在履约不能或履约成本过高时请求解除合同，主张违约赔偿，并及时锁定新的权利主体，安排签约事宜。

（四）案例延展

执行程序中，被拆迁人在特定条件下享有的回迁安置房屋权利，在涉及不动产民事权利的保护顺位中通常居于首位，2003 年发布的最高人民法院《关于审理商品房买卖合同纠纷案件适用法律若干问题的解释》第 7 条[1]确立了这一基本原则，但对拆迁人通过搬迁补偿方式取得被搬迁房屋权益的权利是否享有优先权，现行法律法规并未作出明确规定。实践中，被搬迁房屋因被拆迁人债务原因等情况被查封甚至是强制执行的现象并不鲜见，此时拆迁人能否主张排除对被搬迁房屋的强制执行？排除强制执行需满足何种条件？是否应当优先保护拆迁人通过搬迁补偿的方式所享有的权益？相关问题值得关注。一般认为，针对被搬迁房屋因被拆迁人债务原因等情况被查封甚至是强制执行的问题，法院在判断拆迁人是否为被搬迁房屋的所有权人，能否阻止执行被搬迁房屋时，基本参照了最高人民法院《关于人民法院办理执行异议和复议案件若干问题的规定》第 28 条规定，从如下方面进行审查：

---

〔1〕 此解释于 2020 年修正时删除了此条规定。

第一,被搬迁房屋被查封前是否已经与被拆迁人签订合法有效的拆迁补偿协议。虽然拆迁补偿协议与房屋买卖合同在性质上完全不同,但二者具有类似的特征,房屋买卖合同是买受人向出卖人支付转让价款,出卖人将房屋转让给买受人的关系,而拆迁补偿协议是拆迁人向被拆迁人支付相应的拆迁补偿款或置换相应的回迁安置房屋,被拆迁人将被搬迁房屋的权益转移给拆迁人的关系,因此无论是买受人还是拆迁人,均通过让渡相应的权益,取得了标的房屋的权益。在拆迁人和被拆迁人已经签订拆迁补偿协议的基础上,双方事实上已经具有转移被搬迁房屋占有、使用、收益及处分等权益的目的。

第二,拆迁人是否已经向被拆迁人付清全部拆迁补偿款,或者已按照拆迁补偿协议约定支付部分价款且将剩余价款按照法院要求交付执行。在拆迁补偿协议关系中,拆迁人的主要义务是支付拆迁补偿款或交付回迁安置房屋,只有拆迁人已履行主要义务的前提下,才能取得足以阻却强制执行的对被搬迁房屋的实质权益。但是,除货币补偿外,城市更新中的搬迁补偿方式还有产权置换及两者相结合等方式,如采取产权置换的,严格意义上拆迁人只有在房屋建成并向被拆迁人交付合格的回迁房屋后,才履行完毕产权置换的义务,此时是否要求拆迁人完成产权置换的义务后才能阻却强制执行,值得探讨。

第三,拆迁人是否已经实际接收并合法占有被搬迁房屋。对此,建议通过实地走访、勘查等方式确认房屋实际搬迁情况。一般认为,虽然被搬迁房屋及地块为闲置状态,但拆迁人已经委派相应人员进行看管,亦能表明已经实际占有和空置被搬迁房屋,享有足以阻却强制执行的权益。

第四,拆迁人对被搬迁房屋未办理过户登记不存在过错。实践中,关于未能办理过户登记的过错在哪一方的问题,需要结合具体问题具体分析。例如,拆迁人虽已办理出让手续,但因其迟迟不履行土地出让合同,也未在许可期限内完成拆迁,导致涉案房屋未办理过户登记,一般认为拆迁人对此存在过错。又如,因拆迁人存在其他纠纷,导致房屋被司法查封,由此造成的未能办理过户登记的后果,拆迁人明显存在过错。

然而,在城市更新或拆迁改造中,最常见的情形往往是被搬迁房屋未办理产权登记,是无完全产权甚至是无产权的房屋,例如,历史遗留违法建筑、"绿本房"等非市场商品房等,拆迁人和被拆迁人签订拆迁补偿协议之目的也并非将被搬迁房屋办理过户至拆迁人名下，而是需要对被搬迁房屋实施产权注销并拆除，此时是否仍应参照适用最高人民法院《关于人民法院办理执行异议和复议案件若干问题的规定》第28条第4项“非因买受人自身原因未办理过户登记”的条件，值得进一步研究。

三、物业权利人未主动履行按期搬离、交付物业义务的典型案例[1]

（一）案情简介

2012年11月4日，A公司（搬迁人，甲方）与吴某（被搬迁人，乙方）签订《搬迁补偿安置协议》，约定：双方就甲方改造开发某城市更新项目所涉乙方房产的搬迁补偿安置事宜，达成本协议；乙方自主选择房屋补偿方式；甲方取得实施主体批复后，向乙方发出书面的搬迁房屋移交通知，乙方应于收到通知之日起40日内，自行解除搬迁房屋租赁关系及其他性质的权利负担（包括但不限于抵押、查封等），将搬迁房屋内所有物品搬出，并将腾空的搬迁房屋移交甲方；乙方在收到搬迁房屋移交通知之日起40日后，未将搬迁房屋腾空并移交甲方的，该房屋内留存的任何物品均视为乙方已放弃对该等物品权利，并同意甲方随意处置，且甲方无须就该等物品向乙方做任何补偿，同时视为乙方授权甲方拆除搬迁房屋并且乙方不得提出任何异议。

2014年10月30日，A公司在小区公告栏张贴搬迁公告及房屋搬迁移交须知；2014年11月19日，张贴公告告知业主办理水表销户手续的时间、地点等；2014年12月4日，施工方发布施工公告；2014年12月8日，召开城市更新项目开工仪式。

吴某于2015年1月21日参加了A公司组织的晚餐活动，A公司说要拆房，吴某表示同意。吴某于2015年2月25日去了云南，3月回来后房屋已经被拆除。

后A公司向法院起诉要求判令吴某承担违约责任，向其支付违约损害赔偿金。

（二）处理结果

法院将本案争议焦点归纳为以下两点：（1）A公司是否依约履行通知义

[1] 参见广东省深圳市中级人民法院民事判决书，（2016）粤03民终3492号。

务;(2)吴某未主动搬离涉案房屋是否应当承担违约责任。

1. 关于A公司是否依约履行通知义务

A公司主张:A公司分别于2014年10月29日、10月30日、11月2日、11月19日向包含吴某在内的全部业主发出书面搬迁房屋移交通知后,吴某理应在第一次收到通知之日起40日内即2014年12月9日前将涉案房屋移交给A公司,但吴某并没有按时向A公司移交房屋。

吴某主张:拆除房屋应该有书面的通知,但吴某至今仍未收到A公司的书面通知。

法院认为:该协议的第4.1条约定,"A公司取得实施主体批复后,向吴某发出书面'拆迁房屋通知',吴某应于收到通知之日起四十日内,自行解除搬迁房屋租赁关系及其他性质的权利负担,将搬迁房屋内所有物品搬出,并将腾空的搬迁房屋移交A公司。"上述条款表明,为了确保被拆迁人知晓拆迁时间,拆迁人应当采取书面的形式告知被拆迁人,并给予充裕的搬离时间。A公司未能提交证据证明其采取了书面形式告知吴某拆迁事宜。但是,吴某在二审中表示,在2015年1月25日晚上吃饭时A公司告知其要拆房,吴某也表示同意。据此,可以认定A公司已经告知吴某要拆除涉案房屋。吴某应当本着诚实信用的原则,在约定时间搬离涉案房屋。

2. 关于吴某未主动搬离涉案房屋的行为是否应当承担违约责任

A公司主张:根据《合同法》第107条[1]的规定,只要在合同履行过程中出现违约,即使在双方签订的合同中没有约定违约责任条款,都应适用该法律条款追究违约方的违约责任。双方签订的《搬迁补偿安置协议》虽未具体约定违约责任和违约金额,并不等于吴某违约就不承担违约责任。吴某不按时移交搬迁房屋的违约行为,导致A公司施工方迟迟不能按时正式开工,造成项目回迁时间延后。为此A公司不仅向其他守约被搬迁人多支付安置补偿金,而且需要承担工作人员的额外工资,多支付安置补偿金及其他额外费用。

吴某主张:涉案小区二栋至今未拆,A公司并没有动工,吴某未延误工期。

法院认为:《搬迁补偿安置协议》第4.4条约定:"吴某在收到拆迁房屋

---

〔1〕 相关规定参见《民法典》第577条。

移交通知之日起四十日后,未将拆迁房屋腾空并移交A公司的,该房屋内留存的任何物品均视为吴某已放弃对该物品权利,并同意A公司随意处置,且A公司无须就该等物品向吴某做任何补偿,同时视为吴某授权A公司拆除搬迁房屋并且吴某不得提出任何异议。"本案中,吴某在知晓涉案房屋要拆除的情况下,未主动搬离涉案房屋。A公司可以根据第4.4条的约定,随意处置房屋内的任何物品。也就是说,吴某不搬离涉案房屋,并不妨碍A公司根据双方的约定继续拆迁进程,A公司并不会因吴某不配合造成损失。因此,A公司要求吴某赔偿损失缺乏依据,法院不予支持。

(三)律师评析

搬迁补偿协议的签订是搬迁房屋交付的前提和基础。按照城市更新的一般规定,搬迁补偿协议中一般应当约定补偿方式,补偿金额和支付期限,回迁房屋的面积、地点和登记价格,搬迁期限、搬迁过渡方式和过渡期限,协议生效的时间和条件等事项。因此,物业权利人应按照搬迁补偿协议约定的期限搬迁完毕并将房屋交付搬迁人,这是物业权利人作为被搬迁人的主要义务。从搬迁房屋交付的实际效果来说,权利人应当保持房屋的完整性,清空房屋,并结清相关费用,将无争议、无纠纷、无占有状态的房屋实际交付给搬迁人。但实践中,物业权利人由于不满拆赔标准、回迁房屋情况等原因,在利益驱动下临时毁约,拒绝搬迁的情况屡见不鲜,通过阻挠更新项目进程,以期借此获得更高补偿。对此,笔者认为,应当在搬迁补偿协议中充分对物业权利人房屋搬迁的义务予以明确,约定被搬迁人应在收到搬迁通知书之日起一定期限内完成搬离及交付房屋;结清物业管理费、水、电、煤气、有线电视、电信、网络等所有费用;移交房地产证等产权证明文件原件;出具委托项目实施主体办理被搬迁房屋产权证明文件注销登记的委托手续,并办理公证。

(四)案例延展

结合实践中交接物业过程中的高频争议点,笔者对交接的时点及核心要点总结如下,供读者参考。

1. 交接的时点

城市更新项目中的被搬迁房屋交接时点是一个比较难把握的问题,因为它与项目进度与项目资金安排紧密相关,需要慎重对待。一般而言,决定何时进行被搬迁房屋的交接,需要考虑以下几方面的因素:一是项目资金是否足够充裕。在资金限缩或严密计划的情况下,往往会出现拿时间换空间的操作,也就是说,通过延缓交房来阻却过渡期费用的及时支付。如果资金充足,对项目的测算预留有足够的空间,一般而言建议及时收房。二是项目进展是否急迫。政府对城市更新项目基本实行阶段性限期管理,项目阶段性超期是不可触碰的红线。如果项目的拆迁总体可控,在交房上可以考虑紧跟项目进度和要求,适当放缓交房节奏;如果项目进度急迫,交房必须跟上项目进度,甚至要提前预留空间,"拿资金换时间",因而需要及时收房或提前收房。三是考虑不及时交房可能存在的相关风险。在诸多项目上曾经出现过惨痛的教训,因未能及时收房而导致房屋被交易、被抵押、被查封、被另行占有等不利后果,进而严重影响项目的整体进度和安排。因此,必须要对交房风险进行地毯式摸排和准确评估,确有风险的,应当及时收房。

2. 交房的核心要点

交房必须是实实在在的交接,而交接的核心在于实际控制。实际控制可以用"四无"来进行衡量,那就是无争议、无纠纷、无占有、无风险。要达到这个标准,建议做好以下几方面的工作:

(1)资料手续齐全

关于交房的资料,要注意必须全面、完整提交。倘若确有缺漏,也应以不影响交房为考量。在此基础上,要进一步核查,考虑交接过程中可能存在的风险。

(2)清租清占

准备交接的房屋,必须从法律层面已经解除或终止租赁或其他方式的占有,房屋上没有其他权利负担,房屋无人居住或占有使用,被搬迁人可以自由处置。

(3)房屋完好

房屋完好指的是交验确认的事实状态,即房屋的主体结构完整、临时建筑、构筑物等完好,门窗、防盗网、附属物、相关设施等一次性校验完毕。

(4)签署房屋移交确认书

被搬迁人与收房的工作人员应当亲临现场进行校验,确认房屋及附属物、设施等完好,确认清租完毕,确认房屋腾空,现场进行全方位拍照和视频录制，校验完毕后现场签署房屋移交确认书，收取房屋的全部钥匙。

3. 交房后的管控

原则上，对被搬迁房屋收房后，需要对被搬迁房屋进行严格的管控，并采取一系列措施确保交房的实际效果及安全。例如，对已交房屋区域范围设置围挡，喷写“拆”字，设置警示条幅或标语；自用的要确保安全，做好安全检查，对可能出现的安全问题进行妥善处理，包括但不限于加固、局部拆除、修缮等；非自用的要断水、断电、断气、断通讯，封闭门窗，做好安全巡查，尤其对特殊天气如台风、暴雨、干旱等做好防风、防雨、防火等相关工作。

四、物业权利人不配合注销产权登记的典型案例[1]

（一）基本案情

2008 年 7 月 2 日，郭某、廖某（乙方、被拆迁人）与 A 公司（甲方、拆迁人）签订《旧村改造房屋拆迁安置（产权置换）补偿协议》。合同约定：甲方补偿乙方作为产权置换的回迁房建筑总面积为 155 平方米，其中合法建筑面积实际应补偿回迁房建筑面积为 121.11 平方米（计算公式：拆迁房屋合法建筑面积 × 补偿比例，即 115.34 × 1.05）。优惠购买面积 12 平方米，赠送 8.07 平方米，其他购买或补偿面积 13.82 平方米。另外，补充条款约定：非合法建筑面积 2.25 平方米按 1∶1 面积补偿，乙方需补交此面积房款 6750 元。乙方另多购买面积 5.803 平方米，按 6000 元/平方米计算，乙方需补交 34,818 元。郭某、廖某在“附件一：回迁房户型选择意见表”上确认选择 A 户型（二房一厅，建筑面积 65 平方米左右）1 套；D 户型（三房二厅，建筑面积 90 平方米左右）1 套。补偿协议第 14 条第 3 点约定，“如果郭某、廖某签约后，同等条件下，其他拆迁户的条件提高，则按提高的条件补偿郭某、廖某”。

2010 年 9 月 7 日，A 公司与郭某、廖某签订《补充协议》，双方约定：（1）租金补助标准由原商定的每月 18 元/平方米提高到每月 20 元/平方米并多补偿 6 个月；（2）回迁房装修费标准由原商定的 700 元/平方米提高到 800 元/平方米；（3）双方核实原旧房面积增加 5.77 平方米。

---

〔1〕 参见广东省珠海市中级人民法院民事判决书，（2021）粤 04 民终 1196 号。

2011 年 9 月 22 日，A 公司与郭某、廖某另签订《补充协议》，双方约定：双方核实原旧房经改造回迁房建筑总面积为 160.77 平方米。甲方同意乙方选择 200 平方米以上复式户型住宅一套，超出 160.77 平方米的建筑面积按每平方米 5000 元结算，当复式住宅少于 200 平方米时，建筑面积差额甲方仍按每平方米 5000 元给乙方作为购买另一套回迁房的指标。乙方另以交楼时市价的九折多购买一套 90 平方米左右的住宅。乙方同意在本协议签订 3 天内办理此房屋的停水、停电相关手续，并将房屋的房地产权证及土地使用证等材料交给甲方，并同意拆除此房屋。

后 A 公司于 2011 年 10 月将涉案房屋拆除，但郭某、廖某并没有将房地产权证及土地使用证交给 A 公司，也没有办理注销手续。

2016 年 10 月 18 日，A 公司与郭某、廖某签订《补充协议三》，约定乙方不在第一期选择回迁房，自本协议签订之日起至 2016 年 12 月 31 日止，甲方按季度向乙方支付临时安置补助费；自 2017 年开始一次性支付临时安置补助费，即 143,944.32 元。

郭某、廖某以 A 公司拒绝与其协商选择回迁房及能否以优惠价格购买相应面积为由拒绝履行协助注销产权证的义务。

A 公司向法院起诉判令郭某、廖某注销涉案房屋产权证书。

（二）处理结果

本案争议焦点为郭某、廖某是否有正当理由拒绝履行注销涉案被拆除房屋的房地产权证及土地使用证的义务。

一审法院认为，本案中，A 公司为旧村改造主体，郭某、廖某为被拆迁房屋权利主体，涉案房屋现已拆除，涉案土地现状为空地，双方已实际部分履行拆迁补偿安置合同。如上所述，双方需继续履行拆迁协议及相关补充协议，故郭某、廖某应依合同约定，完成被拆迁房屋的转移交付，被拆迁房屋产权的产权注销手续，以完成被拆迁房屋的拆除，更新项目用地审批及后续开发建设等工作，实现拆迁改造的合同目的。在目前被拆迁房屋已实际拆除的情形下，郭某、廖某应及时协助 A 公司完成被拆迁房屋产权注销事宜，促成合同目的的实现。A 公司请求郭某、廖某协助注销产权手续的诉讼请求，理据充分，一审法院予以支持。

二审过程中，郭某、廖某主张：（1）A 公司理应确认回迁房屋方案后再要求郭某、廖某注销涉案房屋产权证书。A公司与廖某、郭某签署《旧村改造房屋拆迁安置(产权置换)补偿协议》并在协议中约定了“如乙方签约后,同等条件下,其他拆迁户的条件提高,则按照提高的条件补偿乙方”的最惠条款。此后,A公司一直通过自身优势控制拆迁村民的补偿协议以达到为自身谋取利益的目的,且一直拒绝与廖某、郭某沟通提高拆迁补偿事宜,直接导致廖某、郭某房屋被拆却一直无法取得回迁房的窘境。甚至到了一审判决发出后,郭某拿着法院判决要求A公司协商选择回迁房及相关补偿方案,A公司依旧拒绝协商。一旦郭某、廖某注销了拆迁房屋的房产证,其合法权益将无法得到保护,很有可能陷入房屋被拆,索要拆迁补偿无门,需要再次通过诉讼维护自身权益的尴尬境地,无疑会造成诉累,且大大增加了郭某、廖某的维权成本。(2)A公司一直不与郭某、廖某协商补偿方案属于违约行为,郭某、廖某按照《民法典》第526条的规定,拒绝配合履行注销涉案房屋产权证之义务。《民法典》第526条规定:“当事人互负债务,有先后履行顺序,应当先履行债务一方未履行的,后履行一方有权拒绝其履行请求”。一个合同的履行理应先明确其内容再去执行相关的实体程序。本案中,A公司连最基本的选择回迁房及相关补偿方案都未与郭某、廖某协商,就要求郭某、廖某注销房产证,按照合同的先后顺序,亦理应由A公司提供回迁房屋并与郭某、廖某商定相关补偿方案后,再要求郭某、廖某履行主要义务。

A公司主张:(1)一审判决A公司须提高对郭某、廖某的补偿系数至1.38,即要向郭某、廖某增加补偿面积46.02平方米,虽然A公司对该一审判决结果不予认同,但最终未提出上诉,其本意是希望一审判决尽早发生法律效力,以便在办理完被拆迁房屋的产权注销手续后尽快办理项目二期的用地手续,使项目二期早日开工。现整个二期项目只剩下最后两户未办理被拆迁房屋产权注销手续,郭某、廖某是其中的一户。(2)A公司从未拒绝与郭某、廖某协商落实一审判决判项。(3)如被拆迁房屋产权不办理注销,则A公司无法办理二期项目用地手续,履行双方约定没有事实基础。故就目前而言,对郭某、廖某权益最有保障的做法是尽早注销旧房屋的产权证,以便A公司办出项目二期用地手续,让二期工程尽早动工建设。只有二期房屋建成,一审判决的判项才具备双方进一步协商落实的事实基础,否则双方的任何协商都只会是空中楼阁和无源之水。

二审法院分析认为:首先,2011年9月22日双方签订的《补充协议》约定,“郭某、廖某在本协议签订3天内,办理此房屋的停水、停电相关手续,并将房屋的房地产权证、土地使用证交给A公司,并同意拆除此房屋”,即郭某、廖某应在2011年9月25日前将房屋及相关产权证交予A公司处分,协助注销房地产权证及土地使用权证系郭某、廖某应当附随履行的义务,而郭某、廖某所主张的A公司按2016年10月18日《补充协议三》的约定支付2021~2024年的临时安置补助费属于后履行义务,郭某、廖某以此为由拒绝协助注销房地产权证及土地使用权证,没有法律依据,二审法院不予支持。其次,对于郭某、廖某以A公司在一审判决后拒绝与其协商选择回迁房及能否以优惠价格购买相应面积为由拒绝履行协助注销产权证的义务,法院认为,如上分析,郭某、廖某协助注销产权证是郭某、廖某交付房屋和产权证明后应附随履行的义务,而郭某、廖某在补偿面积增加46.02平方米后能否仍以优惠价格购买相应面积是双方在一审判决作出后对补充协议条款的理解新发生的争议,并非A公司应先于郭某、廖某注销产权证履行的义务,而且郭某、廖某注销产权证直接影响涉案项目的启动,在双方就补充协议上述部分条款的理解无法达成一致意见,且郭某、廖某也未就此提出独立诉请的情形下,法院在本案中不予审处,双方可另循途径解决,因此郭某、廖某以此为由拒绝履行注销产权证的义务,依据不足,二审法院不予支持。

(三)律师评析

在拆除重建类城市更新不动产权属证书注销实践中,存在各种各样的问题,这也使得不动产权属证书注销成为城市更新项目实施过程中的难点。遵循法律法规与有效推进城市更新项目既存在一定程度的冲突,又需要得到和谐统一的现实解决。

1. 合同履约顺序的明确

本案中,双方围绕郭某、廖某是否能以回迁房屋方案尚未确认为正当理由拒绝履行注销涉案被拆除房屋的房地产权证及土地使用证的义务展开激烈争论,其实质即在判断双方义务的履行顺序是否有先后,以及谁先谁后的问题。法院最终认定,郭某、廖某协助注销产权证是其交付房屋和产权证明后应附随履行的义务,而A公司按2016年10月18日《补充协议三》的约定支付2021~2024年的临时安置补助费属于后履行义务,权利人不能据此抗辩拒绝履行己方义务。

一般认为,行使"先履行抗辩权"需同时满足以下构成要件:(1)根据《民法典》的相关规定,行使"先履行抗辩权"的前提必须是当事人互负债务,也就是学理上所说的"双务合同",如买卖合同双方,出卖人需要向买受人交付货物,买受人需要向出卖人支付货款,即双方互负债务。而单务合同,如赠与合同中的当事人就不享有"先履行抗辩权"。(2)双方的债务必须有"先后履行顺序"。在经济交往过程中,并不都是"一手交钱一手交货"的简单交易模式,因双方经济地位、谈判能力的差异,签订一方先履行一方后付款或相反约定的合同也很常见。还有一种情况是双方虽然并未在合同中明确约定谁先履行谁后履行,但从各方履行义务的时间约定亦可以判断履行的顺序。无论是何种情况,都需要首先明确双方之间履行债务的具体内容,在买卖合同中的交付货物和支付货款的合同中,债务的具体内容非常明确,但在某些合同中,由于债务具体内容可能存在模糊点,对于债务具体内容的不同理解会导致对"先履行抗辩权"是否能够行使产生截然相反的认定。(3)行使"先履行抗辩权"的前提应当是先履行债务的一方"未履行"或者"履行债务不符合约定"。

基于此,笔者建议:(1)明确合同的先后履行顺序:在签订合同时需特别关注合同各项义务履行的时间节点,特别关注本方合同义务的履行顺序。(2)注意合同中是否被限制行使"先履行抗辩权":有的裁判观点认为,双方事先在合同中约定一方不得行使"先履行抗辩权"的条款有效,显然这种约定对原享有先"先履行抗辩权"的一方是非常不利的,所以在签订合同时要特别关注该类条款。

2. 产权注销义务的履行

一般而言,从搬迁补偿协议签订至办理房屋权属注销手续往往会间隔较长的时间,不同的项目存在的问题也不一样,从而导致此期间的不可预测和控制。除上述案例中权利人明确在补偿方案确定前不配合履行注销义务情形外,实践中还存在权利人采取将房屋转卖的形式不予配合等各种问题,导致房屋权属注销手续的办理面临阻碍。搬迁补偿协议签署后,可能存在搬迁人未及时收回被搬迁房屋的权属证书,导致被搬迁人将被搬迁房屋卖给第三人并由第三人办理了新的房屋权属证书;或者搬迁人将被搬迁房屋的权属证书收回,被搬迁人通过挂失补办房屋权属证书后将被搬迁房屋卖给第三方并办理新的房屋权属证书,而第三人拒绝配合办理房屋权属证书的情形。

出现前述情形时,可区分被搬迁人与第三人是否恶意串通而分别采取应对措施:(1)当被搬迁人与第三人可被认定为恶意串通时,依据《民法典》第154条的规定,行为人与相对人恶意串通,损害他人合法权益的民事法律行为无效。搬迁人可向法院起诉,请求确认被搬迁人与第三人之间的房屋买卖合同无效,并请求判令被搬迁人及第三人将被搬迁房屋恢复登记至被搬迁人名下,要求被搬迁人协助搬迁人办理房屋权属注销手续。(2)当被搬迁人与第三人无法被认定为恶意串通时,根据我国采取的物权公示原则,因第三人已办理被搬迁房屋新的房屋权属证书,第三人依法取得被搬迁房屋的物权。在此情形下,搬迁人需与第三人重新签署搬迁补偿协议,并追究被搬迁人的违约责任。

为了避免上述情形的出现,搬迁人应当在与被搬迁人签署的搬迁补偿协议中明确约定相应的违约责任,及时收回被搬迁房屋的权属证书,并采取在被搬迁房屋上设置醒目的拆迁标志等措施,以证明第三人不可能在未与被搬迁人恶意串通的情形下进行房屋买卖。

3. 遵循规则基础上因地制宜、因时制宜,寻找创造性解决路径

市场主体需要在前期的土地及地上建筑物的权属调查中做好基础工作,在搬迁安置补偿协议的签署、确认和梳理上要做足工作,避免错误;同时,也需要相关政府职能部门依照更新条例的要求前置介入权属核查和确认,在遵循现有法律规定的基础上,敢于面对更新实践中的突出问题,寻求创新和突破,从而有针对性地解决实际问题。在笔者为市场主体提供城市更新搬迁补偿专项法律服务的过程中,就权属确认及搬迁补偿协议签署的问题,亦多次与城市更新相关职能部门进行专题研讨和交流,面对问题,梳理成因,分析论证,提出建议,再到职能部门反馈,从而有效解决实际问题,不失为一种可以借鉴和推广的做法。

(四)案例延展

房屋权属注销的过程中,可能出现无法联系权利人亲自到场或进行授权委托,遗失房地产证,房屋所有权证书等权利证书及房地产登记权利人为企业,且该企业已经注销等特殊情况,根据《拆除重建类城市更新项目房地产证注销操作规则(试行)》(深规土规〔2016〕3号)等的规定,在面临前述特

殊情况时,处理办法如下:

1. 无法联系权利人亲自到场或进行授权委托

项目实施主体已与权利人签订搬迁补偿安置协议且房屋已实际拆除完毕,但确实无法联系权利人亲自到场或进行授权委托,不能提供《深圳市房地产变更登记及其他登记申请表》及申请人身份证明材料的,在符合下列条件时,可由项目实施主体申请办理房地产证注销:

(1)区(管委会)城市更新职能部门对搬迁补偿安置协议的真实性以及项目实施主体、项目拆除范围、房屋拆除情况进行确认,并出具同意由项目实施主体申请注销房地产证的意见;

(2)项目实施主体对无法联系权利人的情况进行书面说明。

2. 遗失房地产证、房屋所有权证书等权利证书

对于遗失房地产证、房屋所有权证书等权利证书,不能提供房地产证或其他权利证书的,在符合下列条件时,可办理房地产证注销:

(1)区(管委会)城市更新职能部门对房屋拆除情况进行确认,并出具同意申请注销房地产证的意见;

(2)经房地产登记机构核查,搬迁补偿安置协议载明的房产证号、房屋位置、房屋权利人等房屋自然状况、权利状况与房地产登记簿所记载的内容一致。

3. 房地产登记权利人为企业,且该企业已经注销

在已经确认实施主体并签订监管协议的拆除重建类城市更新项目范围内,当前的房地产登记权利人为企业,且该企业已经注销,不能提供《深圳市房地产变更登记及其他登记申请表》及申请人身份证明的,在符合下列条件时,可由该不动产(包括土地和房产)搬迁补偿安置协议签订各方办理房地产证注销:

(1)房地产登记的建筑物及地上构筑(附着)物已实际拆除完毕;

(2)区(管委会)城市更新职能部门针对该不动产就实施主体与被搬迁人签订的搬迁补偿安置协议的真实性以及项目实施主体、项目拆除范围、房屋拆除情况进行确认,出具同意由搬迁补偿安置协议签订各方共同申请注销房地产证的意见;

(3)交回原房地产证。

房地产登记机构在办理房地产证注销之前应在《深圳特区报》或《深圳

商报》和房屋现场进行公告，公告期为10个自然日。公告期间无异议或异议不成立的，可办理注销。

第三节　实操指引

一、重视前期尽职调查

确认开展项目合作前，投资方应对项目本身进行充分的尽职调查。针对物业权利人的潜在违约风险，笔者认为，应重点围绕建筑物情况与物业权利人履约能力及意愿进行重点核查。

（一）建筑物情况核查

对于城市更新项目建筑物的核查重点主要在于建筑物的取得是否合法合规、权属是否清晰、是否存在权利负担、是否存在纠纷或潜在纠纷。核查建筑物是否合法合规，不仅要关注是否已取得权属证书，还要关注取得房屋权属的整个过程，因为关注整个过程往往能同时获知房屋权属是否清晰、是否存在权利负担、是否存在纠纷或潜在纠纷。

1. 权属合规审查

（1）审查房屋是否取得房屋权属证书（包括不动产权证、国有土地使用证、房屋所有权证等各类产权证）。

（2）审查房屋是否取得建设工程规划许可证或规划国土部门出具的现状确认文件。

（3）属于历史遗留违法建筑情形的，审查是否符合《深圳经济特区处理历史遗留违法私房若干规定》《深圳经济特区处理历史遗留生产经营性违法建筑若干规定》《关于农村城市化历史遗留违法建筑的处理决定》等深圳市关于历史遗留违法建筑处理的规定，审查是否取得区历史遗留违法建筑处理部门出具的相关意见，并向规划国土部门申请土地、建筑物权属认定。

（4）属于房地产登记历史遗留问题的，审查是否已经依照规定取得规划确认文件、土地权属证明，依法应予行政处罚的是否已由有关主管部门给予处罚，并向规划国土部门申请土地、建筑物权属认定。

2. 建筑物权利负担核查

城市更新项目范围内土地及建筑物的权利负担主要包括抵押、租赁、信托、交换或偿还债务、任何形式的权利负担等。在审查项目所涉土地、建筑物存在的权利负担时,需要特别核查相应的抵押合同、租赁合同、信托协议、债权债务合同等约定权利负担的书面文件,以及在房地产权登记中心查询的《房地产权抵押登记查询表》、土地租赁登记备案文件等。在取得上述文件后,需要对项目所涉土地及建筑物权利负担情况进行梳理。例如,取得租赁合同后需要明晰合同主体、租赁期限、租金标准、租金给付方式,是否有因"三旧"改造或者城市更新而约定的免责条款等基本信息,在此基础上整体把握租赁清退难度、预估耗用成本及时间。

3. 权属纠纷或争议情况核查

项目土地及地上建筑物是否存在纠纷、争议或潜在纠纷、潜在争议是开展城市更新项目法律尽职调查时需要重点关注的方面。例如,集体土地转为国有土地的补偿未落实,引发村民与市场主体的权属纠纷;项目开发对周边片区造成影响,可能引起相邻权纠纷等。如果确有纠纷、争议的,应要求被并购方提供书面说明,并根据具体情况,对土地涉及的相关诉讼或仲裁文书资料、执行文件,或相关主体就土地争议纠纷事项达成的和解协议等文件进行核查。

(二)物业权利人履约能力及意愿核查

置身于复杂的土地交易市场,除对政策导向、项目行政审批程序、土地及建筑物现状及权属等方面进行调查研判外,投资人更应该把控好物业权利人的身体健康及精神状态情况、审查物业权利人的负债及信用情况、是否涉及诉讼或仲裁案件、有无其他固定居所及固定收入来源、物业权利人内部意见是否一致等,以避免搬迁补偿协议签署后,权利人因诉讼原因导致补偿协议项下义务履行不能。

二、合作协议的拟定

城市更新过程中的相关协议是各方良性合作的基础,城市更新高难度、长周期的特点客观上也对合作协议措辞的严谨程度提出了更为严格的要求。建议在合同起草阶段就有专业律师全方位参与,针对性拟定合同条款,让文本更具操作性。

(一)合同义务的细化

合同拟定过程中要注意义务制定的细化。例如,关于权属证明资料的移交,要将此设置为先合同义务,明确移交内容及移交时间,并约定相应的违约责任,以此督促物业权利人尽快依约办理。同时,合同义务的设置应尽量阶段化。建议投资方根据项目开展的关键节点分阶段明确己方的义务履行节点(如付款义务等),这样在项目出现重大风险时,也能够及时止损。

(二)违约责任拟定

为保障合同一方严格依照合同约定履行相应的义务,同时避免守约方产生损失,应当在合同中明确并量化各项义务所对应的违约责任,慎重考虑违约金的设置,适当提高违约金的数额。如一方违约的,则违约方损害赔偿的范围包括实际损失和可得利益损失,守约方应就其遭受的可得利益损失总额及必要的成本费用承担举证责任。若双方约定了违约金,一般能获得法院支持,在一方主张金额过高或者过低时,由主张方承担举证责任。通过横向比较,发生纠纷时,约定违约金的情况下,守约方的举证责任更为容易,降低了举证成本。基于城市更新过程的复杂性,市场主体在约定违约金时应当审慎,在确定违约金前应对项目价值进行充分的论证分析,根据不同的情形,恰当约定违约金数额。

(三)解除合同条款

协议中对于合同解除条款应作出明确的约定。为避免权利人恣意行使合同解除权,阻碍项目进展,对一般违约及根本违约的情形予以明确;同时,对解除合同的条件应予以限制,明确除法定情形和合同约定情形外,任一方不得单方解除合同;此外,合同也要对一方擅自解除合同的责任提前约定。

三、合同的履行过程中严格履约、控制风险

城市更新项目的周期长,合作过程中对于投资方与物业权利人的配合度要求也较高,一旦双方合作丧失了信任基础,项目也就无法继续开展。但若合作一开始,双方即对可能面临的问题、合同具体履行期限、违约责任等

作出约定,可大大降低后续出现重大变化时双方产生争议纠纷的可能,也可以增加业主方违约成本以降低违约概率,维护投资方的权益。

(一)市场主体依法依约全面履行合同义务

以城市更新的搬迁补偿过程为例,市场主体的违约行为有可能是未按约定进行货币补偿和搬迁期内的房租补偿,有可能是未按约定办理搬迁入住或未办理补偿房屋的房地产权证或补偿的房屋面积和质量未达标准等。而物业权利人的违约行为包括不按约定腾退房屋、未按约定协助办理房屋产权注销手续、在签订搬迁补偿协议后将自己的房产转卖他人、拒不办理补偿安置房产的入住手续等。对于市场主体而言,要想在诉讼中取得好的结果,首先就要做到自己不违约,尤其是不根本违约,不能让物业权利人抓住把柄并据此拒绝履行合同义务。

(二)证据固定

对合作协议履行过程中的往来资料、工作成果应予以留存,以便出现争议时尽可能维护己方利益。对于市场主体而言,应注重保留己方在合作中所完成的工作及工作成果、产生费用等的凭证,以便日后在对方出现违约或是出现新的合作方时主张自己的权益。对于合作双方而言,双方在履行过程中通过往来函件达成的共识也是合同的重要组成部分,而往来函件中商议事情、提出要求等内容也能从一定程度上证明一方在履约过程中的过错,为日后主张权益证明过错责任提供了依据。同时,在履行过程中权利义务的变化均应由相应的书面文件落实,如争取对方同意款项的延期支付、分批支付等,均须达成补充协议,以免口说无凭;如因不可抗力等客观原因迟延履约的,应及时取得相关证据或对方的书面认可,尽可能做到无懈可击,避免被物业权利人抓住把柄,进而使得物业权利人以市场主体提前违约为由行使合同解除权;此外,严格依照协议履行通知义务,注重留存合同履行过程中各类通知送达凭证,为后续争议解决提供保障。

(三)标准统一

更新项目中要尽可能保证整个项目补偿标准的统一性,否则容易引发公平问题和被搬迁人的毁约行为。对于存在特别补偿要求的被搬迁人,建议搬迁人通过如“选房顺位”等隐形补偿方式来满足其搬迁补偿要求；同时，建议搬迁人与存在特别要求的被搬迁人签署保密协议，并可针对性采取保密措施，以免其他被搬迁人以此为由拒不履行搬迁义务。

（四）诉讼策略制定

争议发生后，应及时止损，并及时利用法律武器维护己方权益，一旦解除协议条件成就，除非双方能够就继续履行达成一致意见，投资方应考虑适时止损，并根据实际情况选择对己方最有利的诉求，维护己方的合法权益。物业权利人违约纠纷发生时，投资方虽未违约，但大多处于不利境地。在这种情况下，适时采取正确的诉讼、仲裁策略，往往能最大限度地止损，有时甚至还能变被动为主动。

四、推动主管部门出台预告登记的实施制度

由于不动产交易的特殊性，从债权行为的成立到不动产的移转登记往往需要一定时间，容易给物业权利人违约处分以可乘之机。《民法典》第 221 条第 1 款规定，当事人签订买卖房屋的协议或者签订其他不动产物权的协议，为保障将来实现物权，按照约定可以向登记机构申请预告登记。预告登记后，未经预告登记的权利人同意处分该不动产的，不发生物权效力。同时，《深圳城市更新条例》第 31 条规定：“搬迁补偿协议签订后，市场主体可以按照约定向不动产登记机构申请办理被搬迁房屋的相关预告登记。预告登记的期限由双方当事人约定。约定登记有效期间，双方当事人可申请注销预告登记。期限届满或者城市更新项目调出城市更新单元计划的，预告登记失效。预告登记有效期内，未经预告登记权利人一致同意，不动产登记机构不受理被搬迁房屋的不动产转移、抵押或者变更等登记业务。”《深圳城市更新条例》的这一规定与《民法典》相衔接，如善加运用，可有效杜绝物业权利人违约转卖的乱象，避免发生不必要的合同纠纷。

第七章 确权纠纷

城市更新确权争议解决中的法律问题与城市更新政策密切关联，存在类型化特征。不同权利主体之间围绕拆迁权益产生的建筑物权属确认等纠纷频发。城市更新项目中签订搬迁补偿协议的签约主体在协商、谈判层面的维权或实体法律诉讼层面的维权均需要熟悉城市更新政策的律师通过非诉或诉讼途径获得搬迁补偿权益。本章通过梳理城市更新确权纠纷权利人认定的事实依据、法律依据，以及城市更新确权纠纷典型案例归纳争议中存在的问题，解析裁判结果，形成律师观点，为处理确权纠纷解决提供参考。

第一节 城市更新确权纠纷表现形式

城市更新确权纠纷具有确权纠纷类型多、难度大、缺乏统一规范的特征。城市更新项目中的“确权”，是历史遗留违法建筑（以下简称历史遗留违建）有权签订搬迁补偿协议的依据。近年来，城市更新项目实施主体与权利人之间或多个争议主体之间的纠纷大量出现。针对历史遗留违建在城市更新中的确权问题，从效力层面分析，对历史遗留违建权利人的确权并非行政确权，不具有物权确认效力；对历史遗留建筑物权利人进行核实的确权结果也会经常出现原权利人与实际权利人完全不一致的情形。对历史遗留建筑物的真实权利人的权益保护，需要考虑建筑物的土地性质或土地用途，如项目涉案的土地是否属于已征、已转的国有地，或属于待征待转的集体土地等诸多复杂因素。

一、城市更新项目中历史遗留违建确权纠纷

（一）历史遗留违建确权认定程序引发的纠纷

城市更新过程中的确权争议主要集中在确权的认定程序，各区的土地监察机构、辖区街道办事处及原农村集体经济组织继受单位等部门负责收集、整理历史遗留违建权利人申报及核实，并将汇总的核实结果，进行不低于15天的公示，公示期满无异议的，报区城市更新和土地整备局对外公布。如确权公示期内第三人要求将历史遗留违建确权至其名下的，需要向公示部门提出书面异议和提交权利人属于异议人的证据；公示部门在10个工作日内完成公示异议处理，并书面告知处理结果；第三人异议被驳回，第三人可以向法院提起搬迁补偿权益归属的诉讼，由法院判决确认搬迁补偿权利人。

（二）历史遗留违建中集体土地权属争议、未完善出让手续用地所引发的确权纠纷

我国1982年《宪法》确立了土地的社会主义公有制即全民所有、劳动群

众集体所有,在土地所有权方面权利人仅体现为国家或者农村集体经济组织的土地和房屋的所有权二元并立。

早在1950年,广东省宝安县人民政府便向当时辖区内的居民颁发了土地房产所有证,载明“土地、房产作为权利人的私有产业享有耕种、居住、典卖、转让、赠与、出租等自由,任何人不得侵犯”。其中,房屋的登记信息包括坐落、种类、间数、原地基习惯单位数、折市亩数、地基四至、附属物、备考等信息。

城市更新项目的土地如属于集体用地,土地建筑物归实际权利人所有,该权利人可以是法人或者自然人,权利主体之间对建筑物所享有的相关权益可以进行转移或市场流通。实务中,权利人与村集体签订合作建房协议的时间久远,依据合同签订时适用的法律规定对合作开发协议进行审查后,可以明确争议土地权属。

历史遗留违建还存在其他诸多未办理完善征地手续的土地确权纠纷,例如,由于历史遗留违建地块属于村集体,争议地块之前被批准由政府单位征用,后未办理征用手续产生的土地确权纠纷;国有企业批准征地范围后,因征用主体未向村集体支付任何征地补偿款,亦未办理后续征用地手续,一直使用或者未办理征地手续,后其将地块转让出现第三方权利人的土地确权纠纷。根据历史遗留违建土地的具体使用情况,可通过谈判或诉讼途径解决权属争议。

(三)历史遗留违建实际权利人引发的确权纠纷

对于历史遗留违建,目前尚无相关法律规范解决其权属确认问题,历史遗留违建实际权利人不存在物权主体身份的情况下,城市更新项目通过特定的程序,通过获得搬迁补偿权益的路径,得到可以进入市场流通的合法物权,解决实际权利人的确权问题。

历史遗留违建搬迁补偿权益的获得,可以从历史遗留违建的真实权利人的实际权利来源、权利是否转移等角度查明事实,并对建筑物权属进行认定,如持有新权属证明的一方称其为权利人并请求确权的,可以让其提供建筑物权利来源的受让或继受证明的证据,根据证据链的形成是否达到高度盖然性来确认历史遗留违建的实际权利人是否属于受让的新权利人所有,反之,历史遗留违建的实际权利人当然为原权利人所有。

另外,土地房屋权属来源证明材料未确定土地用途、房屋用途的,按规划、报建相关材料确定土地用途、房屋用途。土地房屋权属来源证明材料及规划、报建相关材料均未明确土地用途、房屋用途的,由主管部门派出机构或辖区街道办事处进行公告,经公告无异议或者异议经妥善处理后,依据现状予以确定。

区城市更新职能部门出具历史遗留问题规划用地处理意见书应当载明土地使用权人、土地位置、宗地号、宗地代码、土地用途、使用期限、地价款、房屋性质等信息,建筑物面积及分项指标、房屋用途等内容。按栋办理规划确认手续的,还应当载明具体位置。这样才能方便后续的确权工作。另外,对无产权登记房屋,俗称“小产权房”的权属确认,可以参照区城市更新职能部门的做法,针对城市更新项目中关于无产权登记房屋权属的认定以街道办事处确权为准。

(四)历史遗留违建签订搬迁补偿协议的签约主体引发的确权纠纷

深圳城市更新项目在签订搬迁补偿协议前,须确定合理合法的被搬迁人。实践中,城市更新搬迁补偿协议签约主体的确定按照如下顺序进行:(1)如被搬迁物业取得不动产权属证明,直接依据相关权属证书或证明文件登记的权利人作为签约主体;(2)如被搬迁物业未取得不动产权属证明,依据相关历史遗留违建处理决定,并经街道、社区的核查以及村股份公司或集体经济组织出具书面证明,可以依据处理决定记载的权利人为签约主体;(3)如未取得相关历史遗留违法建筑处理决定,依据“两证一书”或历史遗留建筑的申报回执,并经街道、社区的核查以及村股份公司或集体经济组织出具书面证明,其可以作为签约主体;(4)如取得相关司法仲裁的裁判文书,依据相关司法、仲裁裁判文书,并经街道、社区的核查以及村股份公司或集体经济组织出具书面证明,其可以作为签约主体;(5)如没有取得任何权属证明文件,则需要提供建设房屋的证明文件,包括土地来源、投资建设、合作建房等的材料,或相关流转协议、实际占用及书面承诺等辅助性证明文件,经街道、社区或者村股份合作公司出具证明文件,并经过一定公示公告程序后,其可以作为签约主体。

（五）历史遗留违建委托他人管理等原因引发的确权纠纷

城市更新项目权属核查过程中，如实际权利人将建筑物委托他人进行管理，街道办事处或土地整备中心将建筑物确认给管理人的，其需要提供管理人是基于受实际权利人委托管理建筑物而取得建筑物的占有、使用的证据，在异议程序中有利于对建筑物真实权属的认定，包括但不限于委托或托管协议、实际权利人修缮建筑物的凭证及其他享有受益权的证明。在民事法律关系、行政法律关系中常常出现大量复杂的法律问题，如不能通过协商处理，则需要在专业人士的帮助下通过非诉或诉讼解决相关确权争议。

为了解决城市更新确权争议，实施主体应正确地确认建筑物权属，并与真实权利人签署搬迁补偿协议，由城市更新实施主体直接将建筑物予以拆除，建筑物的搬迁补偿权益并不以土地或建筑物合法或确权为前提条件。解决好确权争议，帮助实际权利人获得属于自己的回迁房，不仅有利于保护实际权利人的合法利益，顺利推进城市更新进程，还可以有效减少法律纠纷，避免不必要的诉讼或可能出现的重复补偿的损失。

实务中，法院针对不同确权纠纷处理的表现形式，实际权利人进行维权，如向法院提起诉讼，法院在受理案件或者审理过程中，无论是土地使用权争议或建筑物权属争议问题，法院可能会裁定不予受理或者径行驳回原告起诉，而非受理、立案后依据各方提供的证据做出裁判。

二、城市更新确权纠纷权利人的法律依据

（一）《民法典》

第 208 条规定："不动产物权的设立、变更、转让和消灭，应当依照法律规定登记。动产物权的设立和转让，应当依照法律规定交付。"

第 209 条规定："不动产物权的设立、变更、转让和消灭，经依法登记，发生效力；未经登记，不发生效力，但是法律另有规定的除外。依法属于国家所有的自然资源，所有权可以不登记。"

第 216 条规定："不动产登记簿是物权归属和内容的根据。不动产登记簿由登记机构管理。"

第 234 条规定："因物权的归属、内容发生争议的，利害关系人可以请求

确认权利。”

(二)最高人民法院《关于适用〈中华人民共和国民法典〉物权编的解释(一)》

第 1 条规定:“因不动产物权的归属,以及作为不动产物权登记基础的买卖、赠与、抵押等产生争议,当事人提起民事诉讼的,应当依法受理。当事人已经在行政诉讼中申请一并解决上述民事争议,且人民法院一并审理的除外。”

(三)最高人民法院《关于适用〈中华人民共和国民事诉讼法〉的解释》

第 208 条规定:“人民法院接到当事人提交的民事起诉状时,对符合民事诉讼法第一百二十二条的规定,且不属于第一百二十七条规定情形的,应当登记立案;对当场不能判定是否符合起诉条件的,应当接收起诉材料,并出具注明收到日期的书面凭证。需要补充必要相关材料的,人民法院应当及时告知当事人。在补齐相关材料后,应当在七日内决定是否立案。立案后发现不符合起诉条件或者属于民事诉讼法第一百二十七条规定情形的,裁定驳回起诉。”

(四)《土地管理法》

第 14 条规定:“土地所有权和使用权争议,由当事人协商解决;协商不成的,由人民政府处理。单位之间的争议,由县级以上人民政府处理;个人之间、个人与单位之间的争议,由乡级人民政府或者县级以上人民政府处理。当事人对有关人民政府的处理决定不服的,可以自接到处理决定通知之日起三十日内,向人民法院起诉。在土地所有权和使用权争议解决前,任何一方不得改变土地利用现状。”

(五)最高人民法院《关于房地产案件受理问题的通知》

第 3 条规定:“凡不符合民事诉讼法、行政诉讼法有关起诉条件的属于历史遗留的落实政策性质的房地产纠纷,因行政指令而调整划拨、机构撤并分合等引起的房地产纠纷,因单位内部建房、分房等而引起的占房、腾房等房地产纠纷,均不属于人民法院主管工作的范围,当事人为此而提起的诉讼,人民法院应依法不予受理或驳回起诉,可告知其找有关部门申请解决。”

（六）最高人民法院《关于审理城镇房屋租赁合同纠纷案件具体应用法律若干问题的解释》

第 2 条规定:“出租人就未取得建设工程规划许可证或者未按照建设工程规划许可证的规定建设的房屋,与承租人订立的租赁合同无效。但在一审法庭辩论终结前取得建设工程规划许可证或者经主管部门批准建设的,人民法院应当认定有效。”

第 4 条规定:“房屋租赁合同无效,当事人请求参照合同约定的租金标准支付房屋占有使用费的,人民法院一般应予支持。当事人请求赔偿因合同无效受到的损失,人民法院依照民法典第一百五十七条和本解释第七条、第十一条、第十二条的规定处理。”

（七）自然资源部《关于加快解决不动产登记若干历史遗留问题的通知》

第 5 条规定:“关于原分散登记的房屋、土地信息不一致,项目跨宗地建设问题。分散登记时,已经分别登记的房屋和土地用途不一致的不动产,继续分别按照原记载的房屋土地用途进行登记,未经依法批准不得改变已登记的不动产用途;因房屋所有权多次转移、土地使用权未同步转移导致房屋、土地权利主体不一致的,经核实,权属关系变动清晰且无争议的,可以根据规定程序由房屋所有权人单方申请办理房地权利主体一致的不动产登记。房屋和土地有合法权属来源文件、跨宗地建设未超出批准用地范围,无调整宗地需求的,可按照所在宗地分别办理不动产登记;有调整宗地需求的,经自然资源主管部门进行宗地边界调整或宗地合并、分割后,办理不动产登记。……”

（八）深圳市住建局、深圳市规自局《住宅类历史遗留违法建筑交易查处通知》

第 3 条规定:“城市更新项目纳入更新单元计划前,各区政府应按规定组织开展住宅类历史遗留违法建筑物业权利人核实工作;对未开展物业权利人核实且尚未确认实施主体的更新项目,由各区政府在本通知发布之日起 6 个月内组织补充开展物业权利人核实,防范城市更新过程中回迁房炒作。城市更新市场主体与未经核实确认的物业权利人签订的搬迁补偿协议不予备案。”

第二节　城市更新确权纠纷典型案例

一、历史遗留违建土地确权纠纷的非诉典型案例

（一）案情简介

2018年，深圳市某区某花园片区启动棚户区改造项目。在意愿征集阶段，某花园的实际权利人将《合作投资建房合同》复印件拿到A公司（村股份公司）加盖公章以证明权属。A公司以某花园历史遗留违建的土地及地上建筑均属于A公司所有为由，拒绝加盖公章。A公司认为，涉案宗地在A公司资产清单内，A公司要求与业主共同与某街道办、某人才安居公司签订《搬迁补偿协议》，该请求一直未得到明确回复，之后，某街道办、某人才安居公司与没有任何权属证明文件的实际权利人签订了《搬迁补偿协议》。

A公司就历史遗留违建范围所涉土地性质，向政府相关部门发出厘清土地、建筑属性质的函件；向某区城市更新土地整备局提出各项异议；向深圳市规划和自然资源局、某区政府、某区城市更新土地整备局、某人才安居公司、某区建设工程事务监督管理中心、某区住房和建设局、某区国有资产监督管理局等申请信息公开等。

由于某街道办、某人才安居公司、某建设工程有限公司未在改造项目工地及周边张贴任何合法拆除文件，就准备拆除某花园的历史遗留违建，A公司村民自发维权不同意拆除，要求相关单位出示合法拆除依据的法律文件。A公司表示，愿意配合政府棚户区改造工作，多次主动向某街道办、某人才安居公司协商补偿方案等事宜，某区政府也多次安排沟通座谈会，对A公司的诉求进行研讨论证，均未果。后政府多次组织协调会，经过多轮协商、谈判等，最终取得预期效果，有效避免了集体资产流失的不利后果。

（二）处理结果

某区委政府、某区委政法委、某区司法局、某区住建局、某区信访办、某

区城市更新和土地整备局、某区国资委、深圳市规划和自然资源局区管理局、某街道办、某人才安居公司等组成工作小组，开展多次协调会，集体讨论解决A公司土地确权纠纷，多次会议后，采纳了A公司的观点。涉案宗地确权纠纷的解决方案为：以会议纪要的形式将一栋价值1亿余元的房产由某人才安居公司出资，直接过户到A公司名下，进行补偿。

（三）律师评析

1.涉案《合作投资建房合同》法律关系的认定

根据《国有土地使用权合同司法解释》第22条规定："合作开发房地产合同约定提供资金的当事人不承担经营风险，只分配固定数量房屋的，应当认定为房屋买卖合同。"第23条规定："合作开发房地产合同约定提供资金的当事人不承担经营风险，只收取固定数额货币的，应当认定为借款合同。"第24条规定："合作开发房地产合同约定提供资金的当事人不承担经营风险，只以租赁或者其他形式使用房屋的，应当认定为房屋租赁合同。"

上述案例中，A公司与实际权利人签订的《合作投资建房合同》显示，"交清投资款后，50年内有权使用、出租、继承"。合同条款明确，投资者提供资金不承担经营风险，只获得使用房屋50年的权利，此行为与只分配固定数量房屋的房产买卖合同或只收取固定数额货币借款合同关系行为的本意相悖，收取实际权利人投资款实为房产租赁合同关系。

如将涉案《合作投资建房合同》认定为房屋租赁合同，则该合同囿于法律规定租赁期限的最高限制（租赁期限自签订之日起不得超过20年）的规定，超过20年的部分无效。笔者认为，某街道办、某人才安居公司认定该合同为房产买卖合同依据不足，投资人获得搬迁补偿所有的权益，会造成A公司集体资产流失的不利后果发生。

2.历史遗留违建土地、建筑权属认定的重要性

某棚户区改造项目涉及A公司的宗地实际属于征地返还用地，即属于集体土地，未按照《土地管理法》的规定经过完整的征地程序，其土地性质不会自动转变为国有用地。完整的征地程序主要包括发布征地决定、对土地进行补偿及移交入库。政府发布征地决定后，将原农村集体经济组织成员身份由村民转换为居民，按照《土地管理法》及其实施条例的规定，其所有的土地并不当然转变为国有。政府相关部门就A公司所涉宗地作出属于国有

未出让的认定并复函给某人才安居公司，导致历史遗留违建的实际权利人与某街道办、某人才安居公司签订《搬迁补偿协议》的结果发生。

依据《土地管理法》的相关规定，土地所有权和使用权争议由当事人协商解决；协商不成的，由人民政府处理。个人与单位之间的争议，由乡级人民政府或者县级以上人民政府处理。当事人对有关人民政府的处理决定不服的，可以自接到处理决定通知之日起30日内，向法院起诉。在土地所有权和使用权争议解决前，任何一方不得改变土地利用现状。所涉历史遗留违建土地、建筑权属纠纷解决前，相关单位不得改变土地利用现状。涉案宗地属于未征未转的集体土地，且在A公司资产清单内，A公司就所涉宗地向实施主体提出异议以及提出与实际权利人共同与某街道办、某人才安居公司签订《搬迁补偿协议》事宜未厘清解决好之前，不适宜对涉案历史遗留违建进行强行拆除行为。

3. 搬迁补偿协议签约主体纠纷各方的观点

涉案城市更新项目历史遗留违建实际权利人的认定是针对搬迁补偿协议签约主体身份的确认，土地、建筑物信息核查阶段权属确认依据，涉案《合作投资建房合同》合同性质及涉案宗地土地权属性质如何认定产生的确权问题，各方持有不同观点。

A公司认为：A公司提供土地与案外人开发建设，并在《合作投资建房合同》中约定，涉案物业所有权属于A公司，投资人有50年的房屋使用权，投资人在50年使用权到期后，需无偿归还该物业，该合同性质属于房屋租赁合同。某街道办、某人才安居公司在A公司明确拒绝盖章的情况下，依据《合作投资建房合同》将投资人确定为“实际买受人（实际占有人）”并与之签订《搬迁补偿协议》的行为是错误的，该行为侵害了A公司的合法权益。

《国有土地使用权合同司法解释》（2005年）第27条[1]规定：“合作开发房地产合同约定提供资金的当事人不承担经营风险，只以租赁或者其他形式使用房屋的，应当认定为房屋租赁合同。”《民法典》第705条规定：“租赁期限不得超过二十年。超过二十年的，超过部分无效。租赁期限届满，当事人可以续订租赁合同；但是，约定的租赁期限自续订之日起不得超过二十年。”作为“承租人”的投资人依据上述《合作投资建房合同》依法对涉案物

[1] 相关规定参见2020年修正的此解释第22条。

业仅能享有20年(1995～2015年)承租使用的权利。2015年之后,A公司并未与投资人续订任何形式的租赁合同,因此,A公司有权要求作为“承租人”的投资人腾退房屋。A公司拥有争议违建物业及土地的合法权利,改造项目搬迁补偿的权益应该归A公司与投资人按比例共同所有。某街道办、某人才安居公司应与A公司及业主共同签订《搬迁补偿协议》,兼顾各方合法权益。

某人才安居公司认为:参照《国有土地使用权合同司法解释》(2005年)第25条[1]“合作开发房地产合同约定提供资金的当事人不承担经营风险,只分配固定数量房屋的,应当认定为房屋买卖合同”的规定,实际权利人签订的《合作投资建房合同》性质应为房屋买卖合同。某区城市更新和土地整备局致某人才安居公司的复函中认定,经查询,涉案宗地面积4000多平方米与改造范围内重叠近4000平方米,属于未完善征(转)国有未出让用地,故某街道办、某人才安居公司只需与改造项目所有历史遗留违建的实际权利人签订《搬迁补偿协议》即可。

笔者认为:A公司所述观点更符合城市更新项目历史遗留违建实际权利人确定的相关法规及规范性文件的要求。涉案城市更新项目操作过程中,实施主体所确定的搬迁补偿协议签约主体,未达到相关规范性文件所规定的确定被搬迁人需要合理合法的要求。

深圳经济特区发展具有特殊性,各区存在不同类型的“确权难”问题。依据《深圳城市更新条例》等有关规定,拆除范围内用地属于城中村、旧屋村或者原农村集体经济组织和原村民在城中村、旧屋村范围以外形成的建成区域的,区城市更新部门应当在物业权利人更新意愿核实阶段组织区规划土地监察机构、辖区街道办事处和原农村集体经济组织继受单位对历史违建物业权利人进行核实,由经核实的物业权利人与实施主体签订搬迁补偿协议。涉案城市更新项目的被搬迁物业实际占有人未取得相关不动产权属证明,实施主体在其提供的辅助性证明文件不足的情形下,直接与实际占用人签订搬迁安置补偿协议,可能不合理或不合规导致纠纷。按相关规定,实施主体在穷尽一切办法还是无法确定实际权利人的情况下,才可以将实际占用人作为实际权利人,并由其出具书面承诺进行兜底,就争议解决措施、

[1] 2020年修正的此解释已将本条删除。

责任承担主体等进行约定后，与其签订搬迁补偿协议。

（四）案例延展

1. 深圳城市更新项目中历史遗留违建实际权利人的确权

历史遗留违建，一般不具有合法建造房屋的相关手续，不满足事实行为取得房屋所有权的前提条件，实际权利人对涉案房产并不享有所有权，其所享有的是房产50年的使用权，根据合同相对性的原则，其法律效力仅约束合同各方，且不具有公示效力。

深圳经过两次城市化，成为全国首个无农村、无农民的城市。历史遗留违建在深圳城市更新中是无法回避的问题，也是深圳城市化发展过程中形成的特有现象。对城市更新范围内历史遗留违建的权利人的确定，是城市更新意愿开展过程中必然面临和必须解决的问题。城市更新意愿征集必须先确定历史遗留违建权利人，之后在搬迁补偿阶段该权利人即成为签订搬迁补偿协议的权利主体。实质上搬迁补偿协议就是对历史遗留违建权利人权利的确认和未来实现方式的约定，因此历史遗留违建权利人经核实后，就是回迁物业的实际享有物权人。有的历史遗留违建权利人需要政府部门甚至有时是司法部门的认定和确认或通过判决等确立，进而才能确定城市更新意愿的适格主体和搬迁补偿的对象。因此，历史遗留违建权利人核实对城市更新意愿的核实和搬迁补偿等的落实具有基础性和决定性的作用。

2. 司法实践中应平衡好各方权利主体之间权益

我国经济快速发展，土地资源极其珍贵，在市场不断繁荣发展的过程中，深圳形成了许多历史遗留违建，对土地产权的滥用已影响城市的发展。城市更新符合绝大多数人的共同利益，但城市更新过程中伴随着既有利益格局的调整和打破、利益博弈的过程、利益平衡的实现、政府职能的发挥等。

土地制度是一个国家的根本制度，利益的分配和调整事关重大。党的十八届三中全会制定的中共中央《关于全面深化改革若干重大问题的决定》提出“建立兼顾国家、集体、个人的土地增值收益分配机制”，指明了今后土地制度改革的大方向。如何寻求各方的利益平衡点？针对原村集体经济组织继受单位、实际占有、使用的土地，应当以利益共享和责任共担为原则，就增值收益部分，在多主体之间进行合理分配。如何对国家政策方针积极响应和实践，并解决利益分配上的矛盾？主要在于对利益共享机制的设计，使土地增值收益在政府、村股份公司、投资人之间进行公平合理的分配，并在过程中充分发挥政府职能的作用，解决原村集体土地的历史遗留问题。

二、历史遗留违建权利人核实阶段是否为确权的典型案例[1]

（一）案情简介

2018 年 4 月 23 日，被告深圳市龙岗区某街道办事处（以下简称龙岗某街道办）在《深圳侨报》发布《龙岗区某某土地整备项目征收房屋权属核查信息公示》，公示测绘编号 6－2、6－3、6－6 的房屋权利人为第三人巫某甲，并载明如对房屋权利人有异议，要求在公示之日起 15 日内带齐产权资料到某街道土地整备中心办公室核实。2018 年 4 月 26 日，两原告付某、巫某乙向被告提交书面异议函，对将涉案房屋权利人确认为第三人巫某甲提出异议。2018 年 6 月 14 日，被告就该异议组织了协调会。

原告付某、巫某乙称，房屋搬迁补偿确权过程中，龙岗某街道办、深圳市龙岗区某街道土地整备中心错误将自己的房屋确认给了第三人，二原告认为龙岗某街道办核查过程行为有过错，向法院提起诉讼。

原告付某、巫某乙的起诉请求为：撤销被告龙岗某街道办在房屋搬迁补偿确权过程中，将某土地整备项目测绘编号 6 祖屋中的 6－2 号、6－3 号、6－6 号祖屋错误确权给第三人巫某甲的确权决定。

被告龙岗某街道办抗辩称，原告付某、巫某乙不是该案适格原告。原告既未提供对涉案房屋持有的相关产权证书，也未能提供涉案房屋所在地深圳市龙岗区某街道某社区某居民小组、深圳市龙岗区某街道某社区居民委员会、深圳市 A 股份合作公司某分公司作出的其对涉案房屋拥有合法权益的相关证明。因此，原告不具备该案的主体资格。除此之外，该案的涉案行政行为不属于法院的受案范围。被告作出的涉案行政行为属于深圳市龙岗区人民政府作出行政征收决定过程中依法进行的程序性行为，属于行政机关作出房屋征收行为前的准备、论证行为，因此，该涉案行政行为对原告的权利义务不产生实际影响，不具有可诉性。

---

[1] 参见广东省深圳市中级人民法院行政裁定书，（2020）粤 03 行初 93 号。

(二)处理结果

法院认为,原告付某、巫某乙请求撤销被告龙岗某街道办将涉案房屋确权给第三人巫某甲的确权决定,并主张确权决定的载体一是被告龙岗某街道办在《龙岗区某某土地整备项目房屋权属核查意见表》上盖章确认相关部门有关第三人巫某甲为权利人的核查意见;二是被告龙岗某街道办在报纸上刊登《龙岗区某某土地整备项目征收房屋权属核查信息公示》,确认涉案房屋权利人第三人巫某甲。根据庭审查明的事实,核查信息公示中载明"如对下列公示房屋权利人有异议的,请在自公示之日起 15 日内带齐产权资料到龙岗街道土地某中心办公室核实",原告付某、巫某乙在公示期内提出了异议。

核查意见表体现的是被告龙岗某街道办对涉案房屋权利人自行申报,居民小组、社区股份公司以及街道办事处内各工作部门核查意见予以审核的内部工作流程。虽然被告龙岗某街道办有在意见表上盖章并签署"同意中心意见",但之后仍在开展协调工作。据被告龙岗某街道办庭审陈述,其仍在处理原告付某、巫某乙异议的过程中、尚未作出最终处理或认定结论;涉案房屋虽已被拆除,但相关补偿款项并未实际发放或确认发放对象;后续也还将作出最终处理结论。因此,被告龙岗某街道办针对涉案房屋权利归属并未作出终局性的决定,原告付某、巫某乙主张的确权决定并不存在;核查意见盖章或核查信息公示,仅是权属核查过程中的阶段性行为,对原告的权利义务不产生实际影响。因此,深圳市中级人民法院裁定驳回原告付某、巫某乙的起诉。

(三)律师评析

1. 辖区街道办权属核查过程中的阶段性行为,不产生对历史遗留违建权属确认的法律效力

上述案例中的被告龙岗某街道办已经履行了基本核查程序,亦出具了正式的核查意见,为保证相关权益人的合法权益,在报纸及网站上进行公示,按相关规定载明异议期。龙岗某街道办核查意见盖章或核查信息公示,仅是其权属核查过程中的阶段性行为,并非对历史遗留违建的确权;且涉案房屋虽已被拆除,但相关补偿款项并未实际发放或确认发放对象,故对原告

付某、巫某乙的权利义务还未产生实际影响。如龙岗某街道办确实存在核查错误,涉案房产存在权属争议,后续龙岗某街道办应作出处理结论,避免产生新矛盾。

2. 政府核实、确认历史遗留违建实际权利人享有与市场主体签订搬迁补偿协议的资格,不是对历史遗留违建的确权

《深圳城市更新条例》第 30 条规定:“区城市更新部门负责对物业权利人更新意愿进行核实。属于本条例第二十五条第一款、第三项规定情形的,区城市更新部门应当在物业权利人更新意愿核实阶段组织区规划土地监察机构、辖区街道办事处和原农村集体经济组织继受单位对历史违建物业权利人进行核实,由经核实的物业权利人与市场主体签订搬迁补偿协议。”用地属于城中村、旧屋村或者原农村集体经济组织和原村民在城中村、旧屋村范围以外形成的建成区域的,除了需要征求原农村集体经济组织继受单位的更新意愿外,区城市更新部门还得核实上述用地上的历史遗留违建实际权利人;经区城市更新部门核实的历史遗留违建实际权利人才有权利与市场主体签订搬迁补偿协议。

深圳市规自局《关于做好城市更新项目历史遗留违法建筑物业权利人核实有关工作的通知》规定,“历史违建物业权利人的核实结果仅用于城市更新项目搬迁补偿协议签订资格的确认,不作为权属确认依据”。

结合相关规范性文件看,政府只对城市更新、土地整备项目范围内的住宅类违法建筑物业实际权利人进行核实,即只针对项目范围内未办理产权登记的建筑物;核实后,开发主体与经核实的物业实际权利人签订搬迁补偿协议并备案。辖区街道办事处对历史遗留违建实际物业权利人核查,确认享有签订拆补协议的资格的权利主体,不产生对历史遗留违建权属确认的法律效果。

2021 年 8 月,深圳市住建局、深圳市规自局联合下发《住宅类历史遗留违建交易查处通知》,明确城市更新项目纳入更新单元计划前、土地整备项目在所在辖区的区政府审批实施方案前,所在辖区的区政府应按规定开展住宅类历史遗留违建物业权利人核实工作,杜绝城市更新或土地整备利益统筹等项目开发过程中炒作回迁房引发新的确权纠纷。依据《民法典》物权编的相关规定,不动产物权的设立、变更、转让和消灭,经不动产所在地的登记机构依法登记,发生效力;未经登记,不发生效力,但是法律另有规定的除外。

区城市更新主管部门负责组织相关主管部门开展的历史遗留违建实际权利人核实工作，辖区街道办事处不是核实工作的负责单位，因此，相关权益人一旦发现自己的合法权益遭到侵害，应当及时依法依规向负责历史遗留违建实际权利人核实工作的相关业务主管部门提出异议或进行反映，梳理证据、固化有利证据，启动非诉及诉讼程序，保护自身合法权益，避免自身经济利益遭受损失。

3. 历史遗留违建实际权利人核查过程中应审慎认定实际权利人

依据深圳市人大常委会《关于农村城市化历史遗留违法建筑的处理决定》第 2 条的规定，历史遗留违建是指："（一）原村民非商品住宅超过批准面积的违法建筑；（二）1999 年 3 月 5 日之前所建的符合《深圳经济特区处理历史遗留违法私房若干规定》和《深圳经济特区处理历史遗留生产经营性违法建筑若干规定》（以下简称'两规'）处理条件，尚未接受处理的违法建筑；（三）1999 年 3 月 5 日之前所建不符合'两规'处理条件的违法建筑；（四）1999 年 3 月 5 日之后至 2004 年 10 月 28 日之前所建的各类违法建筑；（五）2004 年 10 月 28 日之后至本决定实施之前所建的除经区人民政府批准复工或者同意建设外的各类违法建筑。"

历史遗留违建实际权利人与原农村集体经济组织继受单位、其他权利主体之间存在土地使用权、地上建筑物置换、无证建筑物确权、权属认定错误等问题，可能导致项目无法签订拆补协议长期停滞或无法形成单一实施主体，影响项目进度。核实后的物业权利人与开发主体签订搬迁补偿协议并备案的，如出现损害第三人权益的情况，则由协议双方或各方按协议约定作出补偿、赔偿。从现有判例来看，若经核实的物业权利人侵害第三人权益，该第三人也只能向经核实的物业权利人追索经济赔偿责任，并不能要求变更房产登记。所以，作为历史遗留违建实际权利人，面对无证建筑物将要纳入城市更新、土地整备项目范围的情况，应当整理好自己的证据材料，证明自己对无证建筑物的实际占有、使用权利，一旦发现自己的合法权益受到侵害，及时向负责核实的政府主管机关提出异议或反映，并通过合法途径解决争议，尽力争取与开发主体签订搬迁补偿协议的资格。

认定享有签订拆补协议资格的历史遗留违建实际权利人，应提交集体土地建设用地使用证、建设工程施工许可证、规划许可证、开工通知书，或赠与、买卖合同，房款支付证明物业合同，出租合同及租金收取凭证，水电费交费凭证等证明自己对该历史遗留违建一直占有使用的书面材料，且以经股份合作公司出具书面确认文件为核查基础，或由股份合作公司与申请人联合进行被搬迁房屋权属公示，经公示无异议或异议解决后才能作为权属证明材料递交政府部门审核。搬迁补充协议中应明确约定签约主体的权属保证、义务及相应的违约责任，充分考虑可能产生的损失以确定合适的违约金的金额或违约金计算标准，同时约定，如产生权属争议，在权属争议未得到司法机关或有关政府部门认定的情况下，开发主体有权暂停支付相关费用或暂停交付补偿房产。

为了提高项目开发效率，应避免物业权利人核查纠纷，如出现确权纠纷，及时请求与争议各方进行调解，或请求政府部门进行调处确权或将搬迁补偿利益在政府部门进行托管或由街道办事处、更新局或股份合作公司提存，尽快拆除房屋，推进项目。

三、不动产确权纠纷的典型案例〔1〕

（一）案情简介

B 公司在 1996 年将其法定代表人由高某变更为金某。A 公司作为卖方（甲方）与金某、朱某作为买方（乙方）签订《深圳市房地产买卖合同》，约定甲方向乙方转让位于深圳市某区房产（涉案房屋）。A 公司收到 B 公司支付的购房款。A 公司在 1996 年 3 月开具销售房地产收入发票，载明付款人为金某和朱某。金某持有该房地产证原件。

原告朱某以金某及另外两名案外人为被告向法院提起诉讼，请求确认金某与另外两名案外人所签订的《房屋租赁合同》无效，并向其支付占有使用费等。被告金某提出反诉。

（二）处理结果

一审法院认为：本案为所有权确认纠纷。涉案房屋的购房款由 B 公司于 1995 年 9 ~ 12 月支付，金某、朱某双方于 1997 年 3 月填写涉案房屋的《深

---

〔1〕 参见广东省深圳市中级人民法院民事判决书，（2021）粤 03 民终 1530 号。

圳市房地产转移登记申请书》,1997 年 10 月完成涉案房屋所有权登记。B 公司于 1995 年 9 ~ 12 月支付涉案房屋购房款,1996 年 3 月变更登记后由金某出任法定代表人,现有证据未显示在变更登记后原公司股东及相关人员对付款行为提出异议,故金某陈述 B 公司实际一直由其控制经营较为可信。朱某主张 B 公司由金某与朱某共同设立、共同经营,朱某以技术作价入股该公司,但朱某并未提交相关证据予以证明,法院对此不予确认。

朱某提交的 C 公司工商信息仅能证明金某曾与朱某儿子朱某某在 C 公司任职,但不能证明金某与朱某共同经营 B 公司的事实,亦不能证明 C 公司与 B 公司存在财务混同,且 C 公司成立时间晚于 B 公司支付房款时间,故朱某关于涉案房屋购房款是由朱某共同经营所得利润支付的陈述,法院不予采信。

金某因患右肾肿瘤于 1997 年 10 月住院治疗,故其陈述为方便朱某协助管理而将涉案房屋部分份额登记在朱某名下具有一定的合理性。

依据朱某陈述,双方于 1998 年发生矛盾,朱某及家人此后未在 C 公司任职,双方亦确认 C 公司在 1998 年后未再继续经营,故朱某辩称此后涉案房屋仍由 C 公司使用,明显不符合常理;双方发生矛盾后未继续往来,但朱某直至 2019 年 8 月才就涉案房屋主张占有使用费,朱某在长达十多年的时间内未与金某就涉案房屋权属发生争议,不符合常理。

综上所述,涉案房屋的房产证原件由金某持有,购房款亦由金某实际控制的 B 公司支付,金某实际管理出租涉案房屋获取收益,金某长期缴纳涉案房屋的物业管理费、专项维修基金和水电费等,而朱某从未对涉案房屋形成有效控制,亦未支付涉案房屋的物业管理费等,且目前无其他权利人就涉案房屋提出主张,故可认定金某为涉案房屋的实际购房人,因此朱某应当协助金某将涉案房屋全部产权过户至金某名下。

为了避免与我国物权登记主义制度冲突,实际权利人应当通过物权转移登记的方式取得物权,金某请求协助办理涉案房屋过户登记的请求已经得到支持,故对金某确权的请求,一审法院不予支持。

二审法院认为,本案的二审争议焦点为以下两点:(1)朱某有无以技术入股 B 公司。B 公司支付的房款是否为双方共同经营所得,是代金某支付还是代双方支付。(2)涉案房产朱某所占 50% 的份额是否为代持。

朱某提交的证据材料不足以证明 B 公司支付的购房款是朱某与金某共

同经营所得利润，亦不足以证明涉案购房款是代金某与朱某共同支付，且金某对此亦不予认可，故对朱某该项主张二审法院不予采信。

金某在一审阶段提交的证据材料已形成了完整的证据链，符合民事诉讼证据高度盖然性的标准，金某主张涉案房产50%的份额为朱某代持合情合理，故二审对金某的主张予以采信。一审判决对此认定并无不妥，二审法院予以维持。

（三）律师评析

1. 确认之诉和给付之诉的主要区别

朱某与金某向法院提起的诉讼请求中均含有确认之诉和给付之诉，朱某请求确认《房屋租赁合同》无效属于确认之诉，支付占有使用费属于具有给付内容的给付之诉。金某反诉中请求确认其为涉案房屋的实际购房人属于确认之诉，朱某配合金某办理涉案房产产权过户登记手续属于具有给付内容的给付之诉。

确认之诉，是指原告请求法院确认其与被告之间是否存在民事法律关系的诉。一方请求确认的争议民事法律关系，既可以是已经受到实际侵害的民事法律关系，也可以是尚未受到实际侵害的民事法律关系。无须相对方积极或消极的行为，一方的请求即得以实现。确认之诉必须是双方当事人只对民事法律关系是否存在发生争议才可以提起，确认具有独立的法律意义。请求法院对当事人之间争议的处于不确定状态的民事法律关系作出肯定或否定的确认，并不需要法院裁判一方为一定的给付行为，确认之诉之后不会进入执行程序。

给付之诉的显著特点就是具有可执行性，一方的给付请求权只有通过相对方的积极作为或不作为才能得以实现；不以双方当事人对民事法律关系是否存在争议为必然前提，只是要求被告履行一定义务。确认当事人之间是否存在某种民事法律关系只是法院做出裁判的前提，不具有独立的法律意义。

法院受理执行案件应当符合“申请执行的法律文书有给付内容，且执行标的和被执行人明确”的条件，即具有给付内容的判决书才能够有执行的具体方案，不易产生纷争。如朱某支付占有使用费的诉讼请求和金某反诉的配合金某办理涉案房产产权过户登记手续的诉讼请求。

2. 除不动产登记外，对房屋的实际控制是确权的重要标准

当事人应当在尊重事实的基础上，积极地维护自己的权益，履行好自己的义务，不能因为在不动产登记上确认了房屋产权地位，就认为自己的房屋处分诉求一定能够得到法律的支持。

上述案例中的房屋所有权的确认纠纷，关键点在于涉案房屋登记在金某、朱某名下，但在较长的时间里，其中一方朱某从未就涉案房屋主张过任何权利，也没有承担任何管理义务，更没有就涉案房屋享受过收益，与之相反的是，另一方金某不仅证明自己实际控制的公司支付了房屋购房款，也证明了自己在长达二十多年里对房屋进行了管理、出租和收益等行为，拿出了较为全面的证据，展示了自己对涉案房屋的控制权，并证明了朱某只是代为持有部分产权的事实，诉请也得到一审、二审法院的支持。

该案中，朱某虽然陈述了大量理由，如主张自己与金某共同经营B公司，但却缺少客观证据支持，更为重要的是，朱某与金某购买涉案房屋后，朱某并未实际使用涉案房屋，也未重视涉案房屋未来可能产生的经济收益，未实际控制涉案房屋，而是在涉案房屋可能涉及旧改，换取较为可观的经济收益时，才向实际控制涉案房屋的金某主张自己的房产权益，就相关事实情况证据不足，朱某承担了不利法律后果。

3. 实际权利人需要提供权利人归属自己的相关证据

《民事诉讼法解释》第108条第1款规定："对负有举证证明责任的当事人提供的证据，人民法院经审查并结合相关事实，确信待证事实的存在具有高度可能性的，应当认定该事实存在。"从"高度可能性"的表述可以看出，我国民事诉讼遵循高度盖然性的证明标准。

证据对房产权利人事实认定是非常重要的，特别是在城市更新项目中对无证建筑物实际权利人的核实，不仅要看当时签订的相关合同、历史遗留申报回执、报建手续等书面文件，更应当充分考量房屋的实际使用情况、管理情况、收益情况等，并要求相关当事人提供充足的证据予以举证，达到证据高度盖然性的标准后方可确认后提交政府部门审核。

为了更好地维护自己的合法权益，主张自己对历史遗留违建或无证建筑物的相关权益，建议保存好作为实际权利人取得土地或建筑物的原始凭证，尤其是由原村集体加盖公章的协议、证明、收款收据等；及时占有取得并使用土地、房屋，不能长期荒废不管，或口头委托第三方以实际权利人的身

份管理；及时为无证建筑物办理相关用水、用电、用气手续，要确保开户手续上的开户人和实际权利人为同一人，不要用家人或所谓信任之人的名字开办手续；及时与所在社区网格管理部门、社区工作站、原村集体、居委会、物业管理处等取得联系，并及时将自己的身份信息与无证建筑物绑定备案，以便当地机关对无证建筑物的实际权利人或其租户进行管理。对外出租时一定要签订租赁协议，留存好租赁合同、押金单、缴纳租金的凭证、交接单等资料。

四、股份合作公司代签搬迁补偿协议引发侵权纠纷的典型案例[1]

(一)案情简介

原告李某以A公司、B公司为被告向法院提起诉讼，请求法院确认其位于罗某村的历史遗留违建的搬迁补偿权益遭受A公司、B公司的侵害，并要求A公司、B公司连带承担赔偿原告罗某村城市更新单元区域内回迁安置住宅建筑面积225.13平方米。

A公司认为：首先，涉案房屋属于历史遗留违建，并未进行产权登记，原告李某无法证明自身对涉案房屋拥有合法产权。原告提交的证据并不具有证据优势并进而认定原告为涉案房屋权利人的可能性。其次，涉案房屋权属存在争议，B公司系罗某村集体用地的合法权利人，出于对罗某村集体用地城市更新项目负责，避免涉案房屋纠纷拖延城市更新项目进度的考虑，B公司作出了对房屋权属的认定，即原告罗某不是涉案历史遗留违建的实际权利人。A公司认为，根据B公司提交的证据材料，罗某村股份公司的原村民姚某、曾某对涉案房屋进行了历史遗留违建申报，导致涉案历史遗留违建的实际权利人认定出现争议。最后，二被告无侵害涉案房屋财产权的故意，也未实施侵害财产的行为。涉案房屋的搬迁权益补偿给哪一方主体，对A公司都没有经济上的影响，因此A公司自身对涉案房屋并没有实施侵害行为的必要，但是出于对涉案房屋被搬迁人的权益审慎负责的态度，A公司需要对被搬迁房屋的权利主体进行核实，由于涉案房屋一直存在权属争议，A公司才没有与原告签署搬迁补偿协议。

B公司认为：其对涉案历史遗留违建实际权利人的认定及代管行为合

---

[1] 参见广东省深圳市罗湖区人民法院民事判决书，(2021)粤0303民初31190号。

理、合法。涉案房屋本身存在原告与案外人曾某、姚某之间的权属争议，B公司作为集体土地的所有权人，本着对全体村民负责的原则，为了及时推进项目、暂时搁置争议，对涉案房屋进行临时代管本身也是综合房屋的权属情况以及全体村民的利益做出的合理行为。

A公司、B公司共同认为：最终无论涉案历史遗留违建实际权利人是谁，二被告均可以将搬迁补偿权益交还给该实际权利人。因此，原告主张二被告侵犯了原告的财产并无事实与法律依据。

（二）处理结果

法院认为：本案原告虽然没有要求对涉案房产进行确权，但其要求财产损害赔偿的必要条件是其拥有对涉案房产的所有权。

在已生效的相关案件中均已明确，涉案房产的合法性应由行政主管部门认定，在行政部门作出认定前，房产的合法性和房地产出卖契约效力待定，原告作为案件当事人应当知晓该事实。

即使房地产出卖契属实，原告需提交行政主管部门对该房产性质的认定，如是合法建筑还是违法建筑。且原告有关损害赔偿的金额完全是参照案外人的搬迁补偿协议中的标准来计算的，而非房产被拆、屋内物品的实际损失或重建所需费用，因此本案实质是原告试图利用财产损害赔偿绕过对房产的确权。此外，在行政部门对涉案房产性质认定前，B公司作为涉案房产所在土地的集体经济组织，为了避免因权属争议导致项目拖延，经过集体决定代为申报、签署搬迁协议，且承诺待权属明确后支付给所有权人，即B公司只是暂时代为收取，A公司也按期向B公司支付了租金、补偿款等，故目前的证据难以认定二被告对该房产的侵权。

综上所述，目前的证据不能证明原告是涉案房产的合法所有人，也不能证明二被告的侵权行为，故对原告的诉讼请求，法院不予支持。

（三）律师评析

1. 请求构成侵犯财产权的前提是享有相关权益

上述案例中，根据《土地管理法》（2004年）第16条[1]的规定："土地所

---

〔1〕 相关规定参见2019年修正的《土地管理法》第14条。

有权和使用权争议，由当事人协商解决；协商不成的，由人民政府处理。……当事人对有关人民政府的处理决定不服的，可以自接到处理决定通知之日起三十日内，向人民法院起诉。……”法院认定造成侵权的前提是涉案房产的产权已经确定属于原告，而确定涉案房屋产权的职责在政府行政主管部门，在政府行政主管部门还没有确认涉案房屋产权，或涉案历史遗留违建实际权利人认定是原告李某，其获得搬迁补偿权益之前，无法认定B公司、A公司对原告李某有侵权行为。

根据该案法院判决思路，原告应当就相关涉案的房屋产权问题，先向政府行政主管部门申请房屋产权确权，在政府行政主管部门对涉案房屋的产权权属进行确认后，再另行向相关侵权人主张权益，否则法院无法认定原告李某是否存在损失。

2. 原村集体就历史遗留违建代签搬迁补偿协议的提存行为有利于项目推进

为避免项目无法签订拆补协议，项目长期停滞影响项目进度，B公司代涉案历史遗留违建实际权利人进行申报、签署搬迁补偿协议，且承诺待权属明确后支付给所有权人的行为合理，该行为目的、行为方式、行为后果并未侵害涉案历史遗留违建实际权利人的权益。该案也为解决城市更新项目中权属确认难题提供了一种解决思路，原村集体为加快推进项目，避免解决权属争议时间过长，侵害了集体经济效益，选择在涉案房屋权属争议尚未解决之前，由原村集体出面，参照合理的搬迁补偿标准，代未被确认的实际权利人签订搬迁补偿协议，提存搬迁补偿利益，如未来被确认的权利人认为原村集体对其造成经济损失，可再向村集体主张经济损失。

3. 对城市更新过程中的历史遗留违建实际权利人核查后，经确认的物业权利人才能签订搬迁补偿协议并在政府部门备案

《住宅类历史遗留违建交易查处通知》的目的是遏制住宅类历史遗留违建无秩序的市场买卖。城市更新过程中的确权审批，是打击相关权益人利用买卖尚未取得合法产权证明的居住性建筑物等行为扰乱市场秩序的有效手段。

由于住宅类历史遗留违建交易属于不公开、不透明、无监管的相对行为，时常伴随交易信息收集困难、基层政府执法力度不足等问题。相关规范性文件明确限制了对住宅类历史遗留违建交易的交易宣传活动，并且通过认定政府确权为必经程序，明确了只有固定权益人产权后才能进行开发；否则，对城市更新市场主体与未经核实确认的物业权利人签订的搬迁补偿协议不予备案；除《住宅类历史遗留违建交易查处通知》发布前已公示的搬迁补偿协议外，与未经核实确认的物业权利人签订的搬迁补偿协议不予备案，亦是为了防范城市更新过程中的炒作。

参与旧城改造的房屋基本是老房子或城中村，备受买房者青睐的原因是可以用低于市场上周边新房价格的成本买入不动产，等待拆除重建后房屋价值翻番，其中巨大的升值价差可让买房者保本盈利。但买房者不得不考虑时间成本，城市更新项目从预备到启动到完成到最后房屋能够在市场上交易，耗时长且过程中伴随着许多不可预测的阻碍因素，投机风险显然是不可避免的，这是政策对投机者的考验。另外，《住宅类历史遗留违建交易查处通知》对基层政府和市场主体更多的考验在于，如何对存在各种各样的历史遗留问题的历史遗留违建在6个月内完成补充确权的任务。若存在无法确权取得备案的房产，由此引发巨大争议的，项目便很可能面临搁置的风险。

五、未过户"绿本"房搬迁补偿的典型案例[1]

（一）案情简介

2008年，被告赖某、张某（甲方、卖方）与原告李某甲的母亲杨某（乙方、买方）签署《房屋买卖合同》，约定杨某购买位于新沙路某厂宿舍4栋103房。杨某按照合同约定支付了大部分房款，后杨某与原告李某甲一直实际占有该房屋。2010年，被告赖某、张某与杨某再次就房屋出售事宜签署《房屋买卖合同》，该合同约定的违约金为300万元，其余合同内容与双方2008年签署的合同约定的内容一致。邱某亦作为见证人在该合同上签字。2012年，杨某去世，杨某的丈夫李某乙公证声明放弃继承杨某的所有遗产。李某甲继承杨某的全部遗产。

此后，该房产被纳入城市更新范围，被告赖某、张某以不动产登记上的权利人的身份，向市场主体主张权益。李某甲交涉未果，遂向法院起诉要求

---

〔1〕 参见广东省深圳市中级人民法院民事判决书，（2017）粤03民终16207号。

赖某、张某履行房屋买卖合同。但赖某、张某向法院提起反诉，主张其与杨某签订的合同无效，要求李某甲返还涉案房产及收益，并要求李某甲承担合同无效期间的占有使用费用。

赖某、张某确认：收到了杨某支付的购房款35.3万元，还有18.7万元购房款未收到；涉案房产于2008年2月22日交付杨某及李某甲占有使用至今。法院判决支持涉案房产的搬迁补偿权益归原告李某甲所有的诉请。

（二）处理结果

一审法院认为：李某甲的母亲杨某与赖某、张某签订《房屋买卖合同》，将涉案房产转让给杨某。在签订协议时，涉案房产虽暂时不具备过户登记的条件，但约定了将来条件成就后再办理过户手续，合同约定购房款54万元一次性支付，后又约定在未办好房产证前杨某可暂扣5万元待房产证办好后再支付。虽然杨某除保证金5万元未支付外，另有13.7万元购房款未向赖某、张某支付，但根据杨某出具的说明及邱某的陈述，法院认定杨某与赖某、张某就该剩余的13.7万元购房款的支付时间、方式变更为在涉案房产过户至杨某名下后，杨某以代被告赖某偿还其拖欠黄某的欠款13.7万元的方式支付。涉案房产未变更登记至杨某名下前，杨某有权暂不予向两被告支付购房余款13.7万元及保证金5万元。

涉案房产经主管机关批准并补足地价后即可办理转移登记，但赖某、张某至案件审理时仍未配合办理转移登记，赖某、张某已构成根本违约。李某甲为杨某的第一顺序继承人，且其他继承人放弃继承权，李某甲提起本案诉讼符合法律规定，法院予以支持。

办理过户的相关税费按合同约定应由赖某、张某负担。鉴于李某甲已代被告赖某偿还了执行案件中赖某拖欠黄某的款项，李某甲已偿还的该部分款项可抵扣其尚未向被告支付的购房款18.7万元，李某甲多支付的部分，其可另循途径向赖某、张某主张权利。

综上所述，李某甲是享有房产占有、使用及收益的权利人。一审法院判令涉案房产因涉及城市更新所获得的补偿款亦应由李某甲所有。

二审法院认为：据案件证据所反映的本案事实，被上诉人李某甲的母亲杨某已依法履行了付款义务，且该房自2008年2月至今一直由被上诉人李某甲占有使用；另外，2011年4月自深圳市某房产集团有限公司取得的3万元补偿款，亦由上诉人转给了被上诉人李某甲。据此，二审法院认为，在具备房产过户登记条件的情形下，作为卖方的上诉人应履行己方义务，协助被上诉人李某甲完成房产过户手续。一审法院就此之处理正确，二审法院予以维持。

（三）律师评析

1. 城市更新项目中“绿本”房产权属认定

城市更新项目中，在搬迁补偿协议的签订、备案和房地产权证注销阶段，可能会出现确权补偿给“绿本”登记权利人，而没有确权给“绿本”房转让后的买家的情况发生。“绿本”房产的登记权利人是卖家，转让后由买家实际控制“绿本”房产，由于实际权利人与证载权利人完全一致，在没有“绿本”房买卖合同有效判决前，买受人无法被确定为权利主体，亦无法签订搬迁补偿协议。

“绿本”房虽然合法办理了产权证，但由于“绿本”属于非商品类性质的，不得转让，不得更名，无法办理过户手续。如上述案例中，涉案房产虽已经转让出去了，且当时转让的条款也签得很清楚：后期一切的权益都归原告李某甲的母亲杨某。但因无法办理过户手续，房产始终无法登记在原告母亲名下，房产买卖合同客观上无法全面履行完毕，搬迁时也就遇到了确权纠纷，并诉至法院。该案一审、二审法院尊重历史，尊重事实，通过确认原告李某甲为涉案房屋占有、处分、收益的实际权利人的身份，为权利人核实、搬迁补偿协议签订等提供了法律支持。

涉案房产确权给实际占有人或房产实际权利人，应综合考察其提供的证明资料，如房产买卖合同、付款支付的转账凭证，并提供律师见证书，一直占有、使用的证明（自行居住、出租合同、收租凭证），交水电费、物业费、天然气费凭证等予以佐证。

买家要想获得搬迁权益，要么和开发商一起与“绿本”登记权利人协商配合注销，要么重新立案，让法院向不动产登记中心出具通知书注销“绿本”。“绿本”房地产证注销，才意味着解除“绿本”登记权利人与搬迁物业的产权关系。2016 年 9 月 13 日，《拆除重建类城市更新项目房地产证注销操作规则（试行）》发布，对于在城市更新项目搬迁阶段，已经明确规定了城市更新项目房地产证注销开展的前提条件、资料要求、工作周期及特殊情形的处理等。

2. “绿本”房产买卖合同涉诉案件中关于合同效力的认定

上述案例中，涉案“绿本”房产买卖合同尚不具备办理过户的条件，该涉案“绿本”房产无法转移登记至买方名下，不会发生转让过户的后果。根据深府〔2004〕102号文第2条的规定：“根据《中华人民共和国土地管理法实施条例》的相关规定，两区农村集体经济组织全部成员转为城镇居民后，原属于其成员集体所有的土地属于国家所有。”深圳市宝安区政府《关于进一步加快宝安区处理历史遗留违法私房及生产经营性违法建筑工作的意见》（深宝府〔2006〕19号）第12条第5款规定：“对原村民一户一栋私房的土地性质，变更为国有，土地来源为划拨，不确定使用年限。”由此可见，从土地性质的角度看，涉案“绿本”房屋的转让并不违反法律和行政法规的强制性规定。虽然案件审理时涉案房产尚不符合立即办理过户条件，但双方关于办理过户手续的约定是以符合过户条件为前提，即虽然“绿本”房产现阶段无法通过办理过户手续的方式进行物权转移，但并不影响涉案《房屋买卖合同》本身的合同效力。涉案“绿本”房产买卖在转让时受到限制，在限制条件取消前，无法办理房屋所有权转移登记。如果不能办理房屋所有权转移登记，房屋买卖合同约定的过户手续无法办理，可能会影响合同的全面履行，该协议既不违反法律和行政法规的强制性规定，也不会损害社会公共利益，所以并不影响房屋买卖合同的效力。上述案例中，因为涉案房产有“绿本”，该房产与完全无证建筑物就有了很大的区别：（1）依据最高人民法院《关于审理买卖合同纠纷案件适用法律问题的解释》（2012年）第34条[1]的规定，买卖合同效力与出卖人是否拥有标的物所有权或处分权无关。（2）该案原告李某甲与其母亲杨某一直占有使用涉案房屋，被告从未提出过任何异议，房产买卖合同为原告、被告双方基于房屋买卖的真实意思表示而签署，合法有效。（3）深圳经历1992年原特区内统征及2004年原特区外统转后，全部土地在法律意义上已经全部转为国有土地，涉案房屋所占用土地已转为国有性质，房屋在转让前已经取得房屋产权证。

依据《深圳市经济特区处理历史遗留违法私房若干规定》的相关规定，申报确权发证后，使用权即合法化，转让合同有效。涉案房屋为“绿本”而非

---

〔1〕 相关规定参见2020年修正的此解释第25条。

市场商品房，房地产权登记部门不予办理过户登记行使的是行政管理职权，限制的是不动产物权的处分行为，只对引起房屋物权变动的合同能否继续履行构成影响，并不能影响合同效力。该禁止性规定并非法律和行政法规层级，且不属于效力性、强制性规范，不能作为涉案房产买卖合同关于合同效力认定的依据。

上述案例中，涉案房产虽无法办理“绿本”产权登记，但原告母亲与被告签订的房屋转让协议系双方当事人真实意思表示，内容未违反法律及行政法规关于合同效力的强制性规定，《民法典》第 208 条规定：“不动产物权的设立、变更、转让和消灭，应当依照法律规定登记。动产物权的设立和转让，应当依照法律规定交付。”第 209 条第 1 款规定：“不动产物权的设立、变更、转让和消灭，经依法登记，发生效力；未经登记，不发生效力，但是法律另有规定的除外。”故该房屋转让协议自合同成立时生效，履行合同也不会侵害国家利益和社会公共利益，符合诚实信用原则和公平原则。

如“绿本”房产属于政策性住房，“绿本”房产买受人诉请过户，法院会向政府相关部门发函，查明“绿本”房转“红本”房的涉案“绿本”政策性住房的“绿本”房产证载权利人是否具备获得房屋完全产权的条件，以及其是否满足交易、过户政策性条件等，考虑过户是否存在法律上和事实上的障碍，系是否能获得法院支持的关键。反之，法院会认定“绿本”房产证载权利人对涉案房产已无居住上的必要需求，国家住房保障政策的目的在于保证符合申购条件的住房困难群体对房屋使用价值的需求，而非保证购房人对房屋交换价值的预期，“绿本”房产在限制上市交易期限内的转让既破坏了国家对全成本政策性住房房价的管理秩序，与国家推行住房保障政策的社会公益目的相悖，也妨碍了其他尚未取得全成本政策性房屋的其他申购主体的利益，是对社会公共利益的损害，以“绿本”房产买卖合同无效，无办理过户的合同依据和法律依据为由，驳回买受人要求过户的诉请。

3. 实际权利人取得城市更新项目中的“绿本”房产搬迁补偿权益的方式

依据原深圳市规划与国土资源局《关于颁发新〈房地产证〉的通知（2009 重新发布）》（深国房规〔2009〕1 号）等的规定，“绿本”是用于记载非市场商品房地产的一种凭证，没有按照市场价格缴纳地价款，由于“绿本”房产记载的权利受到一定的限制，不具有市场流通性，不能直接办理过户手续。根据《关于颁发新〈房地产证〉的通知（2009 重新发布）》第 3 条的规定，颁发“绿”

房地产证的主要情形包括:(1)以行政划拨方式获得的土地使用权;(2)在行政划拨的土地上建成的房地产;(3)通过协议方式并按协议地价标准支付地价款的土地使用权(以协议方式按市场地价标准支付地价款的除外);(4)在缴付协议地价款的土地上建成的房地产;(5)获得减免地价的土地使用权;(6)在减免地价的土地上建成的房地产;(7)政策性住房,包括准成本房(准成本商品房)、全成本房(全成本商品房)、全成本微利房、社会微利房(微利商品住宅)和经济适用房;(8)农村居民私人住宅;(9)房地产登记机关确认的其他非市场商品房地产。

"绿本"房在产权性质上属于不完全产权房,但是国家对于该类房屋的权利属性是予以认可的,如"绿本"房产证载明的权利人要求回迁时将其"绿本"房转为"红本"房的,由于只涉及补缴地价的问题,在协议中约定用补偿费扣减相应的地价款,或者在补偿标准上进行相应的考虑和调整,就可以直接取得全部的搬迁补偿权益。

即使是"绿本"房,也能够依法享有收取搬迁补偿款的权利。所谓的"绿本"房,即权利人附条件取得的房产,受政府政策限制,非法定事由不能够正常在不动产登记中心办理转让变更登记的房产,并颁发了绿色封面的房地产证书。

"绿本"房产证载权利人与买受人签订房屋买卖合同,买受人具备深圳市限购区域内购房资格,支付完毕购房款,占有使用"绿本"房产至其向旧城改造的实施主体交付"绿本"房产的情况下,买受人可以在补缴相应的地价款后,要求"绿本"房产证载权利人配合"绿本"买受人向国土部门申请补交地价,向不动产登记中心申请办理市场商品房不动产证书登记至买受人名下,并与开发商签订搬迁补偿协议。"绿本"的证载权利人可申请"绿本"转"红本"之后,再过户至房屋买卖合同买受人名下。购房申请人申请政策性住房取得全部产权应同时具备下列基本条件:(1)申请人已办理了政策性住房个人不动产权证书(非市场商品房)或房地产证("绿本"),所购政策性住房已达到规定的产权限制年限;(2)申请人已按政策规定付清购房款和补差款;(3)住房产权无争议,无其他民事权利纠纷;(4)未被司法机关、行政机关限制住房产权;(5)已经设定抵押的住房须经抵押权人书面同意;(6)所购政策性住房已在市房改办建档并录入"深圳市房改信息库";(7)取得政策性住房全部产权的房价符合房改政策规定;(8)申请人家庭没有违规购买政策性住房；(9)提交的申请材料齐全并符合规定要求。

“绿本”的证载权利人不配合办理房屋过户或销户，“绿本”房产买受人将无法直接在城市更新项目中通过确权、签约、回迁等过程取得作为实际权利主体的搬迁补偿权益，“绿本”房产买受人需要通过协商谈判或诉讼确权的方式获得搬迁权益。

若“绿本”房产买受人与“绿本”房产证载权利人协商，由证载权利人配合买受人共同与开发商签订三方货币补偿的搬迁补偿协议，可约定：“绿本”房产证载权利人向开发商出具其作为证载权利人经公证的注销房地产授权委托书及放弃房地产权益声明，开发商与买受人、证载权利人签订搬迁补偿权益确认协议后，开发商将搬迁补偿的款项补偿给买受人。买受人也可以采用诉讼的方式确权之后与开发商签订搬迁补偿协议。

若“绿本”房产买受人与“绿本”房产证载权利人、开发商共同签订搬迁补偿协议，可约定：“绿本”房产卖家无条件向开发商出具其作为证载权利人经公证的注销房地产授权委托书及放弃房地产权益声明；装修补偿费、搬迁费及过渡期安置费等均由实际控制人收取，税费全部由实际权利人承担；城市更新项目具备回迁入伙条件时，直接登记至实际权利人名下。如“绿本”房产可以通过补缴税费的方式取得完全产权，也可以由实际权利人补缴地价的方式取得完全产权后与开发商签订搬迁补偿协议，或协助实际权利人采用诉讼的方式确权。

六、实际权利人离婚导致房产权属纠纷的典型案例[1]

(一)案情简介

原告黄某与被告梁某甲于2017年8月22日办理离婚登记手续，《离婚协议书》约定：(1)双方出资自建的某镇某村某路某号房屋（以下简称涉案房屋）及屋内装修、家具、电器等日常生活用品归女方所有。(2)双方位于某区某村×队（由村分配给村民）的一块人口地归女方所有。(3)如日后政策允许，男方应无条件协助女方办理上述所有房屋及土地的产权登记手续，将相关产权登记至女方名下。在此之前，上述房屋及土地的实际产权人仍为女

〔1〕 广东省广州市中级人民法院(2020)粤01民终17382号。

方，与男方无关，女方有完全的占有、使用、收益及处分权，日后征收、搬迁或政府重新分配的地皮、补偿所得归女方。双方离婚后，涉案房屋一直由黄某占有、使用。

2019年8月24日，被告梁某甲、梁某乙与黄某就涉案房屋的权属问题产生纠纷，黄某向政府部门反映，《某村城市更新项目基础数据调查成果》将其房屋产权人错误认定为被告梁某乙，某镇人民政府2019年10月15日出具《关于黄某反映的事项答复》，决定将涉案房屋权属人信息一栏先空置，建议双方通过法律途径解决。

原告黄某于2019年11月5日以离婚后财产纠纷为案由，将被告梁某甲、梁某乙起诉至法院，要求法院依法判决确认《离婚协议书》的内容合法、有效，并要求被告按照《离婚协议书》中有关财产分割的约定，对相关财产予以分割、确权。

被告梁某甲、梁某乙辩称：涉案房屋不属于梁某甲与原告的共同财产，该房屋实际权利人是被告梁某乙，被告梁某甲与原告无权处分；另外，协议书中的人口地未经权属登记，不具有财产分割的前提条件，故《离婚协议书》中的相关内容无效。

（二）处理结果

一审法院经审理查明，原告、被告陈述均为事实，另查明，双方均未能提供涉案房屋所在地是否属于某村的宅基地以及该地块使用权属的有关证据。对人口地，某村民委员会2019年11月1日出具情况说明，载明：我村2014年对全村固化人口村民土地作出重新调整，在我村享有股份固化的村民，每人分别分配某方耕地，其中属于村固化成员梁某甲和黄某合计分得120平方米（含路网规划面积）耕地；分配所得地块位于×队地块中编号为某号的地块。该地块至今也未办理使用权属登记，由某村民委员会自行列表造册并制图，标明某号地块属于原告梁某及被告梁某甲。

据此，一审法院对双方《离婚协议书》中关于财产分割条款内容的效力作出如下认定：（1）关于某镇某村某路某号房屋的权属问题。由于该房屋至今未办理权属登记，该房屋所在地块是否属于农村宅基地以及该地块使用权属也不明确，且现对该房屋权属存在争议的还有梁某甲的父亲梁某乙。因此，原告与被告梁某甲在离婚协议书中对该房屋权属的分割处理条款属于效力待定性质，而该房屋所有权归属以土地使用权归属为前提。根据《土地管理法》(2004 年)第 16 条[1]的规定，土地使用权争议应由人民政府处理。因此，原告、被告应依法先向人民政府提起土地使用权争议处理，待土地使用权属明确后再向法院提起房屋权属争议诉讼。该项财产争议本案中暂不作处理。(2)关于某镇某队编号为某号耕地(9－76)的归属问题。虽然该地块也没有办理不动产登记手续，但根据该村民委员会相关材料记载，该地块属于分配给享有股份固化的村民原告黄某及被告梁某甲的耕地，属于农村集体经济组织成员享有的权益，该权益具有财产性质，属于原告及被告夫妻关系存续期间的共同财产，原告要求确认该条款合法有效并对该地块享有占有、使用、收益权利的诉讼请求，一审法院予以支持。但由于该地块属于耕地，所有权归村集体所有，因此，原告要求确认其对该地块享有处分权的诉讼请求，一审法院不予支持。

二审法院认为：该案系离婚后的财产纠纷，黄某与梁某甲二审争议的主要焦点系某镇某村某路某号房屋能否在该案当中分割处理的问题。《土地管理法》第 9 条第 2 款规定，农村和城市郊区的土地，除由法律规定属于国家所有的以外，属于农民集体所有；宅基地和自留地、自留山，属于农民集体所有。第 14 条规定，土地所有权和使用权争议，由当事人协商解决；协商不成的，由人民政府处理。单位之间的争议，由县级以上人民政府处理；个人之间、个人与单位之间的争议，由乡级人民政府或者县级以上人民政府处理。当事人对有关人民政府的处理决定不服的，可以自接到处理决定通知之日起 30 日内，向法院起诉。在土地所有权和使用权争议解决前，任何一方不得改变土地利用现状。

按照上述法律的规定，涉案房屋的土地属于集体所有，黄某在一审起诉当中主张其对涉案房屋享有完全占有、使用、收益及处分的全部权能，应当举证证明涉案房屋的权属归其或梁某甲所有。而事实查明，涉案房屋未办理宅基地产权属登记或者国有土地产权属登记，而且梁某甲的父亲梁某乙对涉案房屋亦提出权属主张，因当事人之间存在争议，某镇人民政府 2019 年 10 月 15 日出具《关于黄某反映的事项答复》，决定将涉案房屋权属人信息一栏先空置，建议双方通过法律途径解决。即人民政府并未对涉案房屋权属

[1] 相关规定参见 2019 年修正的《土地管理法》第 14 条。

作出最终有效的认定。

黄某就其主张的涉案房屋的权属，一直未能提交有效的证据予以佐证，故一审认定涉案某号房屋所在地块是否属于农村宅基地以及该地块使用权属不明确，认为在本案权属不明的情况下暂不分割处理涉案某号房屋正确，二审法院予以确认。黄某上诉称其所提交的《政府信息公开告知书》及附件《某镇某村地籍调查成果公示图》等证据足以证实涉案房屋归其所有，因上述材料属于人民政府对争议土地确权应审查的资料，并非人民政府对争议土地产权归属最终的权属证明，二审法院不予采纳。

（三）律师评析

1. 城市更新项目中存在权属争议的宅基地房产的确权

根据《民法典》第 216 条的规定，不动产登记簿是物权归属和内容的根据。不动产登记簿由登记机构管理。第 217 条规定，不动产权属证书是权利人享有该不动产物权的证明。不动产权属证书记载的事项，应当与不动产登记簿一致；记载不一致的，除有证据证明不动产登记簿确有错误外，以不动产登记簿为准。故不动产登记簿或不动产登记证书才是权利人享有该不动产物权的证明。

原告黄某对涉案房屋持续占有、使用，但由于未办理权属登记，导致某城市更新项目认定涉案房屋的实际权利人时，将实际权利人认定为被告梁某乙。庭审中，被告梁某乙认为，其为涉案房屋实际权利人，该幅宅基地系其位于某区鱼窝头镇某号宅基地的置换物，而某区鱼窝头镇某号宅基地因市政及村规划需要，已由村委统一交市政建设，村委在被征收人补偿、安置时，却未及时办理涉案房屋安置宅基地使用权的登记手续，涉案房屋不具有财产分割的前提条件。由于涉案房屋土地本身也没有登记，土地使用权属不明确，由此造成该案不具有审理的前提条件。

如宅基地房屋的地块未办理使用权属登记手续，房屋产权性质及所有权未经相关行政机关确认，法院一般不会支持确认涉案房屋的所有权或请求保护占有、使用、收益权利的诉讼请求，或确认其对涉案房屋享有所有权或使用权的诉讼请求。

而无论采取以谈判调解或是在调解僵局后申请有关政府部门进行调处确权，由相关政府部门作出权属认定或诉讼方式维权，权利主体应提供充分的证据证明其为房屋的实际权利人，如宅基地证、居民（私人）兴建住宅用地批准通知书、私人住宅续建批准书、建筑许可证、建设用地规划许可证、建设工程规划许可证、实际控制房屋的租约收款收据、缴纳水电费、纳税原件等，最好得到股份合作公司或基层自治组织的认可书面证明。

2. 自建房屋严格遵循物权公示原则

物权公示原则，是我国民法体系中关于不动产物权创设、变动、消灭的重要原则。《民法典》第 208 条规定，不动产物权的设立、变更、转让和消灭，应当依照法律规定登记。第 209 条第 1 款规定，不动产物权的设立、变更、转让和消灭，经依法登记，发生效力；未经登记，不发生效力，但是法律另有规定的除外。是故，不动产建成后，其所有权人应即向政府主管部门申报产权，进行不动产权的创设登记。

反观上述案例，涉案房屋并未办理房屋登记，影响其后续权属的认定。一审、二审法院只能根据《土地管理法》的规定，由人民政府对土地使用权争议进行处理，待土地使用权属明确后，再对当事人之间涉案房屋的归属进行审理评判。

3. 房地一体原则是辅助确认土地、建筑权属的重要原则

"地随房走，房随地走"的房地一体原则，是我国房地产权属遵循的一贯原则。在房屋权属未经登记的情况下，明确物业占用土地的使用权归属，本质上也可确认房屋所有权的归属，且《不动产登记暂行条例》第 5 条也明确规定："下列不动产权利，依照本条例的规定办理登记：……（六）宅基地使用权……"具体到上述案例，涉案房屋占用土地未办理宅基地产权属登记或者国有土地、建筑权属登记，更未能登记公示该幅地块的使用权人，故人民政府也不能对涉案房屋的权属作出最终有效的认定。

4. 城市更新项目中权利主体对权属认定结果有异议的救济途径

城市更新项目实际操作中，城市化的土地遗留问题涉及盘根错节的利益问题，无证建筑物由于历史久远或其权属因转让、继承、离婚、分家析产等原因发生多次流转的，股份合作公司不宜以原宅基地、房屋分配等资料作为认定依据和审查标准，直接认定无证建筑物为实际权利人。股份合作公司应根据权利人提供的宅基地证、集体土地使用证、居民（私人）兴建住宅用地批准通知书、土地房产所有证、合法建设报建资料、"两规"处理决定书等资料，结合原始分配情况、流转情况与现状实际使用情况等因素予以权属确

认。但实际中，社区工作站、街道办、城市更新职能部门一般不会审核权利人提供的权属证明资料，而径行选择以股份合作公司出具权属认定意见为认定标准或重要依据。因此，股份合作公司的权属认定意见至关重要。

街道办事处会将无证建筑物权属申报认定公示，或在拟确认实施主体公告中一并将城市更新项目土地、建筑物权属及单一主体形成情况公示表进行公示。权利主体可以在公示期间，向公示部门提出书面异议，并提供证据证明其为无证建筑物实际权利人，要求将无证建筑物确权到其名下。权利主体收到公示部门异议回复后，对异议答复不服的，可提起行政复议或行政诉讼，申请撤销异议答复和责令行政单位重新作出行政行为。

2011 年最高人民法院《全国民事审判工作会议纪要》第 3 条第 1 款“关于违法建筑相关纠纷的处理问题”规定，“对于未取得建设工程规划许可证或者未按照建设工程规划许可证规定内容建设的违法建筑的认可和处理，按照城乡规划法等法律、行政法规的规定，属于国家有关行政机关的职责范围，应避免通过民事审判变相为违法建筑确权。当事人请求确认未取得建设工程规划许可证或者未按照建设工程规划许可证规定内容建设的违法建筑权利归属及内容的，人民法院不应予以受理；已经受理的，应驳回起诉”。2012 年深圳市中级人民法院发布《房地产审判工作白皮书》指出，由于政府对历史遗留违建的确权工作还在进行中，对其他违法建筑的产权问题还没有作出处理，为避免处理上的冲突，市、区两级法院对涉及建筑物确权的该类案件原则上不予受理，已经受理的案件，原则上驳回起诉。

无证建筑物所有权通过司法程序确认的前提是房屋必须属于合法建筑物。如行政主管部门对无证建筑物建设的合法性作出处理或行政确认之前，权利主体单独向法院诉请确认其对该房屋享有所有权或使用权，或诉请确认其为搬迁补偿权利人的，深圳法院以无证建筑物必须先经过行政机关处理，无证建筑物纠纷不属于法院受理的民事案件范围为由，不予受理或者受理后裁定驳回起诉。

无证建筑物权利主体如果直接请求法院撤销政府部门相关公示中所确认无证建筑物的实际权利人的行政行为，并提起行政诉讼，法院的审判思路一般为：开发商提交的申请材料将申请确认范围内物业归属、收购补偿、建筑物清拆、拟确认改造实施主体等情况予以公示的行为，是为确认改造实施主体而作出的环节性行为，并非针对无证建筑物权属确认行为，该环节性行为是否合法,或搬迁补偿产生的争议均不属于行政审判权限范围,权利人可另循法律途径予以解决。

第三节　实 操 指 引

城市更新项目实施主体或村股份公司对项目用地的历史遗留问题进行土地的确权及明确建筑物的归属时,在争议权利主体之间也容易产生纠纷,所以,城市更新确权纠纷的争议解决可以从对各主体之间的不同法律关系进行梳理入手。并且,由于缺乏明确的物权法律制度层面的规定,城市更新确权纠纷无论是在实体法律层面还是诉讼程序层面,皆存在大量的疑难法律问题。

一、历史遗留违建实际权利人的核查

1.原农村集体经济组织继受单位(股份合作公司)、社区工作站、街道办事处、区规划土地监察机构对历史遗留违建实际权利人进行核实。街道办事处对历史遗留违建权利人核实情况和实际权利人名单进行公示,同时对公示期间收到的异议进行处理;公示期满,没有第三方提出异议的,或公示期间收到异议,但异议经处理不成立的,由街道办事处将物业权利人核实结果报送区城市更新和土地整备部门,并由区城市更新和土地整备部门备案并公告;公示权利人获取签订搬迁补偿协议的权利人资格,享有建筑物的搬迁权益。

核查确权的资料如下:(1)申请人身份证明(个人提供个人身份证明、企业提供营业执照复印件和法定代表人或负责人身份证明)及委托代理人身份证明;(2)更新单元名称与计划公示名称核查、更新单元用地面积、拟拆除重建用地面积等核查;(3)土地及建筑物权属证明材料、国有已出让或划拨用地土地及建筑物权属证明材料(包括房地产权登记证明、土地划拨决定书、土地使用权出让合同等)、城中村用地证明(包括非农建设用地批复或落实并核销非农建设用地指标证明、征地返还用地批复、原农村用地红线图等证明材料)、旧屋村范围图、历史遗留违建处理意见书、房地产登记遗留建筑处理意见书、国有已出让(划拨)土地上建筑物处理意见书等;(4)建筑物测

绘报告;(5)土地信息一览表、建筑物信息一览表、土地产权属图、建筑物信息图;(6)土地征(转)情况证明材料及其他材料。

核查历史遗留违建实际权利人的身份证明资料如下:(1)实际权利人是自然人的,提供身份证、户口本等身份证明文件;涉及委托的,还需提供授权委托书以及被委托人的身份证。(2)涉及我国港澳台地区居民的,需提供通行证、回乡证:实际权利人居住在香港特区的,其提供的文件需要经过司法部认可的香港公证人公证,中国法律服务(香港)有限公司加盖转递章;实际权利人居住在澳门特区的,其提供的文件需要经过司法部认可的澳门公证人公证,中国法律服务(澳门)有限公司加盖转递章;实际权利人居住在台湾地区的,其提供的文件需要经过司法部认可的台湾公证人公证,台湾财团法人海峡交流基金会盖章转递至海峡两岸关系协会,再转递。(3)涉及其他国家居民的,需提供护照或其他身份凭证:在国外形成的文件,要经司法部认可的公证人公证,中国驻该地领事馆认证盖章转递。(4)实际权利人是法人的,需提供营业执照、法定代表人证明书、法定代表人身份证、授权委托书以及被委托人的身份证。(5)实际权利人为未成年人的,需提供未成年实际权利人身份证明文件、其父母的身份证明文件以及父母之间的亲子关系证明文件(如出生证、户口本,亲属关系证明公证书等)。(6)实际权利人非国内出生,需提供中国法律服务公司或大使馆转递文件关系证明文件(包括出生证、亲属关系证明公证书等)。(7)实际权利人离婚,需要落实夫妻共同财产分割手续。(8)实际权利人去世,没有留有遗嘱,法定继承人较多的情况下,则存在确权困难,需要在法定继承人内部进行充分沟通并完善房屋继承公证等手续。

核查历史遗留违建实际权利人的权属证明资料如下:(1)住宅类历史遗留违法建筑的材料主要包括历史用地遗留问题竣工项目处理决定书、建设工程规划许可证、建设用地规划许可证、申请建房书、居民(私人)兴建住宅用地批准通知书、购地发票、购房收据、转账凭证、房屋转让合同/协议(律师见证)、历史遗留申报回执、普查或“两规”回执、村镇住宅建筑许可证、建设工程施工许可证、开工证、司法裁判文书、继承/遗嘱公证文书等;较为常见的文件包括建设工程规划许可证、建设用地规划许可证、居民(私人)兴建住宅用地批准通知书、村镇住宅建筑许可证、历史遗留申报回执、普查或“两规”回执。(2)工业及配套类历史遗留违法建筑的材料主要包括土地使用协议书、基建委托合同书、基本建设用地合同书、办理用地手续通知书、复工通知书、历史遗留处罚决定书、土地转让协议书、历史遗留申报回执等。

2. 街道办事处根据《住宅类历史遗留违建交易查处通知》的相关要求，开展历史遗留违建实际权利人核实及补充核实工作。对那些已经完成确权的建筑物，可视为完成权利人的核实工作。

3. 对于城市更新项目实施主体对项目土地或建筑物权属的确认工作，深圳各区均出台了相应规定，如罗湖区的《深圳市罗湖区城市更新实施办法》、福田区的《深圳市福田区城市更新实施办法》、宝安区的《深圳市宝安区城市更新暂行办法》、南山区的《深圳市南山区城市更新暂行办法》、龙岗区的《关于开展城市更新拆除范围内无产权登记记录的土地房屋权利人认定核查工作的通知》、坪山区的《关于开展城市更新项目拆除范围内未办理权属登记的建筑物权属核查工作的指导意见》、龙华区的《深圳市龙华区城市更新实施办法》等，都规定了城市更新项目所在辖区街道办事处应对项目土地或建筑物实际权利人的确认结果出具意见，基本程序都是居委会或村股份公司盖章、社区盖章和街道办盖章，后对城市更新项目土地或建筑物实际权利人确认名单结果进行公示。

4. 城市更新项目在确定立项后，需马上进行确权工作，城市更新局公示的确权名单不可以更名，任何部门以未经确权名单所确认的建筑物权利人的名义所签订的搬迁补偿协议，城市更新局均不予备案。实践中，搬迁补偿协议的备案对回迁安置物业（补偿性质）的产权登记具有重要影响。搬迁补偿协议是被搬迁人实现回迁安置的依据，搬迁补偿协议只有经过城市更新部门备案并将备案信息推送住房建设部门和不动产登记机构，被搬迁人才能够按照回迁补偿的方式办理回迁安置物业（补偿性质）的产权登记，因此，搬迁补偿协议未经备案，被搬迁人无法按照回迁补偿方式取得回迁安置物业的产权登记。

二、城市更新实施项目权利主体之间的确权纠纷

1. 不少城市更新项目存在多个主体共同开发等情况。在城市更新项目的合作开发过程中，合作开发协议的签订及协议履行过程中关于分配、成本收益、核算等所产生的确权纠纷在城市更新实施主体确认前后，合作开发协议签约主体之间的确权争议纠纷较多。此外，在城市更新项目中，目标项目

的国有建设用地使用权能否取得还存在很大的不确定性，在城市更新项目确认实施主体前，目标项目的权利仅属于期待权，在获得物权之前，法律层面仍存在诸多复杂疑难的问题。

2. 城市更新实施主体与历史遗留违建实际权利主体之间签订搬迁补偿协议时签约主体的确权纠纷中，对于历史遗留违建权属证明资料的核实，深圳市各区均规定了工作流程和规则。如国有未出让土地上无产权登记记录的历史遗留违建，经核查，该历史遗留违建在土地征转时已存在的，应按照土地征转时相关资料认定的资料进行确权，若手续不完善，权属证明材料存在瑕疵的，则需要形成完整的证据链的证明资料。城市更新项目实施主体也会审慎核实历史遗留违建权属来源资料（如买卖协议、合作建房协议，报批报建材料，历史遗留违法建筑普查申报信息回执、历史遗留违法建筑处理决定书，离婚财产分割公证书，水电开户缴费清单等）以及实际控制人等方式确定权属关系。如历史遗留违建发生流转或多次流转的情形，则需要实际权利人提供全部前手的流转材料，流转材料和对应的支付凭证可以形成闭环。

三、城市更新项目中历史遗留违建核查流程

1. 城市更新项目，对于历史遗留违建实际权利人与实施主体签订拆迁补偿协议前须进行权属核查，由历史遗留违建所在地的辖区街道办事处核查历史遗留违建的实际权利人。街道办事处在核查实际权利人时，一般会先要求村股份公司对历史遗留违建的实际权利人进行盖章确认，街道办事处会查询“两规系统”的申报权利人并进行比对，由街道办事处出具核查初步结果。核查的初步结果公示后，如有其他人对该结果提出异议的，街道办事处对历史遗留违建的相关资料进行查阅，包括建设时间核查、当事人身份确认、权属调查和分宗定界、建筑物现状用途核实。街道办事处主动开展对历史违建建设时间的核查，结合地形图、航拍资料、卫星资料、房屋编码信息、历史违建所属社区工作站和原农村集体经济组织或者其继受单位证明等情况综合确定。同时，街道办事处会根据异议方提供的材料、历史遗留违建的相关材料，询问原农村集体经济组织或者其继受单位（村股份公司）及居委会的意见，最后综合判定历史遗留违建的实际权利人。核实工作的部门为各区城市更新和土地整备部门、区规划土地监察机构、辖区街道办事处

和原农村集体经济组织继受单位等部门。

具体核查工作流程如下:(1)更新项目进入更新意愿核实阶段进行核查;(2)申请人或申报主体就历史遗留违建情况向街道办事处提出核查申请;(3)辖区街道办事处受理申请,启动核查程序;(4)辖区街道办向区土地规划监察局征求意见,区土地规划监察局需出具书面部门意见时进行核查;(5)辖区街道办事处根据区土地规划监察局的意见,梳理建筑物情况,并组织原农村集体经济组织继受单位组织进行核查工作;(6)完成核查工作后,辖区街道办事处公示核查结果,公示内容需在项目现场、原农村集体经济组织继受单位、辖区街道办事处、区政务网站进行公示,并在《深圳商报》或《深圳特区报》,以及《深圳侨报》进行公示;(7)公示期内未收到意见或者有关异议经核实不成立的,辖区街道办应自公示期满或异议处理完毕之日起 10 个工作日内将核实结果报送更新局备案;(8)公示期满后,相关核实结果告知申请人。

核查结果公示完成后,区城市更新和土地整备部门应在区政府网站将对历史违建的物业权利人核实情况汇总表予以公布。

2. 在对历史遗留违建实际权利人核查过程中,涉及核查的结果,实际权利人可以就行政机关确定的权属情况提起民事诉讼,获得法律救济。根据深圳市人大常委会《关于农村城市化历史遗留违法建筑的处理决定》的相关规定,行政主管部门对违法建筑应区分情况分别采用确认产权、依法拆除或者没收、准许临时使用等方式进行处理。历史遗留违建产权应由行政机关先行处理,在行政机关未就涉案房产作出相应处理前,法院无法对涉案房产的权属作出认定或裁判。

城市更新项目实施过程中,实际权利主体认为历史遗留建筑被错误确权给非实际权利人,或认定另一方为历史遗留违建的实际权利人后产生确权纠纷的解决方案如下:(1)实际权利人应在确权公示期内,向公示部门提出书面异议;(2)公示部门在 10 个工作日内完成异议处理结果,并向实际权利人出具书面告知结果;(3)实际权利人对驳回异议结果不服的,对历史遗留违建确权公示部门的确权异议结果提起行政诉讼或提起拆迁补偿权益归属民事诉讼;(4)如法院不予受理,实际权利人可先向行政机关申请确权处理、行政复议或提起行政诉讼,取得行政诉讼判决后,启动民事诉讼。

3. 城市更新项目相关确权纠纷中,部分街道办事处会选择及时进行调解或协商,实施主体与经核实公示的权利人签订搬迁补偿协议的权利主体退还部分货币补偿款项或回迁物业权益提出异议,并要求拆迁权益的其他一个或多个实际权利人。一般而言,提起诉讼是确权纠纷解决问题的最后手段,如前所述,根据深圳市中级人民法院发布的《房地产审判工作白皮书》的意见,深圳法院不受理历史遗留违建确权纠纷。涉及历史遗留违建确权的纠纷,签订搬迁补偿协议实际权利人之外的权利人诉请拆迁权益归其所有的案件提起诉讼选择合适的案由非常重要。

城市更新确权纠纷法院受理的案由主要有确认搬迁补偿协议合同效力纠纷、确认搬迁补偿协议权益纠纷、民事主体间房屋搬迁补偿合同纠纷、房地产开发经营合同纠纷、房屋买卖合同纠纷、借款合同纠纷、债权人撤销权纠纷、服务合同纠纷、租赁合同纠纷、其他合同纠纷。

历史遗留违建实际权利人起诉要求确认搬迁补偿合同效力、确认搬迁补偿协议无效、搬迁补偿协议履行或确认搬迁补偿协议权益,可以视为行政机关已经处理,法院驳回起诉的情况主要有:(1)城市更新项目已经列入单元计划并提供专项规划批复;(2)区规划土地监察机构、街道办事处、原农村集体经济组织或者其继受单位(股份合作公司)已经对历史遗留违建实际权利人进行核查并公示;(3)实施主体已经与历史遗留违建实际权利人签订拆迁补偿协议。

历史遗留违建的情况各不相同,在通过城市更新项目将历史遗留违建予以消除的政策导向之下,历史遗留违建未被政府拆除或没收的,纳入城市更新后都要由城市更新项目实施主体或项目公司与实际权利人协商补偿。城市更新项目所在辖区的街道办事处和城市更新项目实施主体在确定实际权利人时会非常审慎,以避免确权错误产生纠纷。如申报权利人故意隐瞒甚至提供虚假材料导致错误认定实际权利人,权利主体应在区城市更新局的确权名单公示期提出异议。确权结果经区城市更新局备案后就不可以更名,实施主体只能与备案名单的实际权利人签订搬迁补偿协议,政府部门与实施主体只能在多个主张权利的主体之间进行调解,无法启动重新确权程序。

四、城市更新项目土地权属认定及无证建筑物确权

1. 土地权属认定涉及的土地类型,包括国有已出让(划拨)用地、国有未

出让用地、城中村用地、旧屋村用地、房地产登记历史遗留处理用地、城市化历史遗留违建处理用地、未完善征转手续用地,其他用地等。其中,国有已出让(划拨)用地,包括合同产权用地、协议出让用地、行政划拨用地。城中村用地,包括非农建设用地、征地返还用地、原农村用地红线用地等。“未完善征转手续用地”是指未签订征(转)协议用地、已签订征(转)协议但土地或建筑物未作为补偿用地。

依据《国有土地上房屋征收与补偿条例》第 24 条第 2 款的规定:“市、县级人民政府作出房屋征收决定前,应当组织有关部门依法对征收范围内未经登记的建筑进行调查、认定和处理。对认定为合法建筑和未超过批准期限的临时建筑的,应当给予补偿;对认定为违法建筑和超过批准期限的临时建筑的,不予补偿”;《深圳市房屋征收与补偿实施办法(试行)》第 33 条则将“未经产权登记的建筑”区分为符合处理条件的历史遗留违建,应当依法拆除或没收的历史遗留违建以及属于房地产登记历史遗留问题处理情形。从上述规定均可看出,无产权建筑包括违法建筑,但不一定是违法建筑,并非必然不能获得补偿。

2. 无证建筑物包括违法建筑,但不一定是违法建筑,可能由未办理报建手续、未缴纳地价、产权登记部门原因、历史原因等形成。未办理产权登记的建筑物被称为无证建筑物,未办理产权登记的原因多种多样。违法建筑指未办理合法报建手续的建筑,或在未完善手续的情况下必然不能办理产权登记的建筑物。

城市更新无证建筑物确权的性质并非法律意义上的确权。确权是城市更新或土地整备实务工作中通常的叫法,法律意义上的确权包括以下两类:(1)行政确权,即政府或政府主管部门根据法律规定确定土地的权属,此类确权不多见,如《土地管理法》关于土地所有权的确认。(2)司法确权,即通过司法裁判确定物的权属,该类判决称为确认判决,前提条件是无证建筑物所有权通过司法程序确认的前提是房屋必须属于合法建筑物,或由行政主管部门对无证建筑物建设的合法性作出处理或行政确认。

政府处理无证建筑物,应甄别是由历史原因形成的没有建设审批手续和产权证照的建筑物,还是历史遗留违建,不能简单将无证建筑物一律认定为违法建筑处理,政府部门简单认定房屋产权,容易导致补偿对象错误的,进而导致补偿行为违法。

3. 城市更新活动中与权属核查问题密切相关的实施主体确认行为，即使城市更新项目中的申报权利人就被搬迁房屋取得社区工作站、股份合作公司盖章确认，但在实施主体确认公示时第三方提出异议并且异议证据充分、申报权利人无法做出合理解释的情况下，直接认定实施主体申请人已通过签订搬迁补偿协议形成单一主体，可能存在被法院认定该实施主体资格确认行为违法的法律风险。

4. 对于多个主体主张权益，核查内容通常包括从城市更新项目实际权利人身份性质、产权证明材料、房屋建成时间、建筑面积及房屋用途等资料的合理性的角度综合判断哪方证明力更强，不宜仅凭有无股份合作公司、社区工作站及街道办事处盖章的确权表作出认定。否则，可能存在被法院认定补偿对象错误的，撤销补偿协议或确认补偿协议违法、予以赔偿的法律风险。

5. 城市更新项目确权结果只是过程行为，不是物权确权，是为了城市更新项目实施主体对历史遗留违建承认现状并在接受处置前进行搬迁补偿。城市更新确权的本质，是在签订搬迁补偿协议前，为明确房屋补偿对象而按相关程序所进行的一系列核查活动。因此，城市更新或土地整备项目中对无产权房屋所进行的确权活动并非法律意义上的确权，只是项目推进过程中的核查行为，属于过程性行政行为或环节性行为。

第八章 其他纠纷

城市更新项目中政府是主导者、政策制定者，城市更新有序、稳步推进。城市更新项目的行政诉讼案件主要包括权利主体与行政机关的纠纷（房屋确权纠纷、行政征收纠纷、行政强拆纠纷、行政许可纠纷），以及开发主体与行政机关的纠纷（城市更新规划行政行为相关的行政诉讼纠纷、城市更新信息公开的行政诉讼纠纷、城市更新实施主体确认的行政诉讼纠纷）等。

城市更新项目推进过程存在诸多不确定因素，项目投资体量巨大，多元资本博弈，漫长的周期存在政策多变、审批程序复杂、项目成熟后经济效益巨大的诱惑等，城市更新项目多个阶段均可能出现少量刑事案件，主要有涉及寻衅滋事罪、诈骗罪、单位行贿罪、行贿罪、受贿罪、故意毁坏财物罪、非国家工作人员受贿罪等。如城市更新项目推进过程中相关主体越线或利用不正当行为推进项目、牟取利益，则可能触发刑事风险。

第一节　城市更新其他纠纷表现形式

城市更新项目中行政诉讼纠纷的行政诉讼可诉性，主要围绕行政诉讼受案范围进行。行政诉讼是否具有可诉性，一般依据行政相对人或相关利害关系人在接受行政机关依法履行行政管理活动的过程中，行政机关的行为是否对行政相对人的权利和义务产生实质影响予以确认。公民、法人或其他组织向法院提起行政诉讼，应提供符合起诉条件的相应证据材料，证明其与被诉行政行为存在利害关系。

此外，在推进城市更新项目的过程中，开发商、实施主体的决策高管、项目经理、直接责任人员，政府主导类的棚改项目中辖区街道办基层公职人员或对于直接参与决策的政府公职人员，均应当严格遵守法律法规和相关政策，不可越线或利用不正当手段推进项目，否则可能出现刑事案件。

一、城市更新项目的行政诉讼案件纠纷的表现形式

（一）城市更新项目房屋确权纠纷的行政诉讼

城市更新项目房屋权属确认纠纷，由于房屋复杂的权属状态，部分纠纷需要采用先行启动行政程序或行政诉讼程序。《行政诉讼法》第 12 条已经明确规定了行政诉讼的受案范围。如城市更新项目中土地确权纠纷涉及复议前置的各方主体通过行政程序对于权属纠纷进行解决，对行政机关作出的行政确权不服的，需要先提起行政复议，行政相对人对行政决议不服的，才可以提起行政诉讼。

历史遗留违建的权属纠纷，依据《深圳经济特区处理历史遗留违法私房若干规定》《深圳经济特区处理历史遗留生产经营性违法建筑若干规定》（即“两规”），以及《〈深圳经济特区处理历史遗留违法私房若干规定〉实施细则》、深圳市人大常委会《关于农村城市化历史遗留违法建筑的处理决定》等规定进行处理。如具有权属确认性质的历史遗留违建处理程序，或对历史遗留违建进行确权的行政行为对行政相对人的权利产生实质影响上午，属于行政诉讼受案范围。

(二)城市更新项目中行政征收类纠纷的行政诉讼

政府与被征收主体无法达成一致的意见,行政机关会作出征收补偿决定。被征收主体不服,可以就征收补偿决定进行诉讼或者复议;复议被驳或行政诉讼败诉,政府可以申请法院进行房屋拆除。

对于城市更新项目中行政征收案件,法院需要审查如下内容:(1)作出房屋征收决定的主体是否适格,作出房屋征收决定的主体应为市、县一级的政府;(2)房屋征收的要件是否已经具备,应符合公共利益的目的、符合规划的要求、遵循法定的程序、符合比例原则。行政征收案件公共利益原则是行政诉讼中最重要的原则,征收房屋是为公共利益的情形,法院对该征收决定的合法性一般会予以认可。

城市更新项目中房屋征收公告的行政诉讼问题,《国有土地上房屋征收与补偿条例》第 26 条第 3 款明确规定:“被征收人对补偿决定不服的,可以依法申请行政复议,也可以依法提起行政诉讼。”房屋征收决定公告是否属于受案范围,需要从房屋征收决定公告内容看,如不处分行政相对人的权利义务就不属于行政机关作出的具体行政行为,不属于行政诉讼受案范围。但是征收补偿方案的公告是对征收补偿事项作出的处分,处分当事人的权利义务为具体行政行为,属于行政诉讼受案范围。

(三)城市更新项目实施主体确认纠纷的行政诉讼

基于城市更新项目的市场化运作模式,实施主体确认的商业利益多于公共利益。城市更新项目涉及城市建设的公共利益,在城市更新实施主体确认类行政诉讼案件中,行政相对人之利益与公共利益需要平衡。如撤销特定主体的实施主体资格,通过城市更新的特定流程还可以确定其他主体成为实施主体,对城市更新项目开发建设或公共利益不会造成重大损失。

城市更新项目实施主体确认的行政诉讼案件,原告对其资格是否适格,需要举证证明其合法权益可能受到行政行为影响。对特定城市更新项目主体的开发资格进行确认,属于行政确认行为,城市更新项目其他主体对确认实施主体有异议,可以提起行政诉讼。法院需要对以下情况进行审核:(1)其他主体是否对涉案城市更新项目具有利害关系,对涉案的城市更新项目是否进行了相应的投入;(2)确认主体开发资格行为,是否排除了其他主体可能继续对涉案城市更新项目进行开发建设并获得相应益的权利;(3)其他主体对涉案城市更新项目的后续投入及收益产生的影响等,其他主体是否是适格的诉讼主体资格等。

(四)行政诉讼被裁定驳回起诉

1. 公民、法人或者其他组织在其实际权利、义务或合法权益因为政府具体行政行为产生影响后提起行政诉讼,属于法院行政诉讼的受案范围。城市更新项目中,针对政府部门作出的计划立项公示、拆迁告知书、城市更新单元规划修改草案公示征求意见、拟搬迁物业归属公示、权利主体公示无异议意见、城市更新实施主体确认公示等公示或征求意见,是为了保障公共利益以及利害关系人权利,当事人可以对公示或征求意见提出异议。由于城市更新主管部门作出公示、征求意见的行为是推进城市更新工作的过程性行为,并不必然产生创设权利和义务的法律后果,当事人因为上述公告、公示或征求意见提起行政诉讼,法院认为不属于行政诉讼受案范围,裁定驳回原告起诉。城市更新主管部门对城市更新单元规划修改草案进行公示并征求意见或建议的行为,法院认为不属于行政诉讼受案范围。

2. 城市更新局对城市更新单元规划修改草案进行公示并征求意见或建议,属于城市更新主管部门在作出城市更新项目规划修改前实施的准备、论证等过程性行为。当事人针对上述公示行为提起行政诉讼,依据最高人民法院《关于适用〈中华人民共和国行政诉讼法〉的解释》第 1 条规定:"公民、法人或者其他组织对行政机关及其工作人员的行政行为不服,依法提起诉讼的,属于人民法院行政诉讼的受案范围。下列行为不属于人民法院行政诉讼的受案范围:……(六)行政机关为作出行政行为而实施的准备、论证、研究、层报、咨询等过程性行为;……"法院认为不属于行政诉讼受案范围,裁定驳回原告起诉。

3. 城市更新项目行政审批过程中,城市更新主管机构对拟搬迁物业归属进行公示的行为不属于行政诉讼受案范围。城市更新主管部门对拟搬迁物业归属作出相关通知,该等公示行为的目的是听取和收集公众的意见和建议,是为作出具体行政行为而实施的准备行为,属于过程性行为。该通知是过程性、环节性行为,不属于行政确权,未对行政相对人的权利义务产生实际影响,法院认为不属于行政诉讼受案范围,裁定驳回原告起诉。

4. 街道办事处作出的城市更新项目权利主体公示无异议意见，仅是将公示期间没收到异议的情况告知城市更新主管机构，属于过程性行为，非法定确权文件，不产生直接设定的相关权利义务，法院认为不属于行政诉讼受案范围，裁定驳回原告起诉。

5. 城市更新主管机构关于城市更新项目实施主体确认的公示是在城市更新单元实施主体确认前作出的过程性行为。该等公示的主要内容是对城市更新项目实施主体进行公示及征求意见，与行政机关组织编制、申报、审定城市更新年度计划等行为均属于城市更新局在确认实施主体前实施的过程性行为，并非最终行政决定，对行政相对人的权利义务不产生实际影响。法院认为不属于行政诉讼受案范围，裁定驳回原告起诉。

二、城市更新项目中刑事案件纠纷的表现形式

1. 城市更新项目推进过程中，在城市更新意愿征集、搬迁补偿谈判、房屋拆除和建设施工等阶段，如出现殴打他人、恐吓他人、任意损毁、占用公私财物、在公共场所起哄闹事等行为，可能会构成寻衅滋事行为的法律后果。

2. 城市更新项目在未取得合法手续或手续不全的情况下拆除合法建筑，会触发刑事风险，拆除违法建筑也可能触发刑事风险。开发商、实施主体的决策高管、项目经理、直接责任人员，如强行拆除未取得合法手续或经法定程序认的违建、历史遗留违建、无证建筑物，可能构成故意毁坏财物的行为。在政府主导类的棚改中，辖区街道办基层公职人员或直接参与决策的政府公职人员，未经法定程序强行拆除未取得合法手续或经法定程序认的违建、历史遗留违建、无证建筑物的，也可能构成毁坏公私财物行为。

3. 城市更新项目有周期长、投资大、关联人多，各个流程环节均会涉及的合同的签订及履行，相关合同包括项目前期涉及的意向合作协议、框架合作协议或者前期服务协议，拆除重建项目确定实施主体后与原房屋权利主体签订搬迁补偿安置协议，居间服务合同，第三方服务合同，多个开发主体或资方签订的合作开发合同，借款合同等，过程中可能会存在合同诈骗案件的刑事风险。

4. 在城市更新项目推进过程中会遇到各种障碍，相关人员会采取各种方法去推进项目进程。为了获取城市更新项目开发的巨大利益，相关人员

可能向政府或相关单位人员支付保证金、投资款、好处费等。城市更新项目获得或开发建设时，给予相关方各种名义的回扣、手续费，如违反了国家相关规定，就可能涉嫌行贿罪。

三、城市更新其他纠纷涉及的法律依据

(一)《民事诉讼法》

第127条规定："人民法院对下列起诉，分别情形，予以处理：（一）依照行政诉讼法的规定，属于行政诉讼受案范围的，告知原告提起行政诉讼；（二）依照法律规定，双方当事人达成书面仲裁协议申请仲裁、不得向人民法院起诉的，告知原告向仲裁机构申请仲裁；（三）依照法律规定，应当由其他机关处理的争议，告知原告向有关机关申请解决；（四）对不属于本院管辖的案件，告知原告向有管辖权的人民法院起诉；（五）对判决、裁定、调解书已经发生法律效力的案件，当事人又起诉的，告知原告申请再审，但人民法院准许撤诉的裁定除外；（六）依照法律规定，在一定期限内不得起诉的案件，在不得起诉的期限内起诉的，不予受理；（七）判决不准离婚和调解和好的离婚案件，判决、调解维持收养关系的案件，没有新情况、新理由，原告在六个月内又起诉的，不予受理。"

(二)《行政诉讼法》

第74条第1款规定："行政行为有下列情形之一的，人民法院判决确认违法，但不撤销行政行为：（一）行政行为依法应当撤销，但撤销会给国家利益、社会公共利益造成重大损害的。……"

(三)最高人民法院第一巡回法庭《关于行政审判法律适用若干问题的会议纪要》

第23条规定："……被诉行政行为违法包括行政诉讼法第七十条列举的六种情形，无论被诉行政行为违法程度严重到何种程度，只要符合行政诉讼法第七十四条第一款第（一）项规定的，人民法院均应当判决确认违法，不撤销保留效力。……"

（四）最高人民法院《关于适用〈行政复议法〉第三十条第一款有关问题的批复》

最高人民法院批复如下："……根据《行政复议法》第三十条第一款的规定，公民、法人或者其他组织认为行政机关确认土地、矿藏、水流、森林、山岭、草原、荒地、滩涂、海域等自然资源的所有权或者使用权的具体行政行为，侵犯其已经依法取得的自然资源所有权或者使用权的，经行政复议后，才可以向人民法院提起行政诉讼，但法律另有规定的除外；对涉及自然资源所有权或者使用权的行政处罚、行政强制措施等其他具体行政行为提起行政诉讼的，不适用《行政复议法》第三十条第一款的规定。"

（五）最高人民法院行政审判庭《关于行政机关颁发自然资源所有权或者使用权证的行为是否属于确认行政行为问题的答复》

最高人民法院答复如下："最高人民法院法释［2003］5 号批复中的'确认'，是指当事人对自然资源的权属发生争议后，行政机关对争议的自然资源的所有权或者使用权所作的确权决定。有关土地等自然资源所有权或者使用权的初始登记，属于行政许可性质，不应包括在行政确认范畴之内。据此，行政机关颁发自然资源所有权或者使用权证书的行为不属于复议前置的情形。"

（六）《刑法》

第 293 条规定："有下列寻衅滋事行为之一，破坏社会秩序的，处五年以下有期徒刑、拘役或者管制：（一）随意殴打他人，情节恶劣的；（二）追逐、拦截、辱骂、恐吓他人，情节恶劣的；（三）强拿硬要或者任意损毁、占用公私财物，情节严重的；（四）在公共场所起哄闹事，造成公共场所秩序严重混乱的。纠集他人多次实施前款行为，严重破坏社会秩序的，处五年以上十年以下有期徒刑，可以并处罚金。"

第 383 条规定："对犯贪污罪的，根据情节轻重，分别依照下列规定处罚：（一）贪污数额较大或者有其他较重情节的，处三年以下有期徒刑或者拘役，并处罚金。（二）贪污数额巨大或者有其他严重情节的，处三年以上十年以下有期徒刑，并处罚金或者没收财产。（三）贪污数额特别巨大或者有其他特别严重情节的，处十年以上有期徒刑或者无期徒刑，并处罚金或者没收财产；数额特别巨大，并使国家和人民利益遭受特别重大损失的，处无期徒刑或者死刑，并处没收财产。对多次贪污未经处理的，按照累计贪污数额处罚。犯第一款罪，在提起公诉前如实供述自己罪行、真诚悔罪、积极退赃，避免、减少损害结果的发生，有第一项规定情形的，可以从轻、减轻或者免除处罚；有第二项、第三项规定情形的，可以从轻处罚。犯第一款罪，有第三项规定情形被判处死刑缓期执行的，人民法院根据犯罪情节等情况可以同时决定在其死刑缓期执行二年期满依法减为无期徒刑后，终身监禁，不得减刑、假释。”

第 385 条规定：“国家工作人员利用职务上的便利，索取他人财物的，或者非法收受他人财物，为他人谋取利益的，是受贿罪。国家工作人员在经济往来中，违反国家规定，收受各种名义的回扣、手续费，归个人所有的，以受贿论处。”

第 386 条规定：“对犯受贿罪的，根据受贿所得数额及情节，依照本法第三百八十三条的规定处罚。索贿的从重处罚。”

（七）最高人民法院、最高人民检察院《关于办理贪污贿赂刑事案件适用法律若干问题的解释》

第 2 条规定：“贪污或者受贿数额在二十万元以上不满三百万元的，应当认定为刑法第三百八十三条第一款规定的‘数额巨大’，依法判处三年以上十年以下有期徒刑，并处罚金或者没收财产。贪污数额在十万元以上不满二十万元，具有本解释第一条第二款规定的情形之一的，应当认定为刑法第三百八十三条第一款规定的‘其他严重情节’，依法判处三年以上十年以下有期徒刑，并处罚金或者没收财产。受贿数额在十万元以上不满二十万元，具有本解释第一条第三款规定的情形之一的，应当认定为刑法第三百八十三条第一款规定的‘其他严重情节’，依法判处三年以上十年以下有期徒刑，并处罚金或者没收财产。”

第 19 条规定：“对贪污罪、受贿罪判处三年以下有期徒刑或者拘役的，应当并处十万元以上五十万元以下的罚金；判处三年以上十年以下有期徒刑的，应当并处二十万元以上犯罪数额二倍以下的罚金或者没收财产；判处十年以上有期徒刑或者无期徒刑的，应当并处五十万元以上犯罪数额二倍以下的罚金或者没收财产。对刑法规定并处罚金的其他贪污贿赂犯罪，应当在十万元以上犯罪数额二倍以下判处罚金。”

第二节　城市更新其他纠纷典型案例

一、相邻权权益与城市更新信息公开范围的典型案例[1]

（一）案情简介

2016 年 9 月，A 幼儿园向市国土资源局“三旧”改造办提出政府信息公开的申请，要求“三旧”改造办公开 B 公司在 2014 年 8 月之前申请“三旧”改造的方案及实施情况。2016 年 10 月，“三旧”改造办作出《关于政府信息公开申请的答复》，答复 A 幼儿园“……一、你单位申请公开的 B 公司在 2014 年 8 月之前申请‘三旧’改造的方案涉及第三人合法权益及商业秘密，依照《政府信息公开条例》第 23 条[2]的规定，我办将在征求相关权利人意见后答复你单位。根据《政府信息公开条例》第 24 条[3]的规定，征求意见所需时间不计算在答复期限内。二、你单位申请公开的 B 公司在 2014 年 8 月之前申请‘三旧’改造方案的实施情况，依据《国务院办公厅关于做好政府信息依申请公开工作的意见》（以下简称《政府公开意见》）及相关规范性文件的有关规定，你单位要求获取的信息不属于《政府信息公开条例》所指应公开的政府信息。根据《政府信息公开条例》第 21 条[4]第（二）款规定，我办决定不予公开你单位所需信息”。A 幼儿园不服，向法院提起诉讼。

（二）处理结果

一审法院认为：本案是政府信息公开纠纷。根据《政府信息公开条例》

---

〔1〕 参见广东省中山市中级人民法院行政判决书，（2017）粤 20 行终 384 号。

〔2〕 此处适用的是 2007 年《政府信息公开条例》，相关规定参见 2019 年修订的《政府信息公开条例》第 32 条。

〔3〕 相关规定参见 2019 年修订的《政府信息公开条例》第 33 条。

〔4〕 相关规定参见 2019 年修订的《政府信息公开条例》第 36 条。

(2007 年)第 17 条[1]的规定,同时参照中山市人民政府《关于"三旧"改造工作的若干意见》《中山市"三旧"改造实施细则》[2]的规定,"三旧"改造办具有依法公开政府信息的职责。根据《政府信息公开条例》(2007 年)第 21 条"对申请公开的政府信息,行政机关根据下列情况分别作出答复:(一)属于公开范围的,应当告知申请人获取该政府信息的方式和途径;(二)属于不予公开范围的,应当告知申请人并说明理由;(三)依法不属于本行政机关公开或者该政府信息不存在的,应当告知申请人,对能够确定该政府信息的公开机关的,应当告知申请人该行政机关的名称、联系方式……"的规定,"三旧"改造办在收到 A 幼儿园提出的信息公开申请后应对申请内容进行审查。"三旧"改造办经审核,认为 A 幼儿园申请公开的"B 公司在 2014 年 8 月之前申请'三旧'改造的方案"涉及 B 公司的合法权益及商业秘密,遂根据《政府信息公开条例》(2007 年)第 23 条"行政机关认为申请公开的政府信息涉及商业秘密、个人隐私,公开后可能损害第三方合法权益的,应当书面征求第三方的意见;第三方不同意公开的,不得公开"的规定,在征求 B 公司的意见后答复 A 幼儿园,并无不当。

根据《政府信息公开条例》(2007 年)第 2 条"本条例所称政府信息,是指行政机关在履行职责过程中制作或者获取的,以一定形式记录、保存的信息"的规定,A 幼儿园申请公开的"B 公司在 2014 年 8 月之前申请'三旧'改造的方案的实施情况"不属于《政府信息公开条例》(2007 年)第 2 条所规定应公开的政府信息,"三旧"改造办作出答复并告知了 A 幼儿园不予公开所需信息,亦无不当。综上所述,A 幼儿园要求撤销市国土资源局作出的《关于政府信息公开申请的答复》的诉讼请求,理据不充分,予以驳回。

二审法院认为:根据《政府信息公开条例》(2007 年)第 13 条[3]之规定,除行政机关应主动公开、重点公开的政府信息外,公民、法人或者其他组织还可以根据自身生产、生活、科研等特殊需要,向各级政府部门申请获取相关政府信息。虽然 B 公司申请"三旧"改造项目的方案不属于政府部门应当主动公开、重点公开的政府信息,但是 A 幼儿园作为 B 公司"三旧"改造

[1] 相关规定参见 2019 年修订的《政府信息公开条例》第 10 条。
[2] 此两个文件均已失效。
[3] 《政府信息公开条例》已被修订,2019 年修订的《政府信息公开条例》已将本条删除。

项目地块的相邻地块权属人,其基于自身生产、生活需要,向市国土资源局申请公开B公司申请“三旧”改造项目的方案,市国土资源局应当向A幼儿园公开该方案。

至于B公司申请“三旧”改造项目的方案所包含的商业秘密,经询问B公司不同意公开涉及商业秘密的,市国土资源局应当向A幼儿园公开除涉及B公司商业秘密信息以外的其他B公司申请“三旧”改造项目的方案信息。市国土资源局以该方案含有涉及B公司商业秘密信息为由不予公开整份方案,理据不充分,二审法院不予支持。

同时,需要指出的是,“三旧”改造方案中的改造地块容积率及拟改造情况属于改造方案的基本要素信息,需要利害关系人充分知晓以保障自身的权利利益,不属于商业秘密信息,市国土资源局不应将改造地块容积率、拟改造情况等有关改造方案的基本信息在信息公开时以涉及商业秘密为由予以排除公开。

对于A幼儿园申请公开的B公司“三旧”改造项目方案的实施情况信息,因B公司所在地块被纳入中山市“三旧”改造项目后未向“三旧”改造办报送过有关实施进度的任何信息,而A幼儿园申请公开的实施情况信息并不属于市国土资源局行政管理职权范围内的信息,根据国务院办公厅《关于做好政府信息依申请公开工作的意见》关于“行政机关向申请人提供的政府信息,应当是现有的,一般不需要行政机关汇总、加工或重新制作(作区分处理的除外)”之规定,市国土资源局不需要向A幼儿园公开有关B公司“三旧”改造项目方案的实施情况信息。

A幼儿园上诉理据部分充分,二审法院予以支持。市国土资源局对本案A幼儿园申请公开的政府信息均不予公开,理据不充分,对其作出的《关于政府信息公开申请的答复》应予撤销重作。

(三)律师评析

1. 信息公开应考虑申请人的权益基础,优先考虑可公开的内容

“三旧”改造项目地块的相邻权人有知情权,有权了解除开发商商业秘密信息以外“三旧”改造方案信息,所以政府机关应当首先考虑公开能公开的部分信息,而非全盘拒绝。对于哪一部分属于商业秘密,除第三方意见之外,政府机关应当基于申请人的权益加以判断,上述案例中,“三旧”改造方

案中的地块容积率、拟改造情况属于改造方案的基本要素信息，需要利害关系人充分知晓以保障自身的权利利益，不属于商业秘密，所以一审法院因“三旧”改造方案中可能涉及商业秘密而整个不予公开，二审法院不予认可。

2. 信息公开应结合行政机关的自身情况，再考虑不可公开的内容

《政府信息公开条例》规定的不公开的情形其实不多，除该条例第 14 条、第 15 条、第 16 条规定的政府信息外，政府信息应当公开。第 14 条规定：“依法确定为国家秘密的政府信息，法律、行政法规禁止公开的政府信息，以及公开后可能危及国家安全、公共安全、经济安全、社会稳定的政府信息，不予公开。”第 15 条规定：“涉及商业秘密、个人隐私等公开会对第三方合法权益造成损害的政府信息，行政机关不得公开。但是，第三方同意公开或者行政机关认为不公开会对公共利益造成重大影响的，予以公开。”第 16 条规定：“行政机关的内部事务信息，包括人事管理、后勤管理、内部工作流程等方面的信息，可以不予公开。行政机关在履行行政管理职能过程中形成的讨论记录、过程稿、磋商信函、请示报告等过程性信息以及行政执法案卷信息，可以不予公开。法律、法规、规章规定上述信息应当公开的，从其规定。”是故，除法定不公开的情况之外，政府信息能够公开的应当公开，保障相关利益人的知情权。

另外，本案二审法院适用的国务院办公厅《关于做好政府信息依申请公开工作的意见》也对政府可公开信息进行了较符合情理的规定，其中第 2 条“准确把握政府信息的适用范畴”规定：“《条例》所称政府信息，是指行政机关在履行职责过程中制作或者获取的，以一定形式记录、保存的信息。……行政机关向申请人提供的政府信息，应当是现有的，一般不需要行政机关汇总、加工或重新制作（作区分处理的除外）。依据《条例》精神，行政机关一般不承担为申请人汇总、加工或重新制作政府信息，以及向其他行政机关和公民、法人或者其他组织搜集信息的义务。”该意见使得信息公开的工作内容也更加清晰。

二、城中村土地确权主体行政纠纷的典型案例[1]

（一）案情简介

深圳推进城市化后，A公司（村股份公司）认为其拥有涉案地块的权益，但因涉案地块的土地权属不清而与案外人发生了争议。A公司就相关土地向原深圳市规土委申请确权。

2015年11月，原深圳市规土委向A公司作出复函，主要内容为：来文材料提供的用地坐标，该地块用地面积为48,723.71平方米，位于某社区范围内，截至目前，尚未查到该地块相关征转地补偿资料。根据深府〔2004〕102号文的相关规定，该地块已转为国有，政府尚未与该地块的原集体组织继受单位或者经济组织和个人理顺经济补偿关系。

2015年11月，A公司向原深圳市规土委某管理局提交《土地确权申请书》、身份证明、营业执照，深规土××函〔2015〕100×号复函、《深圳市某新区某办事处某社区工作站证明》、《深圳市某新区某办事处某社区居民委员会证明》以及坐标图，要求确认涉案土地归A公司所有。2015年12月，原深圳市规土委某管理局对A公司作出复函，主要内容为：某股份合作公司提交的《土地确权申请书》已收悉，该局已于2015年11月通过复函进行了答复，该地块已转为国有，该地块未出让土地使用权。

A公司不服上述复函，认为未能解决涉案土地权属确认问题，遂于2016年2月向原深圳市规土委申请行政复议。原深圳市规土委作出复议决定，认为A公司缺乏直接明确的权属证据证明该地块为A公司所有，原深圳市规土委某管理局作出的复函认定事实清楚，适用法律、法规正确，符合法定程序，并无违法或不当，决定维持复函。A公司亦不服复议决定，向法院提起行政诉讼。

（二）处理结果

一审法院认为：根据《确定土地所有权和使用权的若干规定》第2条的规定，土地所有权和使用权由县级以上人民政府确定，土地管理部门具体承

---

〔1〕 参见广东省深圳市中级人民法院行政判决书，(2017)粤03行终967号。

办。原深圳市规土委某管理局作为某新区土地管理部门,有权对 A 公司提出的土地确权申请进行处理。原深圳市规土委作为原深圳市规土委某管理局的上一级主管部门,是合法的复议机关。因此,原深圳市规土委某管理局和原深圳市规土委是本案适格被告。本案中,针对 A 公司的土地确权申请,原深圳市规土委某管理局根据深府〔2004〕102 号文的规定,答复其该地块已转为国有,未出让土地使用权。

深府〔2004〕102 号文是现行有效的地方政府规章,原深圳市规土委某管理局根据上述地方规章进行答复,认定事实清楚,适用法律、法规正确,程序合法。原深圳市规土委受理 A 公司的复议申请后,审查了原深圳市规土委某管理局提交的答复书及相关证据材料,依法作出了维持原行政行为的复议决定,程序合法。A 公司请求撤销本诉 116 × 复函及 3 × 号复议决定书缺乏事实和法律依据,其诉讼请求依法应当予以驳回。

二审法院认为:上诉人的申请事项是要求确定涉案土地所有权仍归原集体的继受组织即自己所有,认为涉案土地的所有权、使用权均属于自己,申请的依据是《土地管理法》(2004 年)第 16 条[1]关于土地权属争议的规定。《确定土地所有权和使用权的若干规定》第 2 条规定:“土地所有权和使用权由县级以上人民政府确定,土地管理部门具体承办。土地权属争议,由土地管理部门提出处理意见,报人民政府下达处理决定或报人民政府批准后由土地管理部门下达处理决定。”因此,确定土地所有权、使用权和对土地所有权、使用权权属争议作出处理决定,属于人民政府的职权,土地管理部门承办后应当由人民政府最终作出决定。

被上诉人原深圳市规土委某管理局收到土地确权申请后,对上诉人针对涉案土地提出的重大权利诉求,未按照土地确权或土地权属争议程序报请人民政府决定,而直接以复函回复上诉人,对申请事项认定不清,处理违反法定程序,适用法律错误,作出的复函依法应当撤销。被上诉人原深圳市规土委在行政复议过程中,未能纠正原深圳市规土委某管理局自行以复函形式对土地确权申请作出处理的错误,复议决定应当予以撤销。

---

〔1〕 相关规定参见 2019 年修正的《土地管理法》第 14 条。

(三)律师评析

1. 找准土地确权的主体，法律法规理解正确是前提

上述案例属于行政诉讼纠纷,A 公司认为原深圳市规土委某管理局对深圳市 A 公司的土地确权申请作出的复函以及原深圳市规土委作出的复议决定没有解决 A 公司要求对相关地块权属确认的诉求,同时,涉案的行政主体形式不符合《土地管理法》对土地权属确认的要求,因此,二审法院撤销相关判决、复函、决定,明确了究竟由哪一个行政机关负责土地确权处理,由哪一个行政机关作出确权的决定。

根据《土地管理法》第 14 条的规定,单位之间的争议,由县级以上人民政府处理。当事人对有关人民政府的处理决定不服的,可以自接到处理决定通知之日起 30 日内,向法院起诉。本案原告胜诉的关键在于对法律法规的理解正确,被告相关土地行政主管部门适用土地管理相关规定错误,也未按照法律法规相关规定启动土地权属核查工作,更未将相关土地权属确认事宜报至区人民政府进行解决,从而导致行政行为错误,被法院撤销了之前所作出的答复及决定。

2. 土地权属确认是人民政府的职责,法院只能明确权力行使主体,撤销错误决定

随着深圳市房地产市场的发展,原村集体土地房屋纠纷中的经济利益价值水涨船高,涉及原村集体的土地确权纠纷也越来越多。不少相关权利人认为,有确权问题就找法院解决,但在实践中却常常被法院依法驳回诉求,原因在于法律已经将土地权属确认的职责法律赋予人民政府,而非法院。由于相关当事人不知道该规定,往往浪费了大量时间、金钱用于诉讼,却只得到了一个“闭门羹”,而没有按照法律规定申请人民政府进行解决。

3. 土地使用权权属不清晰问题仍然存在，亟待解决

深圳推进城市化实行农村土地“统征统转”政策后,遗留了大量的土地使用权权属问题尚未完全解决,如“外卖地”“相邻地”等,导致在城市更新、土地整备项目推进过程中,才逐渐发现原农村集体经济利益继受组织单位之间、原农村集体经济利益继受组织与买地的业主方之间就土地使用权的权属存在争议,而且部分争议地块由于闲置时间较久,土地管理部门无法就现有的土地资料判定土地的实际归属,解决土地使用权的权属争议。

（四）案例延展

我国有《土地管理法》《确定土地所有权和使用权的若干规定》等政策性法规，但因土地权属确定涉及的社会面较广、经济利益重大且需要动用的行政资源手段较多，土地管理部门往往不愿直接启动复杂的政府确权程序，更倾向于引导申请人就土地权属争议问题与其他方进行调解处理。调解处理的方式效率比较高，在以往工作中的确取得了一定成效；但随着我国法治宣传工作的加强，人民群众的维权意识、法律意识得到提高，更加重视对自身权益的维护，促使相关政府职能部门不得不开始改变工作方式，开始重视履职过程中的程序性合法，确保自身在行政管理过程中能够满足依法行政的具体要求。上述案例中，A公司依据《土地管理法》《确定土地所有权和使用权的若干规定》等政策性法规，申请向区行政主管部门对涉案土地的所有权、使用权进行确权，最终得到法院的支持，符合法律法规对解决土地权属争议的程序规范性要求，该案例对土地管理部门依法行政，解决深圳尚存的未征未转土地权属争议案件具有推动性作用。

三、违法建筑拆迁产生行政纠纷的典型案例

（一）案情简介

2019年7月，深圳市某区规划土地监察局（以下简称区规土监察局）以郑某涉嫌违法建设的违法行为立案。2019年7月，区规土监察局委托A公司对某街道某路15号建筑物进行测绘，测绘报告中的建筑物编号为B01－06。2019年10月，区规土监察局作出［2019］深×××规土监罚字第11号《行政处罚决定书》（以下简称11号《行政处罚决定书》），内容为“限其自收到处罚决定书之日起90日内拆除在某街道某路15号未取得建设工程规划许可证进行建设并涉及非其所取得合法用地的已征转土地范围内766.13平方米建筑物”。该案涉及的766.13平方米建筑物属于测绘报告中B06、B02、B05建筑物中原告用地红线范围外的一部分，用地性质属于国有已征转地块。

2021年3月，区规土监察局对某街道某路15号右侧15－1至15－17临街建筑物、构筑物并案查处。现场勘验笔录显示，涉案建筑物为不规则长条

形两层砖墙铁皮顶结构，总建筑面积约300平方米。区规土监察局认定其属于拆迁征收后由郑某添附形成的临时使用性质的建筑物和构筑物。2021年3月，区规土监察局作出深×××规土监[2021]限拆字第0××9号《限期拆除通知书》，主要内容为："经查，你未经批准建设某街道某路15号临街建筑（备注：该建筑物范围是15－1至15－17建筑物中除去[2019]深×××规土监罚字第11号《行政处罚决定书》以外的剩余建筑）……现依据《深圳土地监察条例》第三十五条通知你（单位）自收到本通知书后5日内自行拆除。"并附有现状测绘图，当日现场张贴送达。本案涉及的约300平方米建筑属于测绘报告中B05建筑原告用地红线范围外的一部分，用地性质属于未征转地块。

2021年4月，涉案建筑面积和11号《行政处罚决定书》中的建筑面积相对应的土地被一起强制拆除。1996年郑某与B公司签订合同，有偿取得了厂区内一块国有工业用地，2004年经郑某申请，用地红线范围部分调整。郑某在用地红线范围内外均有建设行为。2009年6月，深圳市某区某街道办事处与C公司签订了《某街道某路改造工程拆迁补偿安置协议书》，对"某路铁皮棚等建（构）筑物、附着物"进行了货币补偿，但仅对部分建筑物进行了实际拆除，未拆除部分由郑某修复后继续使用。

（二）处理结果

法院认为，《深圳经济特区规划土地监察条例》（以下简称《深圳土地监察条例》）第35条规定："对未经批准或者未按照批准内容进行建设的临时建筑物、构筑物、设施以及超过批准期限未拆除的临时建筑物、构筑物、设施，由规划土地监察机构责令限期拆除。规划土地监察机构拆除违法临时建筑物、构筑物、设施，可以按照以下程序进行：（一）书面通知当事人限期自行拆除，并将限期拆除通知张贴在临时建筑物、构筑物、设施的显著位置；（二）当事人逾期不拆除的，由违法临时建筑物、构筑物、设施所在区的规划土地监察机构予以拆除。"该条款是处理临时建筑物的简易程序，没有规定当事人的陈述申辩权利。

根据案件事实，涉案建筑面积和11号《行政处罚决定书》中所处罚的部分建筑面积共同构成测绘报告中B05建筑物中原告用地红线范围外的部分，两部分建筑面积虽然用地性质不同，但在建筑结构上无法区分。区规土监察局在11号《行政处罚决定书》所处罚的建筑面积适用行政处罚一般程序的情况下，对涉案建筑面积适用《深圳土地监察条例》第35条的简易程序，未保障郑某对该部分建筑面积的陈述申辩权利，适用法律有误，但涉案建筑面积已经拆除，该行政行为不具有可撤销内容，应判决确认违法。

（三）律师评析

1. 城市更新行政纠纷案件中，对建筑物性质的认定往往影响行政处罚程序的适用

《深圳土地监察条例》针对“限期拆除违法建筑物、构筑物、设施”的行政处罚规定了一般程序和简易程序，简易处罚程序与一般处罚程序的区别主要有两点：(1)针对对象不同，简易程序针对“未经批准或者未按照批准内容进行建设的临时建筑物、构筑物、设施以及超过批准期限未拆除的临时建筑物、构筑物、设施”，一般程序针对普通违法建筑物；(2)程序不同，简易处罚程序简便快捷，一般程序要按部就班。之所以可以通过简易程序处理，是因为违法建筑物存在规模很小、结构简单、权益影响不大等特征。

建筑物是临时性建筑还是永久性建筑，是合法建筑还是违法建筑，需要经过审慎认定。认定过程中，建筑物所用的建筑材料、建筑物自身的结构应当委托第三方专业机构进行检测、鉴定，以保证认定结果的科学与公正，因为建筑物性质的认定会直接影响适用简易处罚程序，进而影响行政相对人的实体利益。

根据《深圳土地监察条例》第35条的规定，规划土地监察部门仅对违法兴建的临时建筑物、构筑物、设施，才可适用该条规定的程序予以拆除，否则不得适用该条规定的程序予以拆除。

2. 具体行政行为决定的作出违反相应法定程序，应当被撤销或确认违法

我国的行政法律体系对不同的行政行为提出了不同的程序要求，行政机关无论作出何种具体行政行为，都应当遵循相应的行政法定程序，倘若在行为决定的过程中出现程序违法，该行政行为亦应被确认为违法。

《深圳土地监察条例》第30条规定：“规划土地监察机构对规划违法行为和土地违法行为的处罚种类包括：(一)罚款；(二)限期拆除违法建筑物、构筑物、设施；(三)没收违法建筑物、构筑物、设施；(四)没收违法所得；(五)法律、行政法规规定的其他处罚”。可知，限期拆除违法建筑物属于行

政处罚的一种。《深圳土地监察条例》第 29 条第 2 款规定:“规划土地监察机构作出行政处罚决定之前,应当依法告知当事人享有陈述、申辩以及要求听证的权利。当事人申请听证的,按照听证的有关规定办理。”上述案例中,区规土监察局的做法剥夺了郑某依法享有陈述、申辩以及要求听证的权利。区规土监察局在作出《限期拆除通知书》之前,应当依法告知郑某其享有陈述、申辩以及要求听证的权利。

3. 具体行政行为的实施过程违反相应法定程序,应当被撤销或确认违法

行政机关在实施具体行政行为的过程中,应当严格遵守行政法及相关法律法规,包括但不限于通知送达、公告催告等保障行政相对人合法利益的程序性事项,若行政相对人的合法权益因某一具体行政行为受到损害,行政机关对这一行为实施过程中的程序性事项负有举证责任,否则应承担举证不能的不利后果,即被法院确认行为违法。

(四)案例延展

上述案例中,区规土监察局作出的《限期拆除通知书》并没有通知原告,也没有依法直接送达。区规土监察局在没有证据能够证明其无法直接送达的情况下,在当天作出《限期拆除通知书》,当天直接张贴送达,表明其并没有穷尽方式通知郑某并直接送达法律文书,没有保障郑某的知情权以及合法权益。依据《深圳土地监察条例》第 44 条的规定:“当事人对行政处罚决定逾期不履行的,规划土地监察机构应当依法催告当事人履行义务。经催告,当事人仍不履行,且未在法定期限内申请行政复议或者提起行政诉讼的,按照下列方式分别处理……”由此可知,在经催告,且当事人在法定期限内未提出复议、诉讼,又未在规定的期限内履行义务的,相关部门才能对违法建筑进行依法拆除。

《深圳土地监察条例》第 45 条规定:“对于市规划土地监察机构依照城市规划法律、法规、规章作出的限期拆除的行政处罚决定,符合强制执行条件的,由违法建筑物、构筑物、设施所在区的规划土地监察机构作出行政强制执行决定予以拆除。前款所称符合强制执行条件,是指经依法公告、催告,当事人未在法定期限内申请行政复议或者提起行政诉讼,或者行政复议决定、行政诉讼判决维持原行政处罚决定的。”区规土监察局未依法公告、催告,且还在原告申请行政复议或提起行政诉讼的法定期限内,并不符合进行强制拆除条件。

区规土监察局对于“违法建筑物、构筑物、设施”的限期拆除决定的执行，应该是在当事人仍不履行，且未在法定期限内申请行政复议或者提起行政诉讼的前提下，或者复议诉讼等救济程序已经结束的前提下。因该执行前提的存在一定程度上影响了行政效率，尤其是对于一些结构简单、规模很小、权益影响不大的违法建筑物，适用上述程序会严重影响城市规划土地监察工作的推进。

四、旧村改造产生行政纠纷的典型案例

（一）案情简介

原告郑某等21人为深圳某区某村某楼业主，《深圳某区某村改造专项规划》于2007年已经审批通过，某楼在改造项目范围内。2021年1月，郑某等21人被项目工作人员告知，某楼所属地块已于2013年被调整出某村改造范围，当年4月曾在《深圳特区报》刊登过《关于调整〈深圳某区某村改造专项规划〉部分内容的公示》。

原告以某区城市更新和土地整备局为被告、某村股份公司为第三人，向深圳市中级人民法院提起行政诉讼，请求确认被告关于调整《深圳某区某村改造专项规划》部分内容的行政行为无效。具体理由：(1)更新改造规划调整涉及重大公共利益，原告作为被调整对象，是调整后果的直接承担者，但被告和第三人在作出调整决定前，未以任何方式征询过原告意见。(2)被告2013年4月刊登的调整公示，内容不清楚、形式有瑕疵，未明确指出某楼作为建筑现状保留，仅写明“某某地块纳入、调出、保留建筑面积”；公示内容不是调整的全部内容，最为关键的详细图纸却未予以公示。(3)第三人在2012年12月向被告提交的《关于我村旧改项目分期实施的申请》，申请调整《深圳某区某村改造专项规划》的部分内容，其中并未涉及建筑物保留的申请。

被告辩称：(1)涉案具体行政行为系由原深圳市规土委某管理局在有关事权下放前作出，被告不是本案适格主体。(2)原告的起诉已超过法定期限，依法应予以驳回。(3)原告与涉案具体行政行为无法律上的直接利害关系，涉案具体行政行为的作出未侵犯其合法权益，原告不是本案适格主体。(4)涉案具体行政行为的作出合法有据。

（二）处理结果

深圳市中级人民法院认为，最高人民法院《关于适用〈中华人民共和国行政诉讼法〉的解释》（以下简称《行诉法司法解释》）第162条规定："公民、法人或者其他组织对2015年5月1日之前作出的行政行为提起诉讼，请求确认行政行为无效的，人民法院不予立案。"本案中，原告对被告于2013年5月作出的《关于批准深圳某区某村改造项目部分规划指标调整的通知》不服，请求确认被告关于调整《深圳某区某村改造专项规划》部分内容的行政行为无效，属于《行诉法司法解释》第162条规定的情形，法院依法应不予立案。依照《行诉法司法解释》第69条第1款第10项、第69条第3款、第162条之规定，裁定如下：驳回原告郑某等21人的起诉。原告不服，向广东省高级人民法院提起上诉，被以同样理由驳回上诉，维持原裁定。

（三）律师评析

上述案例最终以法院驳回原告起诉结案，从事实认定、法律适用、处理结果的角度来看，无疑是正确的；但从城市更新项目实施和维护权利人合法权益的角度来看，尚有许多问题与经验教训值得商榷与探讨。

深圳城市更新单元规划方案的制定，不仅需要严格遵循《深圳城市更新条例》《深圳市拆除重建类城市更新单元规划编制技术规定》等法规和技术规范的要求，而且还需要充分考虑更新项目范围内相关权利主体的更新改造意愿诉求。

上述案例中，当年某村股份公司申请将某楼调出拆除重建范围的主要原因有两点：一是由于当年某村更新改造项目批准的规划容积率只有3.0，而某楼现状容积率就已经超过2.0，某楼的更新改造不具备经济可行性；二是由于某楼业主均为非本村某村民，居住地点相对独立，很多房屋处于租赁状态，某村更新改造项目规划方案调整的公示信息某楼业主根本没有关注到，某村股份公司有机可乘。

在得知某楼被调整出拆除重建范围后，某楼业主通过投诉举报、行政诉讼等各种方式进行"维权"，引起市区领导和主管部门高度重视，虽然最后都以失败告终，但也阻止了项目顺利实施拆迁施工、延缓了项目工作进程，从而导致了各方皆输的局面：

一是某楼业主丧失了改造的希望和机会。他们花费了大量的时间、精力和资金，结果却投诉举报无门、法律诉讼无用，最终没能成功阻止项目规划方案调整，尽管某楼完全符合更新改造条件，但某村更新改造项目实施完毕后，某楼的拆除重建从此变得遥遥无期。

二是某村股份公司长期陷于"维权"纠纷：项目规划容积率较低，按照更新改造规划实施的项目经济可行性本来就不是很好，如果没有某楼业主"维权"事件，项目早就建成，回迁销售完毕；结果项目延迟、成本增加，再加上房地产"黑铁时代"来临，市场行情遇冷，项目经济可行性更加不乐观。

三是政府主管部门权威信誉受损。虽然赢了行政诉讼，维护了政府行政的权威性、合法性，但更新方案调整中直接利害关系人的意见没有被反馈上来、拆除重建范围调整公示内容与形式明显存在不足，某楼业主"维权"行为导致政府行政成本增加、社会稳定风险隐患、政府信誉信用受损，确是很难挽回来的。

四是更新计划规划严肃性、科学性不足。某楼本是某村不可或缺的重要组成部分，同为一宗土地、同属一个规划单元、同是一个小区，理应同等对待、同样处理、同时纳入拆除重建范围、同享更新改造利益。但却被单独调出拆除重建范围，不仅没有提出令人信服的理由，反而破坏了原有规划的完整性、宗地权属的独立性、小区居民的稳定和谐。

城市更新改造，各方主体应当遵循共商、共建、共享、共赢原则，而不是有你无我、非你即我的零和博弈。如果各方主体能够换位思考，充分考虑相对方的利益诉求和管理要求，依法依规、公开公平公正协商，则完全有可能实现各方合作共赢。

某楼业主在发现更新方案调整之后，及时到某股份公司和规划主管部门沟通了解情况，依法依规提出自己的合理诉求，争取得到某股份公司和规划主管部门的理解和支持，并与某股份公司协商一致，由某股份公司以原项目规划方案已经超过十年，难以适应新的城市发展需要和促进社会经济发展、完善公共配套、增进社会和谐等为由，共同向政府规划主管部门申请再次调整规划，不仅要将某楼重新纳入拆除重建范围，而且要按新的《深圳市城市规划标准与准则》要求适当增加容积率，确保项目实施的经济可行性。政府规划主管部门也应当依据新的形势条件下，对十年前审批尚未落地的原有滞后规划方案进行重新审核，适当作出规划方案调整，在不违背《深圳市城市规划标准与准则》要求的情况下,尽量满足申请人的合理诉求,既可以确保规划的科学性、前瞻性,增加社会公共利益,又能够提高项目的经济可行性,满足权利主体利益诉求,还能够避免法律诉讼杜绝社会稳定隐患,彻底扭转上述案例各方皆输的局面,实现多方共赢。

五、城市更新中相邻关系间容忍让利的典型案例[1]

(一)案情简介

A 公司系坐落于深圳市福田区某工业区的 203 栋 1 层(建筑面积 2226.8 平方米)、2 层(建筑面积 2358 平方米)房屋的所有权人,房屋建造竣工时间为 1991 年 12 月,房产证记载的用途为厂房,目前系作商铺使用。该 203 栋房屋共有 7 层。B 集团系深圳市福田区某城市更新项目的实施主体。

2018 年 10 月 24 日,B 集团因建设施工需要,未经 A 公司同意,在涉案 203 栋房屋门前沿人行道和机动车道的分界线修建了围挡,围挡高约 2 米,上半部分使用了透明材料。围挡与 203 栋一层门面的距离为 3 ~5 米不等。

(二)处理结果

一审法院认为:本案系相邻权纠纷。根据《物权法》第 88 条、第 92 条[2]的规定,B 集团因建造建筑物,有权利用相邻土地,但因此造成 A 公司损害的,应当给予赔偿。至本案一审辩论终结时止,涉案围挡尚未拆除。一审开庭后,A 公司于 2020 年 9 月书面向一审法院陈述称:涉案围挡在 2020 年 1 月拆除,换成铁马。B 集团于 2020 年 9 月书面向一审法院陈述称:2019 年,道路两侧围挡拆除完成。另查明,涉案房屋所在地段 2017 年的政府指导租金标准为 1 层每月每平方米 150 元,2 层每月每平方米 60 元。

B 集团设置的围挡,对 A 公司的 1 层、2 层商铺的正常经营造成了一定的不利影响,亦势必减少 A 公司的租金收入。综合全案情况,一审法院酌定 B 集团应按政府指导租金的 20% 的标准赔偿 A 公司的经营损失。2018 年 10 月 ~2019 年 9 月共计 12 个月,计约 114 万元。

---

〔1〕 参见广东省深圳市中级人民法院民事判决书,(2020)粤 03 民终 29366 号。

〔2〕 相关规定参见《民法典》第 292 条、第 296 条。

二审法院查明：(1)涉案围挡设置经过了政府有关部门的审批同意，且根据《建设工程安全生产管理条例》第30条的规定，建设工程工地应当设置围挡；(2)二审开庭审理调查中，双方确定涉案围挡置于市政道路，不属A公司用地红线内；(3)A公司提起本案诉讼时，称有三间商铺(104号、105号、107号)的经营受到围挡影响，造成租金损失，请求B集团赔偿；(4)A公司提起诉讼的案由为相邻权纠纷，依据为《物权法》第91条和第92条[1]的规定；(5)一审法院查明的其他案情，可予认定。

二审法院认为：本案为相邻权纠纷案件。据B集团上诉意见，本案的争议焦点是其因工程建设而在工地周围设置的围挡有无侵害A公司合法权益，以及应否赔偿的问题。

首先，据二审法院查明的事实和双方在诉讼中的陈述，因工程建设之需，涉案围挡置于市政道路，且经过深圳市交通运输委员会批准。根据《建设工程安全生产管理条例》的规定，建筑工地设置围挡的主要目的是保障公共安全，防止人和车辆遭受伤害和损害。因此，B集团在建筑工地利用市政道路设置围挡具有事实依据和法律依据。其次，A公司起诉认为涉案围挡的设置影响其周围人流和车流，围挡的选材和高度影响其租户商铺的昭示性，导致租户经营困难，甚至退租，最终影响了A公司的租金收益。诚然，A公司所述并非全无根据，具有一定可信度。工程建设会产生噪声，重型工程车的出入以及不可避免的尘土均会对周围市民和商户的生活和经营造成不同程度的影响。但这种影响是暂时的，且是任何工程建设在所难免的。随着城市建设由新建逐步进入更新阶段，在建工程对已有建筑产生的如同本案所涉的影响是必然的。对此，无论作为社会成员，还是市场经营主体，均应保持必要的容忍。虽然A公司在本案中基于相邻权请求法律保护具有可诉性，但该相邻权的保护不同于通风、采光等长久影响，其应让渡基于相邻权而产生的一定的权益。况且，B集团的建设虽不属市政公共设施建设，但亦属经政府有关部门审批同意的城市更新建设的一部分。因此，作为相邻关系中的A公司应给予一定的容忍和支持，而不是起诉B集团主张侵权赔偿。再者，如上所述，城市更新建设过程中，在建工程对已有建筑的影响是必然的。如若A公司在本案的诉请获得如同一审法院般的支持，那么接下来在

[1] 相关规定参见《民法典》第295条、第296条。

对本案203栋楼更新建设时,A公司亦会对周围已有建筑造成如同本案其所主张的影响,而B集团极可能以本案一审法院的处理结果为范例,诉请A公司赔偿其经营损失。而若此成例,往后所有更新建设均可能向已有建筑之所有权人支付一定的赔偿,这势必增加更新成本,不利于城市更新建设,妨碍了城市建设的提升。就本案双方当事人诉争的建设工程工地围挡对周围建筑的影响问题,社会成员或市场主体所主张的权益,无论基于相邻权还是基于物权,即使在建工程不为市政性的地铁、城市道路或立交桥等,在建工程工地的围挡亦具有公共性,其主要功能不仅是保护工地内施工的工作人员的安全,更是保护工地周围人员和车辆免于坠入工程基坑或招致其他意外。另外,A公司诉称其主张的权利保护基础源于《物权法》第91条和第92条的规定。经查,前述第91条规定,不动产权利人挖掘土地、建造建筑物、铺设管线以及安装设备等,不得危及相邻不动产的安全。而第92条的规定为,不动产权利人因用水、排水、通行、铺设管线等利用相邻不动产的,应当尽量避免对相邻不动产权利人造成损害;造成损害的,应当给予赔偿。据二审法院查明的案件事实,涉案围挡置于市政道路,而不是置于A公司不动产。因此,A公司诉请B集团赔偿其所主张的租金损失欠缺必要的法律依据,依法应不予支持。最后,一审法院在审理A公司诉请时,将其对三间商铺的租金损失扩至两层楼所有建筑面积,并依据政府指导租金标准核计赔偿金,不仅超出了A公司的起诉范围,亦欠缺事实基础,且没有法律依据,致判决错误,应予纠正。

综上所述,二审法院认为,B集团的上诉理由和请求成立,应予采纳;A公司的诉讼主张和请求没有法律依据,不予支持,应予驳回。一审法院判决认定事实有误,致适用法律错误,所判应予纠正。为此,依据《民事诉讼法》(2017年)第64条和第170条[1]第1款第2项的规定,判决如下:(1)撤销一审民事判决;(2)驳回B公司的全部诉讼请求。

(三)律师评析

1. 城市更新大方向下,相邻权与政策利益之间需要法院做好权衡

上述案例体现了城市更新大方向下,相邻权与政策的权衡。权利人在

---

〔1〕 相关规定参见2023年修正的《民事诉讼法》第67条、第177条。

城市更新建设的过程中,应让渡基于相邻权而产生的一定的权益。正如二审法院的态度,随着城市建设由新建逐步进入更新阶段,在建工程对已有建筑产生的如同本案所涉的影响是必然的。对此,无论作为社会成员,还是市场经营主体,均应保持必要的容忍。城市更新建设过程中,在建工程对已有建筑的影响是必然的,从长远及整个城市建设提升的角度来看,倘若轻易判决在建工程应当对已有建筑赔偿因相邻权而遭受的利益损失,类案相邻权人势必会提起诉请,增加在建工程中的成本,阻碍城市更新建设。

2. 相邻权权益的享有应基于自身的不动产

上述案例的二审法官从根本上否定了乙公司的请求权基础。对照《民法典》第295条"不动产权利人挖掘土地、建造建筑物、铺设管线以及安装设备等,不得危及相邻不动产的安全",第296条"不动产权利人因用水、排水、通行、铺设管线等利用相邻不动产的,应当尽量避免对相邻的不动产权利人造成损害"的规定,涉案围挡置于市政道路,而不是置于A公司不动产,所以A公司诉请B集团赔偿其所主张的租金损失欠缺必要的法律依据。

相邻权基于法律的直接规定而产生,是不动产所有权或者使用权的扩张和权利的延伸,它并不是一个独立的物权,所涉及的内容是请求相邻的不动产权利人提供一个最低级别的便利。加之在城市更新建设的政策下,司法实践中,法院对相邻权本身及其主张与适用提出了较严格的要求。

六、是否构成侵犯市场主体名誉权认定的典型案例[1]

(一)案情简介

在原告A公司起诉被告马某名誉权纠纷一案中,原告主张:A公司为从事城市更新、旧城改造等经营项目的企业,在深圳市罗湖区开展相关业务。因被告马某2019年10月~2020年5月多次以昵称"漢傑""潮之阳""谦和",在名为"共享群""(潮人)联谊会""业主第一群(1)"等微信群发表偏激、失实言论,对原告及原告的经营业务进行恶意的批评和攻击,侵害了原告的名誉权。但原告未向法院提供上述微信截图的原始记录。原告提交的微信截图显示,被告的微信昵称为"漢傑",微信号为"sz－mark",被告对此

〔1〕 参见广东省深圳市罗湖区人民法院民事判决书,(2021)粤0303民初1839号。

予以确认。

原告确认未看到被告发布明确指明其公司名称的言论,但主张因被告与原告之间存在劳动争议纠纷,且微信群里其他人的言论涉及原告,故认为被告的上述言论系指向原告,被告的侵权行为致使原告的名誉和企业形象受到破坏,影响了原告的业务和经济收入,原告保守估计产生了5万元损失。

被告认可上述“共享群”和“(潮人)联谊会”微信群里的“漢傑”和“马汉杰”系其本人使用的昵称,相关言论系其发布,但表示原告所主张的其他昵称均不是被告所用微信,相关言论非被告发布,被告亦不在“业主第一群(1)”微信群里。被告另主张,其发布的言论并非针对原告,而是在评论社会上涉及改造项目的二手中介公司。

深圳市市场监管局商事主体登记及备案信息查询单(网上公开)显示,原告的经营范围为:投资兴办实业(具体项目另行申报);建筑工程设计;建筑材料研发和销售;物业管理(企业经营涉及行政许可的,须取得行政许可文件后方可经营)。

经查明,2019年10月,深圳市罗湖区某街道办事处(以下简称罗湖街道办)和深圳市罗湖区城市更新和土地整备局(以下简称区更新整备局)就小区居民投诉原告持续在该小区开展城市更新单元计划申报意愿征集活动联合发布《风险提示》。该风险提示载明:我市现行城市更新政策明确规定,旧住宅区由辖区街道办事处作为城市更新单元计划申报主体。A公司不是适格的申报主体,城市更新职能部门不会受理该公司的计划申报。因此,《小区意愿征集表》中关于“委托A公司作为小区开展城市更新单元规划制定计划的申报主体”的约定无法履行。根据《城市更新实施细则》第46条的规定,属于以旧住宅区改造为主的城市更新项目,必须由区政府在城市更新单元规划批准后,组织制定搬迁补偿安置指导方案和市场主体公开选择方案,经占建筑物总面积90%以上且占总数量90%以上的业主同意后,公开选择市场主体。只有经过公开选择的市场主体才有权与业主签订搬迁补偿安置协议。A公司不是经政府组织公开选择的市场主体,其与业主在《小区意愿征集表》中约定的拆迁赔偿方案无法履行。《小区意愿征集表》中的相关内容与我市规划国土主管部门正式印发的《深圳市城市更新单元计划申报委托书》内容严重不符,未就涉及业主切身利益的事项进行特别说明。为了切实维护自身合法权益,未签署《小区意愿征集表》的业主需提高警惕,切勿再与违规进驻的企业签订涉及城市更新活动的相关协议;已签署《小区意愿征集表》的业主可通过法律途径与A公司解除协议。

（二）处理结果

法院认为:本案系名誉权纠纷。依照法律规定,法人、非法人组织享有名称权、名誉权和荣誉权。判断行为人的行为是否构成侵犯名誉权,应当根据受害人是否确有名誉被损害的事实、行为人的行为是否违法、违法行为与损害后果之间是否有因果关系及行为人主观上是否具有过错来认定。本案中,在原告所主张的由被告通过微信群发表的言论中,被告仅认可昵称“漢傑”“马汉杰”系其本人使用、发布相关言论,不认可原告主张的“瀾之阳”“谦和”等其他昵称发布的言论系由被告发布,原告亦未能提供存储相关微信群聊天记录的原始载体。即便依原告之主张,原告提交的微信群聊天记录中,仅有“某街道:业主和‘马援’已签署的协议无效……”是及原告的企业名称,而该条信息的内容与罗湖街道办、区更新整备局联合发布的《风险提示》内容一致,不存在失实情况。原告主张的其他侵权言论,内容多涉及参与小区改造项目的中介公司,均未提及原告的企业名称;并且,原告主张上述侵权言论系发布于2019年10月~2020年5月,而罗湖街道办作为小区的辖区街道办事处,已联合区更新整备局于2019年10月向该小区业主发布《风险提示》,明确指出原告并非小区城市更新单元计划申报主体,亦非经政府组织公开选择的市场主体,故原告主张上述言论系指向原告,证据不足,应承担举证不能的法律后果。综上所述,原告主张被告侵犯名誉权并要求被告赔偿损失、赔礼道歉、消除影响,事实依据不足,法院不予支持。

（三）律师评析

1. 城市更新市场主体影响名誉权侵权的指向性判断

本案虽是简单的名誉权纠纷,但其中涉及城市更新的部分值得注意。一般情况下,城市更新进程中发生名誉权纠纷,原因在于业主与城市更新市场主体之间存在利益矛盾。名誉权侵权构成要件的重点之一即违法行为必须有特定指向,上述案例中,原告经查明确非区城市更新单元计划的市场申报主体,也不是经政府组织公开选择的市场主体,故法院认定被告的相关言论对原告而言并不具有针对性,无法被准确识别指向原告,不足以让他人能够认定指向明确为A公司,是故被告的行为并不构成对原告名誉权的侵犯。在城市更新进程中,市场主体与业主的名誉权纠纷在司法实践中的认定需要结合当地街道办事处、城市更新和土地整备局等部门的文件,辅助识别侵权言论对市场主体而言是否具有明确的指向性和针对性。

2. 即使不是市场主体,也有主张名誉权侵权的可能性

若原告能够提供存储相关微信群聊天记录的原始载体,并且能够证明其作为从事城市更新、旧城改造等经营项目的企业,在深圳市罗湖区开展相关业务,虽不是城市更新单元计划中的申报主体或经政府组织公开选择的市场主体,但以往在该小区改造项目中参与较多,小区业主及其他民众有理由且倾向于相信被告陈述针对的对象是原告,且提供证据证明自身社会评价的降低,这些对原告主张构成名誉权的侵权都会是有帮助的。

七、城市更新中故意毁坏财物罪的典型案例[1]

(一)案情简介

2006年5月,南山区蛇口某村旧村改造项目启动,A公司为该项目开发商。被告人吴某在公司任发展部(更新部)经理,主要负责现场拆迁工作。

2017年2月,该项目签约户数已达175户,签约率95%。其中,蛇口某村2-1号楼2、3楼的业主林某因拆迁面积与补偿等问题一直未与A公司签约。为尽快拆迁,吴某联系廖某安排多名保安对2-1号楼里的住户进行清场。2017年1月23日中午,吴某指派吴某甲(已判决)、朱某等人对2-1号楼强行进行拆除,导致林某的房屋被毁。经鉴定,被拆除的2-1号楼2、3楼价值563,616元。2020年2月14日,吴某主动向深圳市公安局南山分局蛇口派出所投案。

(二)处理结果

法院认为:被告人吴某无视国家法律,指派人员非法拆毁他人房屋,数额巨大,其行为已构成故意毁坏财物罪。公诉机关指控的犯罪事实清楚,证据确实、充分,指控的罪名成立。

---

〔1〕 参见广东省深圳市南山区人民法院刑事判决书,(2020)粤0305刑初684号。

吴某作为拆迁工作的现场负责人，明知所拆房屋为危楼，拆除4、5楼时可能导致整栋楼坍塌，但其未尽合理、谨慎的监督、管理义务，未采取积极措施做好防护，导致涉案房屋被毁，依法应承担刑事责任；吴某犯罪以后自动投案，如实供述基本犯罪事实，是自首，且已对被害人进行了赔偿，依法对其减轻处罚；实施犯罪过程中，其主观上对危害结果的发生持放任态度，属间接故意，量刑时酌情予以考虑。

被告人吴某犯罪情节较轻，有悔罪表现，没有再犯罪危险，宣告缓刑对所居住社区没有重大不良影响，依法对其适用缓刑。

（三）律师评析

1. 城市更新中的刑事犯罪典型罪名总结

总体而言，与城市更新所涉民事纠纷相比，直接关联的刑事案件数量较少。在罪名分布上，除了典型的侵犯财产类犯罪之外，其他多为贪污贿赂犯罪、破坏社会主义市场经济秩序罪等。上述几类案件在城市更新相关刑事案件中数量占比较大，涉及的具体罪名则主要为故意毁坏财物罪、非国家人员受贿罪、行贿罪、合同诈骗罪等。

2. 合规意识为企业发展与城市更新保驾护航

城市更新项目涉及多方权利主体的利益调整博弈，产生矛盾冲突在所难免。同时，城市更新项目往往涉及金额巨大，各类法律关系错综复杂。市场主体在推进城市更新项目过程中，应当严格遵守法律法规，不可逾越法律底线。唯有高度重视自身合规制度的建设与落地，强化各个环节人员的合法合规意识，依法依规办事，才能保障企业自身健康发展，推动城市更新稳步向前。

八、城市更新中合同诈骗罪的典型案例〔1〕

（一）案情简介

2017年3月，被害人王某经朋友介绍认识了被告人唐某。唐某谎称是A公司法定代表人，公司的旧改项目（福田区某地块）已经国土部门同意，有

---

〔1〕 参见广东省深圳市福田区人民法院民事判决书，（2019）粤0304刑初1441号。

意寻找合作伙伴。王某信以为真,遂转账给唐某600万元作为定金。唐某收到钱后,将款项用于归还其本人此前所欠的债务。王某经查询发现相关旧改项目与A公司以及唐某并无关系,意识到被骗,遂于2017年4月将唐某扭送至深圳市公安局福田分局。案发后,唐某分多次向被害人王某退赔了部分款项。

2016年8月,唐某虚构深圳市福田区莲花街道某居民委员会主任的身份,向B公司表示可以运作某小区旧改项目。同年10月,唐某隐瞒其实际控制的C公司无能力出具承兑汇票的事实,由C公司与B公司、唐某和聂某共同签订《合作协议》《承诺及担保函》,约定:C公司和B公司合作开发某小区旧改项目,C公司负责将某小区旧改项目的实施主体从B公司变更为双方成立的项目公司,B公司向唐某交付5000万元保证金,其中1000万元直接付给C公司,C公司同时向B公司开具1000万元的银行承兑汇票作为反担保,其余4000万元由双方到银行做资金监管,唐某和聂某作为保证人承担连带赔偿责任。

同年11月,B公司向C公司交付1000万元,但C公司无法按合同约定开具等额的银行承兑汇票,故向B公司开具1000万元的支票,并承诺一周内开具银行承兑汇票将支票换回。唐某收到保证金1000万元后,将其中830万元通过卢某支付给"某协会",并隐瞒对方已经垫付剩余170万元的事实,将B公司支付的该部分费用用于偿还其个人债务。后上述支票因账户余额不足而无法兑付,B公司遂要求唐某退还1000万元款项,但唐某以各种理由推脱拒不返还,B公司遂向公安机关报案。

公诉机关控诉唐某分别构成诈骗罪、合同诈骗罪。

(二)处理结果

法院认为:被告人唐某无视国家法律,以非法占有为目的,在签订、履行合同过程中,虚构事实、隐瞒真相,骗取对方当事人财物,数额特别巨大,其行为已构成合同诈骗罪,应依法予以惩罚。公诉机关指控部分罪名不准确,法院依法予以变更。

关于公诉机关指控的第一单犯罪事实,被告人唐某和被害人王某谈旧改项目的时候跟A公司已无关系,A公司未授权其处置涉案旧改项目的权益和收取相关资金,A公司并不知情被告人唐某收了钱,欠款都是进入被告人唐某个人账户，被告人唐某属冒用A公司名义与受害人王某谈合作。案发当时A公司并非涉案城市更新项目的项目方，相关旧改项目实施主体尚存争议。结合本案相关证据可知，被告人唐某本人于案发期间并非A公司负责人或公司授权人员，却以项目为幌子骗取被害人财物后用于归还其个人之前所负债务，足以证明其具有非法占有目的，应以本罪定罪处罚。案发后被告人自行或通过他人共计向被害人王某退赔了136万元，法院在量刑时酌情予以从轻处理。

关于公诉机关指控的第二单犯罪事实，经查，本案相关证据均证明被告人唐某向被害单位B公司虚构其系莲花街道某居民委员会办主任，利用该身份获取被害单位的信任，并在签订合作协议时隐瞒其实际控制的C公司不具备开具承兑汇票的能力的事实，向被害单位开具1000万元空头支票作为被害单位支付款项的反担保。在收取被害单位1000万元款项后，被告人进一步隐瞒证人卢某已为涉案项目垫付了170万元的事实，将被害单位支付的该部分款项用于偿还个人债务，非法占有目的明显，足以认定。至于被告人通过卢某向“某协会”支付的830万元，因本案现有证据尚无法核实该部分款项的具体去向及用途，以及被告人是否对该部分款项具有非法占有目的，故依据存疑有利于被告人原则，法院在计算合同诈骗罪犯罪金额时将该部分款项予以扣除，不予认定。

（三）律师评析

城市更新项目背景下的合同诈骗罪一般涉及数额较大，波及范围也可能较广。

犯罪嫌疑人往往利用深圳城市更新大背景下，主管部门与自然人、法人组织之间的信息差，通过虚构自己的身份或捏造城市更新项目权益，骗取资金。近两年较为出名的案件，犯罪嫌疑人罗某彦为一个MCN机构的创始人，在网红界也被称为“神豪”，先后在深圳西乡、福田石厦村、龙岗梨一村等地售卖“空气楼盘”，通过捏造自身人设以及伪造开发商公章、拆迁合同等进行诈骗，骗取大量被害人资产，波及范围较广。在此类案件中，追缴赃款往往比较困难，因此，项目投资人应当做好事前尽调，再选择对城市更新项目进行投资。

在城市更新背景之下，对于回迁房的购买等，最稳妥的方法是聘请专业律师进行尽职调查,给出专业的法律意见,这样才能尽可能避免当事人的财产损失。

第三节 实 操 指 引

一、城市更新项目确权纠纷的行政可诉性

在城市更新项目中,建筑物实际权利人权属确认程序的其他纠纷,以及在城市更新项目实施主体、原权利人、实际权利人或多个争议主体之间的其他纠纷,主要是通过非诉方式来解决,如进入诉讼程序,相关法律法规的理解与适用问题则非常复杂。

(一)确认实施主体及权属确认行为的行政可诉性

1. 实施主体的确认是对特定城市更新项目主体的开发资格进行确认,可诉性的争议较大。行政机关作出确认改造实施主体的环节性行为,并非针对涉案房屋权属进行确认的行为,未对行政相对人的权利义务产生实际影响,该行为是否合法,一般被认定为不具有可诉性。《深圳市城市更新办法实施细则》第 46 条规定:"城市更新单元内项目拆除范围存在多个权利主体的,所有权利主体通过以下方式将房地产的相关权益移转到同一主体后,形成单一主体:(一)权利主体以房地产作价入股成立或者加入公司。(二)权利主体与搬迁人签订搬迁补偿安置协议。(三)权利主体的房地产被收购方收购。属于合作实施的城中村改造项目的,单一市场主体还应当与原农村集体经济组织继受单位签订改造合作协议。属于以旧住宅区改造为主的改造项目的,区政府应当在城市更新单元规划经批准后,组织制定搬迁补偿安置指导方案和市场主体公开选择方案,经占建筑物总面积 90% 以上且占总数量 90% 以上的业主同意后,公开选择市场主体。市场主体与所有业主签订搬迁补偿安置协议后,形成单一主体。"

2. 城市更新项目申请人提交的申请材料将城市更新项目范围内物业归属、收购补偿安置、建筑物清拆、拟确认改造实施主体等情况予以公示,城市更新部门的相关行为仅是为确认改造实施主体而作出的环节性行为,该行

为对行政相对人的权利义务不产生实际影响，不具有可诉性，不属行政诉讼受案范围。该类案件法院驳回原告起诉的主要原因，是该类城市更新进程中权属认定行为属于行政机关为作出行政行为而实施的准备、论证、研究、层报、咨询等过程性行为，对行政相对人的权利不产生实质性影响。

3. 城市更新项目确认实施主体过程中的权属核查，根据《深圳市城市更新办法实施细则》第40条第1、2款更新单元计划经市政府批准后，在城市更新单元规划编制之前，计划申报主体应当向主管部门申请对城市更新单元范围内的土地及建筑物信息进行核查、汇总。主管部门根据计划申报主体提供的土地使用权出让合同、用地批复、房地产证、旧屋村范围图、建设工程规划许可证、测绘报告、身份证明等材料，对城市更新单元范围内土地的性质、权属、功能、面积等进行核查，在20个工作日内将核查结果函复计划申报主体；并对地上建筑物的性质、面积等信息进行核查和汇总的规定。该确权被认定为城市更新进程中的权属确认，不具有行政诉讼可诉性。

4. 对相关土地、房屋、建筑物权属确认的行政程序，按照《深圳市城市更新办法实施细则》《深圳市拆除重建类城市更新单元土地信息核查及历史用地处置规定》《深圳市城市更新土地、建筑物信息核查及历史用地处置操作规程（试行）》等进行。在城市更新项目实施主体确认及拆迁安置补偿过程中进行的权属认定行为，属于过程性行政行为，即属于行政机关为作出行政行为而实施的准备、论证、研究、层报、咨询等过程性行为，不具有可诉性，不属于行政诉讼受案范围。

5. 深圳地区法院通常认为，城市更新项目进程中，关于土地、房屋、建筑物权属确认问题不具备行政诉讼的可诉性。如申请撤销区城市更新局在公示中确认争议主体为建筑物实际权利人的行为，并请求将原告确认为建筑物实际权利人的行政诉讼案件，深圳法院通常认为，区城市更新局的相关行为仅是确认项目实施主体而作出的环节性行为，并非针对房屋权属而进行的确认行为，未对行政相对人的权利义务产生实质性的影响，因此此类行为的合法性不属于行政审判权限范围，亦不属于行政诉讼受案范围，最终裁定驳回起诉。

（二）针对历史违法建筑物的权属确认纠纷的行政可诉性

1. 行政机关根据《深圳经济特区处理历史遗留违法私房若干规定》、《深圳经济特区处理历史遗留生产经营性违法建筑若干规定》、深圳市人大常委会《关于农村城市化历史遗留违法建筑的处理决定》等相关规范性文件的规定，对土地、土地、房屋、建筑物等进行处理的行为，在一定程度上具有权属确认性质。土地权属争议通常属于先行政后民事的范畴，如涉及复议前置的案件，争议双方或各方需要先通过行政程序解决权属争议；在行政机关作出行政确权后，先提起行政复议，最后才能提起行政诉讼。

2. 针对城市更新项目中历史违法建筑物的权属确认的行政行为而提起的行政诉讼，主要是通过法院查明的事实和实体权利这两个维度，对行政机关的权属确认行为进行审查，判断该行为是否有实质性的问题。争议主体之间对于行政机关处理的土地权属争议处理过程或处理结果及行政复议不服，或对土地权属处理的程序性不服，提起行政诉讼的，主要从行政机关处理过程中的事实认定及法律适用方面进行审查，或对行政机关的权属确认程序合法性进行审查。

（三）城市更新项目中行政征收纠纷的行政可诉性

1. 城市更新项目中，以行政征收为案由的行政诉讼中，行政征收行为分为两种，一种是具体行政行为，另一种是抽象行政行为，前者具有可诉性，而后者不具有可诉性。根据《行政诉讼法》第 12 条之规定，“对征收、征用决定及其补偿决定不服的”属于明确的行政诉讼受案范围，具有可诉性。《国有土地上房屋征收与补偿条例》第 26 条第 3 款亦明确规定：“被征收人对补偿决定不服的，可以依法申请行政复议，也可以依法提起行政诉讼。”如房屋征收决定的公告和行政复议、行政诉讼权利的告知，是将房屋征收决定予以公示和宣传，或将法律规定的行政复议、行政诉讼权利以公告方式告知被征收人，不处分被征收人权利义务，对被征收人没有实质性的影响，不属于行政机关作出的具体行政行为，不具有可诉性。

2. 对于房屋征收决定公告是否具有可诉性的问题，如房屋征收决定公告未处分被征收人的权利义务，对被征收人没有实质性的影响，就不属于行政机关作出的具体行政行为，不具有可诉性；如征收补偿方案的公告是对征收补偿事项作出的处分，必然会处分当事人的权利义务，属于具体行政行为，被征收人不服，可以向法院提起行政诉讼。

通过对城市更新项目中房屋征收决定公告具有可诉性的案例进行分

析，此类案件中，法院的理由大致可总结归纳为：房屋征收决定公告的行为性质与该行为是否能够获得行政救济密切相关。如果仅是对涉及房屋征收决定进行公告，该行为只是针对房屋征收决定予以公示和宣传；又或者是通过公告的形式，将法律规定的行政复议、行政诉讼权利告知被征收人，这两种行为本身并没有处分当事人的权利义务，对当事人亦没有实质性的影响，不属于行政机关作出的具体行政行为，故不具有可诉性。如果一个征收补偿方案的公告涉及对征收补偿事项作出处分，则有可能因直接影响当事人的权利义务而被认定为具体行政行为，被征收人不服的，可以向法院提起行政诉讼。

（四）城市更新项目信息公开的可诉性

1. 行政信息公开属于行政诉讼受案范围，具有可诉性。根据《政府信息公开条例》第 51 条的规定，“公民、法人或者其他组织认为行政机关在政府信息公开工作中侵犯其合法权益的，可以向上一级行政机关或者政府信息公开工作主管部门投诉、举报，也可以依法申请行政复议或者提起行政诉讼”。

2. 城市更新项目涉及公民、法人或者其他组织切身利益的政府信息，行政机关应主动公开和依申请公开。但是国家秘密型非公开、商业秘密个人隐私型非公开、行政机关内部事务型非公开不属于依法主动公开的政府信息。对依法公开的政府信息中含有不应当公开的内容，但是能够作区分处理的，应当提供可以公开的信息内容。

二、城市更新项目刑事责任风险

（一）城市更新项目引发的刑事案件

1. 城市更新项目推进过程中，涉及领域多，手续及各项工作十分庞杂，人员众多，寻衅滋事类案件较为多发。如相关行为人的行为具有暴力性和破坏性的特征，就可能构成寻衅滋事行为。《刑法》第 293 条规定：“有下列寻衅滋事行为之一，破坏社会秩序的，处五年以下有期徒刑、拘役或者管制：（一）随意殴打他人，情节恶劣的；（二）追逐、拦截、辱骂、恐吓他人，情节恶劣的；（三）强拿硬要或者任意损毁、占用公私财物，情节严重的；（四）在公共场所起哄闹事,造成公共场所秩序严重混乱的。纠集他人多次实施前款行为,严重破坏社会秩序的,处五年以上十年以下有期徒刑,可以并处罚金。"《治安管理处罚法》第 26 条规定:"有下列行为之一的,处五日以上十日以下拘留,可以并处五百元以下罚款;情节较重的,处十日以上十五日以下拘留,可以并处一千元以下罚款:(一)结伙斗殴的;(二)追逐、拦截他人的;(三)强拿硬要或者任意损毁、占用公私财物的;(四)其他寻衅滋事行为。"

2. 城市更新项目确认实施主体前需要投入大量工作(意愿征集、历史违建权利人核实、申报计划立项、专规审批、签订搬迁补偿协议等),实施主体是城市更新单元内项目权利人将权益转移到单一主体,并经由区更新整备局确认的拆迁单位。属于政府引进的市场主体单独实施的,该市场主体为拆迁单位。多家开发商依据合作开发合同实施的,合作开发商是拆迁单位。实施主体、市场主体、开发商在进行拆迁时,应当与被拆迁人达成一致协议并按相关法律法规的规定实施,如行为不当,可能触发刑事责任风险。被强制拆除房屋,无论有证或无证、合法建筑或违法建筑,均需要手续合法,并经过法定程序才可以进行房屋拆除。为了解决长期困扰城市更新项目的"钉子户"问题,2021 年 3 月 1 日实施的《深圳经济特区城市更新条例》创设了个别征收 + 行政诉讼制度,旧住宅区城市更新项目(城中村合法住宅、住宅类历史违建部分可参照)签约率达到"双 95",未签约业主经行政调解,仍拒绝签订搬迁补偿协议的,为维护公共利益,区人民政府可以对未签约部分房屋实施个别行政征收的法律解决路径。实施主体没有私自强拆的必要,对房屋的拆除需要明确市场主体与区城市更新部门签订项目实施监管协议,并向区住房建设部门备案后,可以按规定拆除建筑物。

3. 城市更新中以能获得项目开发权(虚构已经取得项目主体资质或具备开发建设权)或"有关系"(虚构与政府或其他单位的特殊关系等)为由,获得他人款项(所获取的保证金、投资款、好处费等),长时间无法兑现承诺,或拒不返还款项,引发当事人报案的,《刑法》第 224 条:"有下列情形之一,以非法占有为目的,在签订、履行合同过程中,骗取对方当事人财物,数额较大的,处三年以下有期徒刑或者拘役,并处或者单处罚金;数额巨大或者有其他严重情节的,处三年以上十年以下有期徒刑,并处罚金;数额特别巨大或者有其他特别严重情节的,处十年以上有期徒刑或者无期徒刑,并处罚金或者没收财产:(一)以虚构的单位或者冒用他人名义签订合同的;(二)以伪造、变造、作废的票据或者其他虚假的产权证明作担保的;(三)没有实际履行能力,以先履行小额合同或者部分履行合同的方法,诱骗对方当事人继续签订和履行合同的;(四)收受对方当事人给付的货物、货款、预付款或者担保财产后逃匿的;(五)以其他方法骗取对方当事人财物的。”以合作开发合同为例,合作开发房地产合同以提供出让土地使用权、资金等作为共同投资,共享利润、共担风险合作开发房地产的条件。当事人参与或介入城市更新项目任何一个阶段,均需要对项目标的、权利主体、开发商、相关人员等进行背景调查;对项目相关利益方的承诺兑现的可能性,项目合作开发合同履行进度、资金支付、交付等情况,合作谈判过程中项目相关责任人的行为反应等综合分析,避免出现城市更新项目合作合同诈骗案件。

4. 在城市更新项目与相关方经济往来中,经办人员收受回扣、手续费等,可能引发单位行贿、对非国家工作人员行贿罪。

5. 根据《深圳城市更新条例》第 69 条规定:“有关单位和个人在开展物业权利人更新意愿征集、城市更新单元计划申报、城市更新单元规划编制、签订搬迁补偿协议等城市更新工作中,有欺诈、胁迫、侵犯个人隐私、伪造或者变造文件、传播虚假信息等行为的,五年内禁止参与城市更新活动,相关部门应当及时查处,责令改正,并纳入诚信档案管理;构成犯罪的,依法追究刑事责任。”如在物业权利人核查中,参与人存在有欺诈、胁迫、侵犯个人隐私、伪造或者变造文件、传播虚假信息等行为的,可以追究刑事责任。受害者在上述过程中,认为自身遭受上述行为,造成损失的,可以向公安机关报案。

(二)预防城市更新项目中触发刑事责任风险

1. 在城市更新项目中,无论是合法的房屋还是非法的历史建筑,实施主体都必须依法拆除,不然就有可能面临被认定为故意破坏财产罪的法律风险。

城市更新项目中,对历史违法建筑物强制拆除工作的开展,应严格依照《城乡规划法》《行政强制法》的规定,且应当在街道办事处的监督管理下执行,必须经过“催告”与“公告”等法定程序后,才能依法强制拆除。

城市更新市场主体的相关责任人在项目拆迁工作的开展过程中,必须遵守相关法律法规,与业主协商一致,不得私自强拆建筑物,防止触犯故意毁坏财物罪。被拆除的历史违法建筑物的认定手续必须合法,且经过法定程序,否则可能被认定符合"故意毁坏财物罪"的犯罪构成要件。

2. 在推进城市更新项目的过程中,有关负责人应当严格遵守法律法规与相关政策,不可越线或利用不正当手段推进项目,牟取非法利益,避免触犯刑法;如违反国家规定,给予相关方各种名义的回扣、手续费的,均有可能构成行贿犯罪。

3. 项目投资人在参与城市更新项目之前,应当加强对合作企业及其工作人员的背景调查和资信调查。要特别重视对特定项目的深入了解,请专业的第三方机构对该城市更新项目进行尽职调查,判断该项目是否与第三方合作;对城市更新的行政审批和土地、建筑物权属情况、权利限制(查封、抵押等)及其使用情况进行尽职调查等,从而判断项目的真实性,以及是否已经纳入更新范围或已经通过立项等情况,避免遭遇诈骗。